シリーズ＝怪獣化するプラットフォーム権力と法　I巻

プラットフォームと国家

How to settle the battle of Monsters

山本龍彦 Tatsuhiko Yamamoto 編集代表

ポリーヌ・トュルク、河嶋春菜 編

本講座の刊行にあたって

「近代」なる時代が前提にしてきた「人間の秩序」は、決して所与のものではない。むしろある時代には、「神の秩序」にこそ圧倒的な所与性があった。ルネサンスを一つの画期に、人間は、自らに宿る理性を究極の権威として「神の秩序」に挑み、幾度も血を流しつつも、神ではなく人間を中心とした「人間の秩序」を獲得していったのである。

この近代的秩序の重要な守護者が、リヴァイアサン、すなわち主権国家であった。この〈怪獣〉の暴力性は、憲法によって管理されながら、主として秩序破壊者に対し向けられ、そうして、種々の課題を抱えながらも、近代というパラダイムは数百年（仮にヴェストファーレン条約を起点とするならば約350年以上）に亘り維持されてきたといってよい。

しかし、人工知能（AI）を中心としたInformation Technologyが急速な発展を遂げたいま、リヴァイアサンに対抗するもう一つの〈怪獣〉が現れた。GAFAM（Google、Amazon、Facebook〔Meta〕、Apple、Microsoft）に代表されるメガ・プラットフォームである。もちろん、これまでもリヴァイアサンに影響を与えるグローバルな主体は存在したが、一主権国家の人口を遥かに超える数のユーザーをもち、その包括的な生活基盤（インフラ）として機能する主体は歴史上存在してこなかったように思われる。しかもそこでは、各ユーザーの行動および精神は、膨大なデータに基づき全面的に把握・管理され、情報・コンテンツの個別的で選択的なフィードにより効果的に形成・誘導される。ある国際政治学者の言葉を借りれば、メガ・プラットフォームは、これまでのグローバル企業とは「まったく別次元」の存在なのである（イアン・ブレマー」)。

実際、仮想的存在でもある彼らは、物理的障壁をすり抜けて国家の領土奥深くにまで侵入し、国家の権力行使のありようをコントロールし始めているだけでなく、情報戦・認知戦の「戦場」として、国家間の戦争や安全保障のありようをもコントロールし始めている。かくして、かつて絶対的な権力を誇ったリヴァイアサンは、このもう一つの〈怪獣〉によって既にその手足を縛られているようにも思われる。実際、彼らのその比類なき地政学的影響力のために、主要国首脳会議(G7)のような国際会議にもプラットフォーム企業の「首脳」が列席するようになり、リヴァイアサンらによる国際的なルール形成に実質的な影響力を与えるようになってきている(渡辺淳基「AIルール動かすのは『G11』 G7と肩を並べた巨大IT企業たち」朝日新聞デジタル2023年6月11日)。

思えば、教会や諸侯といった他の権力を抑え込むことで誕生した近代の主権国家体制において、〈怪獣〉として存在してよいのはリヴァイアサンだけであった。しかしいま、急成長する情報技術、とりわけAIの力を背景に、それとは異なる〈怪獣〉が再び姿を現し、リヴァイアサン一強を前提とした近代的法システムを強く揺さぶり始めている。それは、リヴァイアサンの力(主権=法)によって維持されてきた「人間の秩序」の危機ともいえるだろう。リヴァイアサンの力を制御する憲法の存在と実践により我々が辛うじて支えてきた自由で民主的な秩序の命運は、いまやリヴァイアサンとは異なるこのもう一つの〈怪獣〉の手に握られている。が、それにもかかわらず、この〈怪獣〉を統制する理論と技術を、我々は未だ十分に知らないからである。

「怪獣化するプラットフォーム権力と法」と題する本講座は、グローバルなメガ・プラットフォームを、海獣リヴァイアサンと二頭一対の陸獣として旧約聖書(ヨブ記40-41章)に描かれる「ビヒモス」に喩えて、リヴァイアサンとビヒモスの力の対抗と、その制御のあり方を法学的に検討し、自由と民主主義の行く末を展望しようとするものである。その検討には、この二対の〈怪獣〉がもつ力の本質や正統性、それぞれが発する「法」（法／アルゴリズムまたはコード）の本質や正統性、「人間の秩序」と「アルゴリズムの秩序」の本質や正統性などに関する根源的な問いも含まれるはずである。

――ビヒモス。周知のとおり、晩年のトマス・ホッブズもまた、リヴァイアサンに挑戦し、その手から主権を奪おうとする権力的存在を、この異形の〈怪獣〉に擬えた（ホッブズ〔山田園子訳〕『ビヒモス』〔岩波書店、2022年〕）。もっとも、ホッブズがそこで念頭に置いていたのは、イングランド内戦時（1640年～50年代）に世俗の王権（チャールズ1世）に反逆した長老派聖職者や教皇主義者、そして彼らに協力した議会派であり、現在のメガ・プラットフォームとは大きく異なる。しかし、内戦時、長老派聖職者らが、説教により人民（demos）の良心を操作して反逆へと駆り立て、政治的分断や混乱を惹起することでリヴァイアサンを動揺させた点において、メガ・プラットフォームと共通する要素を見出すこともできる。現代の〈ビヒモス〉もまた、偽・誤情報や誹謗中傷を広く流通・拡散させるアルゴリズムによって人民の良心を操作し、分断や混乱を惹起することでリヴァイアサンをすくみあがらせているからである。ビヒモスという歴史ある比喩を借りることを、ホッブズもきっと許してくれるだろう。

もっとも、ホッブズがリヴァイアサンに制圧されるべき内乱勢力としてビヒモスを徹底して暗く描いたのに対して、本講座は全体として、ビヒモスの位置付けについてより自由な立場をとる。確かに欧州連合（EU）は、情報技術が加速するなかにあっても、主権はなお人民の同意により設置される「国家」が保持すべきとの考えに立ち、「デジタル主権」なる標語の下、一般データ保護規則（GDPR）やデジタルサービス法（DSA）といった立法を通じてビヒモスの力を抑制しようと試みている。しかし、それは「国家」に一応の信頼が置かれているからで、軍事政権下にあるアジアの国などでは、むしろビヒモス（GAFAM）

こそが自由と民主主義の旗手のように見えるかもしれない。また、各領土においてリヴァイアサンが絶対的権力をもち、領土を超越した――リヴァイアサン間の争いを調停する――メタ的な権力主体を想定し得ない近代主権国家体制は、国際的平面においては「自然状態」を帰結するため、グローバルな課題に対処するには不都合であり、かつまた、戦争なるものを究極的に防ぐことができない。このように近代主権国家体制の限界を強調するならば、国家を股にかけるグローバルな権力主体としてのメガ・プラットフォームに一定の期待を寄せるという考えも成り立ち得よう。かくして本講座は、ビヒモスに対しリヴァイアサンが完全勝利するというホッブズ的帰結を、各執筆者に、また読者諸氏に強制するものではない。

かように、本講座は「リヴァイアサン vs. ビヒモス」に関するあらゆる考察を受容するが、次のような認識については多くの執筆者が共有しているものと考える。それは、ビヒモスとその支配形式であるＡＩ・アルゴリズムが、「人間の秩序」を一部代替しつつあり、我々はいまやリヴァイアサンの力、リヴァイアサンの法だけを見ていればよいというわけにはいかなくなった、ということである。我々は、ビヒモスの力、ビヒモスの「法」（アルゴリズムまたはコード）にも目配せしながら、二つの権力主体の対抗関係に学問的関心を向けなければならない。これは、近代の伝統的な法学からは大胆な提案であろうが、その意義が歴史的に証明される日は、近い将来必ず来るように思われる。

各巻では、リヴァイアサンとビヒモスとの相克・協働、そこでの問題点やあるべき姿が描かれる。第Ⅰ巻『プラットフォームと国家――How to settle the battle of Monsters』（山本龍彦編集代表／ポリーヌ・トュルク、河嶋春菜編）では、欧州連合の「デジタル主権」など、ビヒモスの権力化に対する各国・地域の対応が比較され、リヴァイアサンとビヒモスとのあるべき関係性が検討される。第Ⅱ巻『プラットフォームと権力――How to tame the Monsters』（石塚壮太郎編）では、プラットフォーム権力の統制理論と、その具体的な手法が、憲法や競争法などの視点から検討される。第Ⅲ巻『プラットフォームとデモクラシー――The Future of Another Monster 'Demos'』（駒村圭吾編）では、プラットフォームの台頭による「人民（demos）」の変容が理論的に検討され、デモクラシーの未来が展望される。第Ⅳ巻『プラットフォームと社会基盤――How to engage the Monsters』（磯部哲 編集代表／河嶋春菜、柴田洋二郎、堀口悟郎、水林翔編）では、プラットフォームが社会基盤としての地位を獲得することで、これまで国家が中心的に担うものとされてきた労働、教育、医療政策のあり方がいかに変容するかが検討される。

本書は、公益財団法人ＫＤＤＩ財団による出版助成を受けた。記して感謝を申し上げる。また、「講座本」という難易度の高い企画が実現に至ったのは、慶應義塾大学出版会・岡田智武氏の適切なペース管理と、編者・執筆者への温かい励ましのおかげだと思っている。深く感謝申し上げたい。

慶應義塾大学グローバルリサーチインスティテュート（ＫＧＲＩ）副所長、
慶應義塾大学大学院法務研究科教授

山本龍彦

目次

第3章　デジタル空間の統治をめぐる攻防のフィールド

提　言

山本 龍彦
ポリーヌ・トュルク
河嶋 春菜

扉画像：The frontispiece of Leviathan. From "Leviathan" by T. Hobbes, 1651, engraving by A. Bosse.
Album met prenten door William Blake gebaseerd op het boek Job. From "Illustrations of the Book of Job" by W. Blake, 1859–1921, Rijksmuseum, Amsterdam.

Ⅰ　前文：国家vsデジタルプラットフォーム——2つの「怪獣」の衝突

新型コロナウイルス感染症やロシアによるウクライナ侵攻では、デジタルプラットフォーム（DPF）が期待されていた以上に大きな力を発揮した。たとえばパンデミック対策では、Google、Appleという、スマートフォンOSシェア98%を占める2社がいち早く接触確認アプリのAPIを開発し、各国への提供を発表した。また、ウクライナ侵攻では、Metaがロシア国営メディア等による情報発信にファクトチェックをかけ、プロパガンダ発信を遮断した。国家的・国際的な「危機」において、DPFがその力を大いに揮ったともいえる。

このような状況は、より迅速かつ効率的に国家的・国際的な——主権的——問題を解決したいと願う国家にDPFが手を貸したものと善意に評価できるかもしれない。しかし、別の見方もできるだろう。国家は、圧倒的な技術的優位性をもつDPFの心優しき「提案」に事実上従わざるを得ず、結局のところ、DPFが構築したデジタル・インフラとルール（アルゴリズム）の内側でしか——DPFの「掌の上」でしか——活動できなかったのではないか、との見方である。それは、DPFが、主権国家すなわちリヴァイアサンに対しデジタル空間における自らの「権力」を誇示するような事態とも言える。

——旧約聖書ヨブ記に登場する海獣リヴァイアサン。それは、「驕り高ぶるものすべてを見下し、誇り高い獣すべての上に君臨する」最強の生物とされる。トマス・ホッブズは、人が死の恐怖から逃れるために契約により生み出した「最強の」主権国家に、その名を冠した。その後、我々は、この怪獣に安全を守ってもらう一方で、憲法によりその力の濫用を防ぐことで自由を維持するという近代主権国家体制を基本的に支持してきたように思われる。

しかし、もし先述の見立てが強ち間違いでないならば、最強だったはずのリヴァイアサンは、DPFという新たな怪獣の挑戦を受け、その絶対性を失いつつあるようにも思われる。仮にDPFを、旧約聖書に登場するもう一頭の怪獣——「神の最高傑作」と称され、「造り主をおいて剣をそれに突きつける者はない」と形容される陸の怪獣——「ビヒモス」（べヘモット）に擬えるならば、現在は、あらゆる領域において、リヴァイアサンとビヒモスとが激しくせめぎ合っているとも言えるだろう。その衝突ないし対決は、当然、以下のような規範的な問いを提起する。どちらの怪獣がデジタル空間を「統治」すべきか、また両者の関係はどうあるべきか。国家とDPFとの衝突ないし対立は、デジタル空間における秩序のあり方を根源的に捉えなおすよう考えるよう、我々に迫っているのである。

本提言は、従来国家が権力をもってきた領域において、国家とDPFのあるべき関係を提案し、デジタル空間における新しい秩序を構想する契機を提供しようとするものである。

なお、本提言は、本書執筆者の論稿を参考にしながらも、最終的には編者の3人によって纏められた。したがって、すべての執筆者が本提言に賛同しているとは限らない。各提言には、本書の関連する章を示しているので、提言との距離をはかりながら参照されたい。

Ⅱ　提言の基本的方向性

中世ヨーロッパにおける2つの権力、すなわち国家権力と教会権力との関係を参照したとき、国家権力とDPF権力とのあるべき関係として、以下の3つのものが考えられる。

1　協約モデル

かつて「国家」と教会とが「協約（コンコルダート）」を締結し、水平的な戦略的関係を取り結びつつ、協働して統治を行うことがあった。こうした協約的関係をモデルにしたもの。国家とDPFはそれぞれの自律性を尊重しつつ、緊張感を保ちながら戦略的なパートナーシップを結ぶ。

2　政情一致モデル

かつて東ローマ帝国（ビザンチン）では、皇帝が教会（東方教会）の統治者ともされ、教会トップの総主教は皇帝の支配下に置かれた。政情一致モデル（政治－情報基盤一致）は、こうした「皇帝教皇主義」（政教一致ないし国教モデル）をモデルとしたもの。特定の権威主義国家においてみられるように、国家がDPFを抱きかかえ、DPFに対して直接統治的な手法をとることがある（リヴァイアサンがビヒモスを〝ハック〟し、コントロールする）。この場合、官民でデータ等を共有できるため（リヴァイアサンがビヒモスの保有データをも吸収・消化できるため）、効率的な統治が可能となるが、高度な監視・管理社会が到来するリスクがある。

3　政情分離モデル（デジタル・ライシテ）

かつて国家と教会とが対抗的な関係に立ち、政治から宗教性を排除して国家の世俗性を貫徹する政教分離（ライシテ）が主張され、フランス革命以降、近代立憲主義の基本原則となった。こうした政教分離（ライシテ）モデルをモデルにしたもの。ここでは、国家はＤＰＦを統治にとっての「他者」とみなし（パートナーとはみない）、政治領域からＤＰＦを排除して主権の純粋性を維持する。公私区分や民主主義といった近代立憲主義の伝統を最も色濃く残したモデルであるが、その伝統を重視するあまり、国家はＤＰＦが保有するデータをうまく生かしたり、その技術的アドバンテージを利活用できず、統治の非効率性、国家機能の停滞などを引き起こすリスクがある（例えば、クラウド・サービスに関して、国家がＡＷＳなどのＤＰＦを完全に排除する場合、はたして国家機能は維持できるか）。

本提言は、基本的に1のモデルを推進すべきと考える。もっとも、ＤＰＦは必ずしも民主的に運営されているわけではなく、民主的正統性について課題がある。したがって、協約モデルといっても、両者が完全に対等というわけではなく、当面は、民主的正統性の調達が既に制度化された国家（リヴァイアサン）に軸足を置いたかたちでの戦略的協働関係を模索すべきであろう。また、国家優位型の協約モデルを現実に実行していくうえで、ある主権国家が単独でＤＰＦと交渉を行い、協約を結ぶというアプローチには限界があるかもしれない。各リヴァイアサンがそれぞれ単体で立ち向かうには、ビヒモスの力があまりに強大である可能性があるからである。したがって、このモデルを実効的なものにするには、ＥＵのように、多数の国家が協調して、**国家連合＝「リヴァイアサンズ」**を結成し、ＤＰＦと「団体交渉」していくことも必要かもしれない。どのような「国家連合」がふさわしいか、ＤＰＦがいかなる資格で国際的交渉のテーブルにつくのかといった論点は、本書の各テーマのなかで検討される。

以下の各「提言」では、リヴァイアサンが伝統的に掌握してきた主権的権力に対し、ビヒモスが大きな影響力を行使している領域をいくつか取り上げ、関連する諸アクターがどのような対応を行うべきかを提唱したい。

詳細は、第１章Ⅰ、Ⅱ、Ⅲを参照

Ⅲ　提言

1　立法権――「協約」の民主的統制

【提言１】国家は、必要と認められる場合、デジタル空間のデザインについてＤＰＦと「戦略的協力関係」を構築すべきである

(1)　国家は、必要と認められる場合、デジタル空間のデザインに関わる法案を形成するプロセスにおいて、ＤＰＦのコアエグゼクティブと組織的・戦略的な交渉を行うべきである膨大なデータを保有し、ＡＩなどについて、技術的な優位性を誇示するＤＰＦは、デジタル空間のデザインに関して、国家の立法権をも実質的に制限するようになっている。例えば、オーストラリアやカナダがＤＰＦを規制する法案を提出した際に、ＤＰＦがこれらの国におけるサービス提供を停止するといった対抗措置を表明した。これに対して、国内のコミュニケーション・インフラを失うことを怖れた両国は、ＤＰＦに譲歩せざるをえなかった。国家がデジタル空間のデザインに関する法規制を実効的に行うためには、予めＤＰＦのコアエグゼクティブと組織的・戦略的に交渉し、合意をとりつけておく必要がある（国家の側は、当該規制を所管する一省庁でＤＰＦと向き合うべきではなく、国家の側のコアエグゼクティブも含め、組織的・戦略的にＤＰＦと対峙する必要がある）。例えばアメリカのバイデン政権は、条約の締結に向けて他国と交渉するかのように主要なＤＰＦ企業の幹部をホワイトハウスに招いて安全なＡＩ開発を約束させた。国家がデジタル空間のデザインに関するルールを作ろうとする際には、ＤＰＦと外交的関係を築き、交渉を重ねるべきである。

⑵　国家は、ＤＰＦとの交渉プロセスを可能な限り可視化し、民主的批判にさらすべきである

日本国憲法72条は、「内閣総理大臣は、……外交関係について国会に報告」するものと定める。また、憲法61条および同73条3号は、他国との条約締結権を内閣に付与しつつ、国会にその承認権を認めている。これらの規定は、政府（内閣）は外交関係について国民の代表機関である国会でチェックを受けるとともに、他国と条約を締結する際には国会での審議を経て、その承認を受けなければならないとするものである。憲法は、我々の社会経済生活に重要な影響を与えうる外交関係について民主的な統制を予定している

のである。DPFは、時に他の一主権国家以上の力をもち、国家とDPFとの関係は他国との外交関係以上に我々の社会経済生活に重要な影響を与えることもある。したがって、国家とDPFとの関係についても、他国との外交的関係に類似したものと捉え、その交渉過程や交渉の結果としてできあがった「協約」等をできる限り可視化し、国会による民主的な統制を受けるべきである。国民の批判を可能にし、国家優位型の協約モデルを実現するためにも、リヴァイアサン＝ビヒモス関係の透明化は重要である。

詳細は第3章Ⅰを参照

【提言2】DPFは、デジタル空間のルールメイカーとして、プラットフォームの設計ポリシー、アルゴリズムおよびそれらの「制定過程」を透明化すべきである

（1）DPFは、自らのサービス提供に関する基本的なポリシーについて、作成の目的や過程を可能な限り公開すべきである

DPFの基本ポリシーは、そのプラットフォームサービスの「憲法」であり、デジタル空間を規律する「基本法」であるともいえる。DPFは、この「基本法」を作成するにあたり、自らのサービス提供がどのような社会的目的に関連しているか、そのサービス提供が社会的目的に資するかどうか、少数者の権利利益に配慮しているかなどを、DPF内部のみならず、外部の者の意見等も踏まえて審議すべきである。また、国家における基本法の制定過程にならって（それと同一である必要はないが）、基本ポリシー

の内容それ自体はもちろん、その制定過程や制定理由を透明化することによって、ＤＰＦの選択に関して、ユーザーの主体的かつ合理的な判断を可能ならしめるべきである。

(2) ＤＰＦは、各サービスの具体的なあり方をデザインするアルゴリズム・ＡＩのロジックも、ブラックボックス化することなく、合理的な範囲内で公開しなければならない

ＤＰＦが基本ポリシーに従って設計するアルゴリズム・ＡＩは、国家との類推でいえば、憲法を具体化・実現するための法律や政令に当たる。そのため、ＤＰＦは国家における法律や政令の制定過程にならって（それと同一である必要はないが）、アルゴリズム・ＡＩの設計や決定過程を合理的な範囲内で公開し、「パブリック・コメント」に付したり、「タウンミーティング」や公聴会を開いたりして、外部からの批判にさらすとともに、その声を反映すべきである（マルチステークホルダープロセス）。また、こうした過程を通じて、具体的なアルゴリズム・ＡＩが基本ポリシー（「憲法」）と合致していることを絶えず検証していくべきである。

(3) ユーザーおよびメディアは、ＤＰＦの基本ポリシーとアルゴリズムを監視し、その適正性を求めていかなければならない

わたしたちユーザーは、ＤＰＦの基本ポリシーとアルゴリズムに関心をもち、人権尊重やガバナンスのあり方等に懸念がある場合には、その懸念をＤＰＦやメディアなどに対して積極的に表明していくべきである。そのためにユーザーは、デジタルリテラシーを身に着けるとともに、ＤＰＦを監視する市民団体や研究者などの活動にも注意を払い、必要に応じて連携を図るべきである。権力監視を行うメディアは、ＤＰＦ（ビヒモス）も「権力」であるとの認識の下、国家権力（リヴァイアサン）の監視に加えて

ＤＰＦの監視も行うべきである。

詳細は第3章Ⅰを参照

2　課税権――アテンション・エコノミーとデジタルイノベーションの適正化

【提言3】国家は、他の国家と連携・協力して、ＤＰＦのビジネスモデルに適応した課税基準を設けるべきである

(1)　国家は、ＤＰＦの経済的優位性とＤＰＦによるデータ利用（アテンション・エコノミー）の弊害を加味して、ＤＰＦに対する課税の枠組みを構築するべきである

２０２５年、日本でも大規模ＤＰＦに対してプラットフォーム上で海外事業者が行った取り引きについて納税を求める「プラットフォーム課税制度」が導入される予定だが（令和6年法律第8号による消費税法等の改正。２０２５年4月1日施行予定）、今後は、競争市場の公正のためだけではなく、適正なデジタル空間の創造という観点からも課税制度を見直していくべきである。環境分野では地球環境保全のために炭素税が導入された。デジタル領域においても、アテンション・エコノミーの弊害を限定する目的で、ユーザーのデータが政治、宗教、ジェンダー、健康、安全保障などに悪影響を与えうることを知りながらこれを取り引きしたＤＰＦに対して「アテンション・エコノミー税」を課すことを含め、デジタル空間の適正化のために課税制度が果たしうる効能を十分に意識した課税制度を検討すべきである。

(2) 国家は、他の国家と連携・協力してDPFに対する新しい課税の枠組みを構築すべきである

たとえある国家が単独でDPFに対する課税制度を導入しても、DPFがその国でのサービス提供を停止したりタックスヘイブンの国に逃れたりするなどの対抗措置をとる可能性もある。そこで、国家は、他の国家と連携・協力して、DPFに対する新たな国際的な課税枠組みを作るべきである。2021年には、経済協力開発機構（OECD）が新たなデジタル課税の枠組みに合意したが、日本も国際的なデジタル課税に参画し、「リヴァイアサンズ」として法整備を進める必要がある。

詳細は第3章コラムを参照

【提言4】DPFは、サービス提供に関する手数料が実際上「DPF税」であることを自覚し、その適正性を保つしくみを構築すべきである

(1) DPFは、プラットフォームを利用するビジネス・ユーザーから徴収するサービス手数料が「DPF税」であることを自覚し、その徴収の適正性を保つしくみを構築すべきである

デジタル市場に参入したい企業にとって、DPFのプラットフォームで取引を拡大することが成功のカギになっている。こうしてデジタル市場においてビジネスを行う上でのゲートキーパーとなったDPFは、ビジネス・ユーザーである企業に自らのプラットフォーム上で行われる取引に「手数料」という名の「DPF税」を課すことで利益を得ることがある。例えばiOSアプリを開発・提供するため

にはApple Storeを介さなければならず、Appleに登録料や売上げに対する決済手数料を支払わなければならない。ＤＰＦは、活発な市場競争やデジタルイノベーションに対して責任があることを自覚し、「ＤＰＦ税」の適正な徴収に努めるとともに、アプリやコンテンツの技術的・社会的な意義やユーザーの福祉や生活必需性を加味して、ＤＰＦ税制を調整するべきである。

(2) 国家は、プラットフォームによる「ＤＰＦ税」が適正に徴収されるために、ＤＰＦに対し、憲法的・競争法的な理念を反映させた法的規律を設けるべきである

ＥＵは、デジタル市場法（ＤＭＡ）を制定し、ＤＰＦがゲートキーパーの地位を行使することによって市場の不均衡が生じないようにするための法的義務として、ゲートキーパーのアプリストアで提供するアプリに外部決済を認めることやゲートキーパーのプラットフォーム以外でもアプリを宣伝・提供することを容認することなどを課した。これにより、ＤＰＦがアプリ開発事業者を囲い込んで手数料収入を得ることは難しくなった。国家は、ＥＵにおける法的義務付けの例にも学びつつ、活発な市場競争やエンドユーザーの権利保護、イノベーションの創出などのために、ＤＰＦに対する必要かつ有用な規律のあり方を検討すべきである。

詳細は第3章コラムを参照

3　公衆衛生――デジタル資源を活かす健康保護

【提言5】国家とDPFは、国民・ユーザーの健康保護という共通目標を確認して協力関係を取り結び、パンデミック時にデータを適切に利用できるようにすべきである

(1)　国家は、感染症対策にデジタル技術を有効に活用するためにDPFと「協約」を結び、その内容や締結プロセスを透明化すべきである

公衆衛生は、国民の健康保護のために国家が担うべき重要な責務であるとともに、国民の生活を管理し自由を制限することを正当化する理由にもなりうるため、予め計画され、効率的・実効的かつ人権制約を最小化する手法がとられるべきである。新型コロナウイルス感染症の流行時には、AppleとGoogleが接触確認アプリシステムを国家に提供したり、ヤフー株式会社（当時）が厚生労働省にクラスター対策に役立つユーザー情報を提供したりと、DPFの応急的なイニシアティブによって、DPFの保有するデータや技術が感染症対策に有用であることが認識されるに至った。国家は、緊急時に備えてDPFのリソースを活用することができるよう、予めDPFと「協約」を結ぶべきである。また、「協約」の内容や交渉過程を透明化して国会や国民による監視や、医学・情報等の専門家による批判を仰ぎ、必要に応じて「協約」内容の再検証をすることができるようにするべきである。

(2)　DPFを抱える国家は、デジタル・グローバルサウスの国々の人々の健康を軽視するなどの不均衡が生じないよう、人道的な多国間協定を積極的に締結し、社会的責務を自ら果たすとともに、DPFに

対してもそれを求めるべきである

ワクチン供給の不均衡がグローバルな健康格差につながりうるように、今後は、感染症対策に関するデジタル資源をもつ国々とそれをもたない国々の人々との間にも、健康上の不均衡が生じる可能性がある。そこで、デジタル技術の国際的な融通を行うための国際人道的な多国間協力の枠組みを構築するべきである。その際、デジタル技術が安価ないし無料で提供されることはもちろん、各国のニーズにあわせて技術をカスタマイズして利用できるように、ＤＰＦに対して譲歩を求めるべきである。また、グローバル市場において、ＤＰＦが基礎的な感染症対策サービスを営利化したり感染者差別を助長するようなアルゴリズムを構築・実装したりしないように、多国間協力の枠組みにおいてＤＰＦによる衛生倫理の遵守を求めていくべきである。

(3) ＤＰＦは、国家がデジタル公衆衛生リソースを十分に活用しない場合やエゴイスティックに独占する場合には、ユーザーに対して積極的にリソースを提供すべきである

国家が、医療的なスタンダードに対してデジタル資源を十分に活用していないために感染症対策が十分に行われない場合や、デジタル資源をもっぱら自国の利益のために独占しようとする場合には、ＤＰＦはユーザーに対してデジタル感染症対策システムを提供するなどして、自主的に感染症対策に寄与するべきである。

詳細は第３章Ⅲを参照

【提言6】DPFは、パンデミック時に国家が暴走しないよう監視すべきである

（1）DPFは、国家がデジタル感染症対策においてプライバシー等の人権を侵害しないように、デジタル・システムを設計すべきである

パンデミックなどの緊急時には、国家は「例外状態」であることを口実に、プライバシー権を含む憲法上の人権保障や民主主義を「宙吊り」にしがちである。DPFが国家に感染症対策システムを提供する際には、不適切なデータ利用やカスタマイズがなされないようにシステムを設計しておくべきである。また、国家がシステムの利用に対する民主的・専門的・司法的統制のしくみを備えず、専制的に利用するおそれがある場合には、システムの提供を控えるべきである。

（2）DPFは国家によるデジタル感染症対策システムの利用状況を監視し、人権侵害を発見した場合には、「協約」違反への申立てなどを通じて、国家に個人の救済と政策の是正を迫るべきである

デジタル感染症対策システムが国家によって悪用された場合には、国家に「提言5（1）」に基づく「協約」への違反を申し立てることにより、国家による感染症対策の行き過ぎや濫用を監視すべきである。また、被害情報の収集を行い、ユーザーからの被害申立があった場合には、再発防止のためのアドボカシーを進めるべきである。

詳細は第3章Ⅲを参照

4　安全保障──「武器」としてのデジタル資源

【提言7】国家は、国民の安全保障のために、平時から国内外のDPFと戦略的友好関係を築かなければならない

（1）国家は平時からDPFとの戦略的パートナーシップの締結に向けて、交渉を行うべきである

ＳＮＳなどのプラットフォームは、他国が諜報活動の対象者を選別したり国家利益の刷り込み（プロパガンダ、偽情報）を行ったりするための恰好の現場となっている。他国によるインテリジェンスや影響工作に対応するためには、平時からＤＰＦと「外交」的交渉を行い、「友好協定」（協約）を締結しておくべきである。捕虜の取り扱いや武器の制限に関する条約のように、多国間・多数ＤＰＦとの協定を締結し、ＤＰＦがルールを逸脱した場合には、複数国家（リヴァイアサンズ）が一致して制裁を加える可能性も検討すべきである。

（2）国家は、国内外のDPFに対し、対等な立場でデジタル安全保障に関する交渉をすすめられるように、法的規律を含めた対応を検討すべきである

域内に有力なＤＰＦを擁していないＥＵは、米国のＤＰＦに対する罰則を伴う法的規制の力を背景に、ＤＰＦからＥＵの安全保障への協力を引き出している。国家は、ＤＰＦの意向が国家安全保障に過度な影響力を及ぼすことを防ぐために、法的規律を含め、ＤＰＦからの協力の引き出し方を検討すべきである。

詳細は第3章Ⅳを参照

【提言８】ＤＰＦは、戦争に関する国際法から逸脱した国家に対し、他の国家やＤＰＦと共同・連帯して対処すべきである

ＤＰＦは、戦争に関する国際法から逸脱した国家に対し、デジタル資源の提供を停止するべきである

ウクライナ戦争でMetaやYoutubeがロシアのプロパガンダメディアを遮断したことによって、ロシアによる国際法違反が非難され、ウクライナに対する共感の輪が世界中にひろまった。ＤＰＦは、「戦場」となるデジタル空間から国家を即時に締め出すことのできる力をもっている。戦争中の国家が侵略や略奪、捕虜の不当な取扱いなど、戦争に関する国際法に違反する行為を行った場合には、協定に基づいて他の国家やＤＰＦと共同・連帯して、違反国家にデジタル空間からの撤退を求めるなどの制裁措置をとるべきである。

詳細は第３章Ⅳを参照

第1章
デジタル空間の統治をめぐる諸アクター

Ⅰ　トマス・ホッブズとデジタル・ビヒモス
——情報空間の混沌と「自然状態」

山本龍彦

リヴァイアサンが怒っている。

２０２４年８月30日、「ブラジル」（Federative Republic of Brazil）という名のリヴァイアサンは、イーロン・マスクのＸに対し、偽情報を流すアカウントを削除せよとの命令に従わないことを理由に——Ｘは「無法地帯」だという同国最高裁のモラエス判事の激しい非難[1]とともに——そのサービスの全面停止を命じた。[2] 同じ頃、「フランス」（French Republic）という名のリヴァイアサンは、違法投稿等の削除を怠り、組織犯罪の片棒を担いでいるとの理由で、ＳＮＳプラットフォームであるテレグラム（Telegram）の最高経営責任者（ＣＥＯ）パヴェル・ドゥロフを逮捕した。

偽・誤情報などの温床として情報空間を混沌へと誘う巨大プラットフォームに対しては、これを規制すべしとの声が世界的に高まってきており、リヴァイアサンの連合体たるEUでは、包括的なプラットフォーム規制として知られるデジタルサービス法（Digital Service Act, DSA）の適用が既に開始されている。しかし、このDSAでさえ、民間企業としてのプラットフォームの「自由」には一定の配慮を見せており、国家がそのサービスの全面停止を命じたり、そのCEOを逮捕したりという前記所業は、異例の出来事に属しよう。これをもって我々は、リヴァイアサン、すなわち国家が、巨大プラットフォームに対して、遂にその牙を剝き始めたと考えることもできる。

怒りなるものが恐怖の裏面であるならば、リヴァイアサンの怒りは、プラットフォームに対する「怯え」の表徴でもある。確かにイーロン・マスクは、自らが所有するXにおいて、ブラジル政府に対する批判、挑発を繰り返した。マスクが、Xに対しアカウント削除を命じたブラジル最高裁のモラエス判事が牢獄に囚われている画像を生成し、「判事よ、ある日この画像は現実のものとなるだろう。この言葉を覚えておけ（One day, this picture of you in prison will be real. Mark my words）」とのメッセージを投稿したことがやり過ぎだったとしても[3]、これまでの国家ならば、民間企業の挑発には――その民間企業がどれだけ大きく、グローバルな存在でも――冷静さを保っていたように思われる（とはいえ、これまでの企業であれば、ここまで国家を挑発、「脅迫」することはなかったかもしれないが）。怒れるリヴァイアサンは、明らかに何かを怖れている。

本講座は、近代の怪獣リヴァイアサンが怖れるこのプラットフォーム権力を「ビヒモス」に擬え、主として法学的関心から、両者の対抗関係を主題化しようとするものである[4]。周知のとおりビヒモスは、旧約聖書ヨブ記において、「最強の生物」海獣リヴァイアサンと二頭一対の陸獣として描かれ、「神の傑作、造り主をおいて剣をそれに突きつける者はない」などと表現された強者である。[5]中世以降は暴飲暴食を司る「貪欲」、「強欲」の悪魔として描写されることが多くなったそれでもある。「貪欲」の象徴としてのビヒモスは、アテンション・エコノミーの下で我々の個人データや可処分時間を貪り食う現代のプラットフォーム[6]との対比で実に興味深いのだが、プラットフォーム権力について（憲）法学的な検討を加えようとする本書でまず素材にすべきは、政治哲学者トマス・ホッブズ（Thomas Hobbes）のビヒモスであろう。

晩年のホッブズは、〈リヴァイアサン＝国家〉に反抗し、その絶対的・主権的権力を脅かす存在ないし勢力としてビヒモスを描いた。[7]本稿は、ホッブズのビヒモスとは何であったかを振り返り、プラットフォームに「ビヒモス」なるメタファーを充てることの妥当性について検討する。また、ホッブズの人間観や自然状態論を再訪し、彼がこのデジタル時代を生きていたならば、人工知能（AI）を手中に収めたプラットフォーム権力をいかに捉え、いかに対処しようとしたのかを想像してみたい。かかる作業を通じて、リヴァイアサンの力の本質と限界を再確認し、「デジタル・ビジモス」の存在を前に憲法学が新たに取り組むべき課題を抽出する。これが、本稿の目的である。

議論の見通しをよくするために、結論めいたことを先に述べておこう。

ホッブズは、人間が本来的に抱える心理的な弱さ・脆弱性を正視しようとした。そして、この弱さ・脆弱性につけ込む操作的な権力、私的良心までをも支配するソフトな権力――「魂」を操作する権力

――と、それが行使されることによる人間の「群衆（multitude）」化[8]、「大衆（vulgar）」化[9]と「混沌」の発生（自然状態）を問題視した。ホッブズが人間の〈魂〉を支配、操作し、闘争を扇動する聖職者集団ないし宗教勢力を強く嫌悪したのはこの点と関連する。現代のデジタル・ビヒモスが、個人データやＡＩを駆使して人間の精神的・心理的傾向を詳細に分析し、その脆弱性につけ込む操作的な力を揮うならば、ホッブズにとってそれは、かつてのビヒモスと同様、リヴァイアサンの剣によって成敗さるべき対象となるだろう。

これがホッブズの論から導かれる最も素直な解釈である。しかし、リヴァイアサンによるデジタル・ビヒモスの討伐は、実際には困難を極めるかもしれない。現代のビヒモスは、かつてのビヒモスが手にしていなかった強力な「心理戦用兵器」[10]、すなわちＡＩを実装しつつあるからである。では、現代の海獣はＡＩによって破壊力を増した陸獣といかに対峙すべきか。本稿で、この歴史的な問いに具体的な解答を与えることはできない。ただ本稿は、プライバシー権[11]や思想・良心の自由[12]のアップデートによって、ビヒモスの力――「惑わしの力」――をある程度制御する必要があること、そうして制御されたビヒモスとリヴァイアサンとのあるべき関係性の探究、いわば新たな権力分立論の構築こそが、憲法学の新たな主題になりうるということを示すのみである。

1　『ビヒモス』とデジタル・プラットフォーム

（1）『ビヒモス』と「惑わしの力」

ホッブズ（1588〜1679年）が晩年を迎えた1666年前半に執筆が開始されたのが『ビヒモス』であった。対話形式で書かれたこの作品は、イギリス革命やピューリタン革命とも呼ばれる1640〜50年代のイングランド内乱（内戦）で、王への反逆を企て、人民を内戦へと至らせた聖職者ないし宗教的権力と議会を厳しく糾弾し、王政復古の正当化と主権者（君主）への服従という政治的義務を強調するために執筆した作品と言われる。これまでは『市民論（De Cive）』（1642年）[13]や『リヴァイアサン』（1651年）といった作品の影に隠れていたが、近年、イングランド内乱に関する解釈の多様化とともに、その再評価が進んでいる。

『ビヒモス』の最大の特徴は、一般に議会制民主主義の発展の重要な画期として肯定的に評価される「イギリス革命」に、リヴァイアサンへの反逆やそれによる分断・無秩序という否定的な評価を与えた点にある。そして、ホッブズにとって、この否定的な「革命」を焚きつけた悪の枢軸こそが、聖職者集団、とりわけ長老派と教皇主義者であった。しばしば無神論者・異端者とのレッテルを貼られるホッブズは、後述のようにこれまでも反-クレリカリズム（clericalism　聖職者支配）というかたちで宗教的権力を批判してきたが、『ビヒモス』ではイングランド内乱との関係でこのスタンスが極めて明瞭に示されている。

ではホッブズは、『ビヒモス』において、長老派や教皇主義者のいったい何を問題にしたのか。周知のとおり、イングランド内乱の背景は極めて複雑なのであるが、その1つは王権神授説に基づき王権強化を図ったジェームズ1世や彼に続き即位したチャールズ1世がイギリス国教会の立場からピューリタンたちを弾圧したことである（信仰の自由を主張するピューリタンと、圧政から自らの財産権を守ろうとしたジェントリが結びつき、反絶対王政勢力が組織化されていく）。その意味で、確かにこの内乱は宗教的な抗争と言えるのであるが、ホッブズは、そこにより普遍的な心理的要素を見出した。すなわち、とりわけ長老派が、独特の「説教」[14]を背景に、大衆の良心ないし魂を惑わし、大衆を扇動したことをこの内乱を引き起こした直接的な原因とし、最も問題視したのである（ただしホッブズは、教皇主義者による「説教」の歴史も、内乱の長期的な原因と見ている[15]）。

「悪事はすべて長老派の説教者から出てきた。彼らは、長期にわたって訓練された演技能力を使って、説教で力強く反乱をほめそやした」[16]。

「長老派は説教壇に入る際に表情や身振りを工夫し、祈祷と説教の両方において発声を案配して、人々が理解しようとしまいと聖書の文句を利用した。それは、この世のどのような悲劇俳優といえども、彼らよりも上手に、まっとうな信仰篤い人物を演じた者はあり得なかったほどだ。そういう手練手管に気づかない人は、（長老派が計画した）国に対する動乱教唆という野心的な企みを、とうてい見抜くことができなかった」[17]。

「〔こうした説教により〕人民は、……聖徒の一員と認めない隣人に対して、そして時にはそうと認める人々に対してさえ、何とも不正に、悪意を持って振るまった」。[18]

「こうした手段によって長老派は、……良心の悩みを抱える者の聴罪司祭となり、良心上のあらゆる問題において、人々の霊的な師として服従された」。[19]

ホッブズは『ビヒモス』において、この、大衆の心を直接操作する「惑わしの力」を、海獣リヴァイアサンの主権的な権力と、その「剣の力」が実現する政治秩序を脅かす怪物的霊力として描出しようとしたのだった。

こうした問題状況の把握は、惑わされる大衆の性質に関するホッブズの洞察とも深く関連している。『ビヒモス』で、内乱の重要な契機とされているのが、「聖書の民主化」であった。[20] 聖書が英語に訳され、「英語を読めさえすればどんな小僧も娘っこも」[21] これを読むことができるようになったというルター的な慶事が、ホッブズにとってはビヒモスの勢力拡大を助長させたものとして否定的に扱われる。誰もが聖書を読めるようになった結果、「自分は全能の神に語り、神が語ったことを理解している」と思い込むようになり、我こそは聖書の真の解釈者である[22]との自惚れや自己欺瞞的自尊心が、聖職者らの説教ないし扇動に刺激されて極めて激しい社会的対立・分断——戦争状態——を生んだというわけである(『法の原理』では、「自然状態においては、各人それぞれが、自分の裁判官である。そこでは、事物を指示する名辞や形容詞が各人各様で、ここから人びとのあいだに数々の争いが生じ、平和が破壊されてしまう」[23] と述べていた)。

ホッブズにとっての真の脅威は、（比較的単純な）欲望の対立を背景とした階級闘争ではなく、虚栄心・優越感や自尊心への攻撃（「愚かさ」に関する軽蔑や嘲笑など）を含む教義の闘争[24]、心の闘争なのであった。もともとホッブズが、自然科学への傾倒から人間を心理学的ないしは現実的に捉えようとし[25]、その結果、人間の本性としてその心理的脆弱性を強調していたことはよく知られる。すなわち、人間とは、自らの虚栄心、嫉妬心、名誉心などを本来的に抱え、それによって常に迷い、また誤りうる存在であるというわけである[26]。例えば、『リヴァイアサン』第1部13章（「人間の至福と悲惨さとをめぐる彼らの自然状態について」）では、既に以下のような洞察を得ていた。

「人によってはもしかすると、このような（人間の）平等性を信じないかもしれない。それは、自分には才知があるという自惚れが働くからである。大半の人間は、一般大衆よりもはるかに才知があると自己評価している。……大半の人々がこのように自分に甘い自己評価に傾斜するのはなぜか。『機知・雄弁・学識において自分に優る者は数多い』ということを頭では認めながらも、自分と同じほどの才知ある人間が大勢いるということが信じられないのが人間の性だからである」[27]。

「人間はだれしも、自己評価に匹敵するような高い評価を仲間から得たいと願う。そして、少しでも軽蔑や過小評価の気配を感じると、自分を侮った人物に打撃を与えることによって、また、他の者に対してはそれを見せしめにすることによって、もっと高い評価を引き出そうと知らず知らず力を尽くす。それは、双方をなだめる共通の権力が存在しない場合、互いに相手を滅ぼすのに十分であるほど激しいものとなる」。[28]

このような心理的な「弱さ」を本来的に有する人間が、翻訳された聖書を読み、自惚れを深める。その虚栄心が、長老派ら宗教勢力の惑わしないしは扇動によって過激化し、ある者が「革命」と呼ぶような内乱が起きた。これが『ビヒモス』の重要なストーリー・ラインである。この書物で、海獣リヴァイアサンに歯向かう陸獣ビヒモスとして描かれたのは、人間の生来的な心理的脆弱性につけ込む「惑わしの力」、弱き魂を操作する力なのであった。

（2）「惑わしの力」とプラットフォーム

これまでの記述で、現代のプラットフォームが、リヴァイアサンへの対抗勢力としてホッブズが最も怖れた「ビヒモス」との類推で語りうる存在であることが示唆されたように思う。ＧＡＦＡＭに代表されるプラットフォームは、ホメーロスの叙事詩『オデュッセイア』に登場するセイレーン――航海する者を魅惑的な歌声で引き寄せ、惑わせ、その命までを奪ったあの恐ろしい海の魔女――にも喩えられるように[29]、偽情報や陰謀論を含む刺激的で魅惑的なコンテンツをＡＩ・アルゴリズムに基づき効果的にレコメンドすることで、ユーザーのアテンションを引きつけ、ユーザーの心を惑わせ、ユーザーから様々なものを奪うことがあるからである。時にプラットフォームは、そのアルゴリズムにより「偽情報」を拡散・増幅させることで、かつての聖職者集団と同様、大衆をリヴァイアサンに対する物理的な反抗へと駆り立てることもある。イーロン・マスク率いるXが、「ブラジルのトランプ」とも称されるボルソナーロ前大統領による「偽情報」（不正選挙だ！）の拡散・増幅に加担し、それに惑わされた大衆の一部が暴徒化し、国家の中枢施設を襲撃したのは、その最たる例であろう（２０２３年ブラジル三権広場襲撃事件）[30]。自己欺瞞的自尊心など、人間の脆弱な魂に働きかける「アテンション・エコノミー」を、ＡＩ・アルゴリズムによって極めて効果的に実践する現代のプラットフォームは、ホッブズの目には――イングランド内乱時の宗教勢力と同様――「偽情報」（デマゴーグ）を拡散して大衆の心理的脆弱性につけ込み、政治秩序の破壊へと大衆を扇動する惑わしの力に映るだろう。後述のように、それは、自分のみが隠された真実を知っており、自分以外の多くはそれに気づいていないという「自惚れ」を増長させ、社会を「万人の万人に対する戦争状態」への回帰させる可能性をもつ。ホッブズからすれば、その存在はまさに、魂の内奥に介入する操作的な力によって、主権的＝法的力――剣の力――によって達成された政治秩序を破壊しようとする悪魔的な霊力に他ならない。

ところで、ホッブズを「真に一貫した政治的な思想家」と呼び[31]、自らの学問的「兄弟」、「家族」として敬愛するカール・シュミット（Carl Schmitt）[32]も、現代のプラットフォーム権力を「ビヒモス」と位置付けた可能性がある[33]。周知のとおり、政治学ないし国家学を徹底して神学との類推で捉えたカソリック、シュミット[34]は、近代文明の進歩、すなわち技術的なるものを「アンチ・クリスト」（反キリスト）と称し、以下のように否定的に捉えた[35]。

「現代人は愛の神も恩寵の神も欲しない。『我々は自力でかかる驚異を成就した。されば地上にバベルの塔を築いて、天に至ることがどうしてできないのか』と。こうして最も重要なもの、最も窮極的なものが世俗化されてしまった。……何と肌に粟立つ光景ではないか。このすりかえのもつ破壊力を知る者の眼からみると、地球はあたかも軋みつつ運行する機械となってしまったかのようだ。このような想像は、他の時代においては、悪魔の魔力への名状し難き怖れの念からしか生じえないものであるが、今や不可謬の預言の如く、泛び上がってくる。即ちアンチ・クリストの像である。なぜアンチ・クリストはティムールやナポレオンのような暴君以上に恐ろしいのか。それは彼がキリストとそっくりにふるまって、万人から魂を詐取するからである」（傍点は筆者）。

「彼〔技術的なるもの――アンチ・クリスト〕は世界を変え、地球の相貌を変じ、自然を服従させる。……これに欺かれた人々は、お伽噺のような効験に驚嘆する。自然は征服され、安定の時代となり、万事はその意図に服し、神の摂理に代わって、予見と計画が支配する、と」（傍点は筆者）。

キリスト教の終末論的歴史観においてアンチ・クリストは、キリストに偽装し、神を模倣した悪魔として描かれる。そこでは、キリストの再臨直前にこのアンチ・クリストが現れ、それが終末論的人格に滅ぼされることで黄金時代が復活すると説かれるのである。したがって、アンチ・クリストとしての「技術」は、黄金時代の復活のために現れなければならないのが宿命であるが、それがキリストの姿に似せて大衆を惑わす点、また、それが――シュミットにおいては――強力な主権者によって最終的に打倒されなければならないと解されている点は重要であろう。無論、シュミットは、Googleも、Xも、Meta（Facebook）も知らない。が、彼らプラットフォームが究極の「技術」としてのAI・アルゴリズムを実装し、神のごとく「万人から魂を詐取」しているかのように見えること、また、既存の国家システムから疎外された者にとって、彼らが魂を救済するメシアのように見えることに想到すれば、シュミットがホッブズと同様、彼らを悪魔的な「惑わしの力」と評価する可能性は否定できないからである。

シュミットは別の論攷でも「技術」を以下のように述べていた。

「相つぐ驚異的な発明・応用は民心に対して巨大な暗示力をもち、ここから他の諸問題はすべて技術の進歩によっておのずから解決すると信ずる、技術進歩教ともいうべき宗教が誕生した」（傍点は筆者）。[36]

もちろん、ホッブズとシュミットでは、宗教や技術に対する捉え方が大きく異なる。しかし、2人の主権論者ないし国家主義者が、ともにプラットフォームを人間の魂に介入する「惑わしの力」――ビヒモス――と捉えた可能性があること、これらをリヴァイアサンによる制圧の対象と考えた可能性があることは注目に値するように思われる。

2 「自然状態」再訪

（1）「自然状態」と内心の自由

かつてホッブズが「ビヒモス」に対して見せた敵視は、「自然状態」とリヴァイアサンの関係に関する彼の基本的態度とも密接に関連している。周知のとおり、ホッブズは、『リヴァイアサン』で、自然状態（万人の万人に対する戦争状態）における人間の姿を、戦闘的で暴力的な存在として描いた（特に、13章「人類の至福と悲惨さとをめぐる彼らの自然状態について」参照）。彼が、『市民論』の献辞で、こうした人間像を、「野獣の強欲」を象徴する「狼」に喩えたのはあまりに有名である。[37]

「人間は人間にとって狼である」。

しかし、ここで注意しなければならないのは、その狂暴な狼は、弱い「羊」から変身した存在だということである。人文主義の訓練を受けつつも、アリストテレス流の道徳的・倫理的な人間観を疑い（懐疑主義に傾きつつ）、ありのままの人間の姿（人間の本性）を科学的に探究しようとしたホッブズは、先述のように人間を、心理的な「弱さ」を本来的に抱えた情動的存在として把握した。例えば、我々は、敵愾心、猜疑心、自負心を自分では抑えられない弱き存在であると描かれる。[38]ホッブズが前提とする人間は、弱いがゆえに、つまり羊的存在であるがゆえに狼となり、狂暴化するのである（羊と狼の二重性。猜疑心ゆえの暴力性）。そして、ホッブズの議論において軽視すべきでないのは、この狼への変身の際に、ある力が作用しうることである。教会の「詐欺的な」力[39]、すなわち魂に対する惑わしの力である。それは、『リヴァイアサン』において既に明確である。例えば、日本語訳ではしばしば割愛される第４部「暗黒の王国」には、「妖精」の寓話的で霊的な力との類比で「教会人」の「権力」が描かれている。

「教会人たちは、形而上学と奇跡と伝説と悪用された聖書とから成るある魔力によって、青年たちから理性の使用を取り去るのであって、それによって、彼らは、教会人たちが彼らに命じたことを遂行する以外に何の役にも立たないことになってしまう。同様に、妖精たちも、幼児たちを揺り籠から連れ出して、彼らを、普通の人々が小妖精たちと呼び、悪さをしがちな生まれながらの愚か者に変えてしまうと言われる」[40]。

「妖精たちは、誰か気に入らない人がいると、それらの人を苦しめるために彼らの小妖精たちを遣わすと言われている。教会人たちは、どれか気に入らない政治国家があると、同じように彼らの小妖精を、すなわち、迷信的で、ものに憑かれた臣民たちを作り、暴動を扇動させることによって彼らの君主たちを苦しめたり、あるいは、一人の君主を約束の虜にして、他の君主を苦しめさせたりするのである」[41]。

このようにみると、社会状態と対置されるホッブズの「自然状態」とは、人間の本来的な心理的脆弱性とこれを刺激する力によってもたらされる無秩序ないし戦争状態を意味するようにも思われる。もちろん、『ビヒモス』で描かれたイングランド内乱にも、このような自然状態のイメージが、間違いなくある。詳細な検討は別の機会に譲るが、自然状態をこう捉える限り、ホッブズとフーコー（Michel Foucault）の問題意識は近い。後期フーコーは、権力の本質を司牧的なものと捉えた。[42] それは、魂のレベルで弱き羊たちを〈導く〉羊飼いの権力（司牧的権力 pouvoir pastoral）であり、剣による支配、すなわち主権的＝法的な権力とは明確に区別されるものである。フーコーは、ヘブライの〈羊－羊飼い〉関係、すなわち〈民－神〉関係に起源をもつこの〈導き〉の権力が、中世以降、キリスト教へと引き継がれ、「良心指導」の体系化・組織化など——これはホッブズが問題視するものに近い——によってさらに技術的に洗練されていく。[43] 無論、混沌や暴力をもたらすホッブズの惑わしの権力と、〈統治〉をもたらすフーコーの導きの権力（司牧的＝司祭的権力）[44]との間には看過し難い重要な差異が存在しよう。しかし、どちらもこの宗教的な魂の操作・支配を、身体の支配（剣による支配）との対比において捉え、内面的自由を根源的に侵害し得る警戒すべき全き権力として、克服ないし制御しようと考えたことは注目してよいように思われる。ホッブズにとっても、そしてフーコーにとっても、主題化し、最も集中して批判すべき権力だったのは——魂の服従を求めない——「身体だけを殺す王」（主権者）ではなく、魂（心）にこそ介入し、これを操作する仮想的《バーチャル》な王だったのである。

　この点で、ホッブズが「思想の自由」または「内心の自由」を重視していたことを確認しておく必要があるだろう。

「私人は常に、（思考は自由であるのだから because thoughts is free）その心のうちで、奇跡とされてきた諸々の行為を信じるか、信じないかの自由（the liberty to beleeve, or not to beleeve〔原文ママ〕）を有する。……もっとも、信仰を〔外に向かって〕告白することになるならば、私的な思考は、公に、つまり神の副官に従わなければならない」（傍点は筆者）[45]。

「われわれは、原始キリスト教の独立性にたちもどり、各自がのぞむとおりに、パウロにでもケファにでもアポルロにでもしたがうことになった。……キリストの代行者にたいする愛着から、争いあったり、キリストの教義そのものを判断したりするようなこともなければ、これこそが最善であろう。なぜなら、まず、人々の良心を支配する権力としては、ことばそのもの、すなわち各人の内面に根をおろした信仰の力以外にはあり得ないからである（傍点は筆者）[46]。

ホッブズにおいて、〈リヴァイアサン＝主権国家＝社会状態〉が望ましいのは、それがあくまで「身体」の統治にとどまり、魂の根源的な統治・支配には及ばないためである。もちろん、これもよく知られるように、弱き羊たちが迷ぬように、国家が透明性をもって「基準」を定立することは重視される。時にホッブズが全体主義者と評されるのはこの点に関わる。しかし、先の引用文から明らかなように、ホッブズは「公的良心」と「私的良心」とを区別した[47]。人は、公においては公定の「思想」に従うフリをすべきだが、その心のうちにおいては、つまり私的良心のレベルではそれに従う必要はない。川出良枝の言葉を借りれば、彼の「全体主義」は、「面従腹背」の権利――それこそが思想の自由ということになるが――を大いに認めていたのである。[48] その限りで、思想の自由ないし内心の自由を説くホッブズの前記引用文は、『リヴァイアサン』を読んだことのない人ならば、これを寛容論の主唱者であるロックかだれかが書いたものだと思わずにはいられない」ものである。[49]

　繰り返そう。ホッブズによれば、リヴァイアサンは私的良心には踏み込まない。他方、ビヒモスにとって、この領域こそが操作と支配の対象となる。だから、ホッブズにおいては私的良心にまで踏み込む惑わしの力・ビヒモスが、「剣」によって制圧され、そうして平和および秩序と内心の自由が確保されることが重視されたのである。リヴァイアサンの強大かつ絶対的な力、すなわち主権は、それが我々の脆弱な内面こそを標的とする「神の最高傑作」（『ヨブ記』）をも相手にしなければならないがゆえに構想された力だと言っても過言ではないだろう。

　以上述べてきたようにホッブズの「自然状態」を理解するならば、ホッブズが現代のデジタル・ビヒモスに対しても主権的＝法的な力でそれを捻じ伏せるべきと考えたとしても決して不合理ではない。デジタル・ビヒモスもまた、ＡＩ・アルゴリズムによって大衆の心理的脆弱性につけ込み、その魂を操作して、時に大衆をリヴァイアサンへの反抗へと駆り立てる「惑わしの力」となりうるからである。

（2）リヴァイアサンの逆襲？

　加えて、ホッブズの政治体制論からも、リヴァイアサンの対抗勢力としてのビヒモスは抑制対象としてみなされるだろう。周知のとおりホッブズは、君主と議会との間で主権が分割されるイギリスの伝統的な混合政体論を否定してきた（ホッブズにおいては、この主権分割もイングランド内乱の原因の1つとされていた）。もちろん、ホッブズが長きにわたり、教会権力が世俗の政治システム内に侵入し、人々を惑わしめること（クレリカリズム）を否定し、政教分離の原型を主張してきたことからも、主権の所在を曖昧にする権力の多元性ないし混在に極めて批判的であったことが読み取れる。現代のデジタル・ビヒモスも、国家の情報通信インフラを掌握することによる国家への強い交渉力、「情報戦」・「認知戦」を媒介することによる圧倒的な地政学的影響力、莫大な資金力を背景とした政治過程への大規模な組織的ロビイングなどを通じて、主権国家の政治システム内に侵入し、その主権的権力の行使に実質的な影響を与え始めている。[50] かつてホッブズは、主権の一者性という観点から、また、その権力行使が人々の「同意」によって民主的に正統化されなければならないという観点から、リヴァイアサンによるビヒモス討伐を支持した。

　このようにホッブズの議論を素直に読むならば、ホッブズは、ブラジル最高裁によるXのサービス全面停止命令や、フランス政府によるテレグラムCEOの逮捕・起訴を、リヴァイアサンによってなすべきこととして賞賛したのではないかとの予測が立つ。また、おそらく彼は、EUのデジタルサービス法（DSA）やデジタル市場法（DMA）など、グローバルな巨大プラットフォーム、とりわけデジタル・ビヒモスを主たる規制対象とした立法を次々と繰り出すEUのスタンス――デジタル領域においてプラットフォームらに簒奪されつつある主権を国家が取り戻そうという主権回復運動、すなわち「デジタル主権」論[51]――も、（彼の視点からはまだまだ手ぬるいとしても）肯定的に評価するだろう。プラットフォームに特化した立法ではないが、２０２４年5月に成立したEUのＡＩ法も、「惑わしの力」に対するリヴァイアサンの牽制の1つであるように解される。というのも、同法の5条1項（a）は、熟慮的に意思決定する能力（their ability to make an informed decision）を著しく傷つけることで、その振る舞いを実質的に歪めるような、個人の意識を超えたサブリミナル技術、または意図的に操作的・欺瞞的な技術を用いるＡＩシステムの利用等を、最も厳格な規制である「禁止されるＡＩ実践」の典型とみなしているからである。これは、我々の身体にのみ剣を揮うリヴァイアサンが、ＡＩを駆使して我々の魂ないし心に介入し、操作しようとするデジタル・ビヒモスを怖れ、これと格闘することを象徴的に宣言した条文とも捉えることもできる。「惑わしの力」による社会秩序の混沌を最も問題視したホッブズが、こうしたビヒモス対抗的なＡＩ規制を支持しうることは多言を要しない。

3　終わりに

以上、本稿は、本書のテーマに必要な限りでホッブズの議論を参照したうえで、仮にホッブズがこの時代を生きていたならば、デジタル・ビヒモスたる巨大プラットフォームはリヴァイアサンによって討伐さるべき対象と考えたのではないか、との暫定的な結論を得た。

もっとも、こうした暫定的な結論には、すぐに以下のような疑問が提起される。はたしてリヴァイアサンによるビヒモス討伐は現実に可能なのか。

最後に、ホッブズの所説に対する批判的読解を通じて、ホッブズ的アプローチの限界について若干の考察を加えておきたい。

フーコーの司牧的権力や〈統治性〉をめぐる議論を経由すると、ホッブズには、ハードだがドライな国家権力（リヴァイアサン）と、ソフトだがウェットな教会権力（かつてのビヒモスと関連）とを鋭く対置するような思考があったことがわかる。ホッブズによれば、リヴァイアサンは剣の力で身体を統治するという点でハードなのだが、魂の奥底には踏み込まないという点でドライな怪獣であった。他方、ビヒモスは、剣を用いないという点でソフトなのだが、魂そのものに働きかける点でウェットな怪獣であった。戦士型統治（ハード・パワー）と魔術師型統治（ソフト・パワー）の対比とも言えるが、ホッブズが支持したのはもちろん前者である。しかし、ここで問題となるのは、私的良心に踏み込まない真にドライな統治というのは本当に可能なのか、という点である。人間の内面・精神に関与しない「形骸化したリヴァイアサン」を批判したのはやはりシュミットだったが[52]、膨れ上がった「人口」を、剣のみで統治することにはやはり限界がありうる。フーコーによれば、「人口（population）」問題――「人口」という「新しい主体」[53]――に向き合うことになった18世紀以降の国家は、羊たちの〈群れ〉を〈導く〉技法として発展した司牧的権力を取り込まざるをえなかったというが、仮にこの指摘が正しければ、ホッブズ的なリヴァイアサンは、もともと長期生存が不可能な、temporary な怪獣であった。かくして現在の偽リヴァイアサンは、剣のみならず、当初自らが否定したはずの魔術的ないし詐術的な技法にも頼るのだが、当該技法の実践において、デジタル・ビヒモスには到底適わないのではないかとの疑問が生ずる。

プラットフォームは、膨大な個人データとＡＩ・アルゴリズムによって迷える羊たちの内面の奥底を知り、かかる内面システム（認知過程）に直接働きかけられるからである。

また、このことは、人間の心理的脆弱性に関するホッブズ的理解の矛盾からも言えるように思われる。ホッブズは、アリストテレス流の道徳的で非現実的な人間観から距離をとり、人間のありようを徹底して心理学的に捉えようとした。こうして強調されたのが、人間の情念ないし心の弱さである。しかし、既に多くの論者が指摘しているように、ホッブズは「理性」の機能を否定しない。人間は、演算能力として理解される理性の力（合理的計算能力）に導かれ、死の恐怖から逃れるための社会契約を結ぶと考えた。こう見ると、もともとホッブズは、人間を完全に情動的で愚かな存在とは考えていないことになる。

この多義性ないし曖昧性は、かかる能力を、恐怖に由来する最低限の理性と理解することで一定程度解消されるようにも思われるが、悩ましいのは、ホッブズがそれ以上の能力を求めていた可能性がある点である。その能力とは、「公的良心」と「私的良心」とを峻別する能力である。先述のようにホッブズは、人間を、リヴァイアサンの定めた価値基準に公には従うフリをしつつ、他方で自らの私的良心に従うことができるアンビバレントな存在と見ていた。言うまでもなく、これには強靭な精神的能力と、国家の精神的基準をアイロニカルに捉える――嗤える――知的能力が必要である。ここに、人間の本性に関するホッブズの（さらに言えば近代自由主義国家の）根源的矛盾を垣間見ることができる。惑わしの力に容易に操作されるような心弱き人間が、はたして、「面従腹背」のような高度な精神的態度をとることができるのだろうか。かかる「矛盾」を考慮すると、リヴァイアサンは、その誕生の時点から、常に私的不服従のリスクを抱えていたことになる。[54] だからこそ、フーコーが指摘するように、この海獣はやがて内面に働きかける司牧的権力を必要とするのだが（フーコーは、「国家」がこれまで生存しえたのは司牧的権力によるドーピングのおかげだ、とまで考える）、[55] そこには憲法上の制約（思想・良心の自由やプライバシー権に基づく制約）があった。他方、民間の、テック企業たるプラットフォームは、憲法上の制約を直接受けないばかりか、内面への介入を効果的に行うための大量のデータとＡＩ・アルゴリズムを有している。

このような圧倒的な技術的格差を踏まえると、デジタル・ビヒモスたるプラットフォームは、国家以上に人間の私的良心に介入し、これを操作できることになる。心理的脆弱性を本来的に有する人間は、こうして形成された（させられた）私的良心をあくまでも「私的」なものとして、公的良心と――これを立憲主義的精神と考えるならば、そのようなものと――峻別できるようには思われない。Ｘなどのプラットフォーム上で拡散・増幅した偽情報や陰謀論などによって特定の「私的良心」を持つに至った――「自惚れ」によるその「信仰」はエコーチェンバーによって極端化・過激化している可能性もある――ユーザーが、現実に議会等の政府施設を襲撃した事例は、「面従腹背」の難しさと、アルゴリズムにより私的良心を支配したビヒモスをリヴァイアサンが剣で討伐することの難しさを象徴しているように思われる。

以上のように、リヴァイアサンによるデジタル・ビヒモス討伐が決して容易ではないとすれば、我々はいったいどうすればよいのだろうか。筆者にはまだその具体的な解が見えないが、少なくとも以下のことは指摘できるように思われる。アルゴリズミックな世界を生きる現代の（憲）法学者は、トマス・アクィナス（Thomas Aquinas）のような中世のプロト憲法学者が世俗権力と教会権力とをいかに関係づけるかに腐心したように、国家権力とプラットフォーム権力とをいかに関係づけるかという問いに向き合わなければならないのではないか。[56]我々は、リヴァイアサンからデジタル・ビヒモスへの主役交代を祝福できないが、かといって、リヴァイアサンの復権を単純に主張することもできないのだから。

【注】

1　例えば、「ブラジル最高裁、Xの停止を命令　マスク氏、徹底抗戦の構え」朝日新聞2024年9月1日。

2　ただし、2024年10月に、ブラジル最高裁は、X側が総額2860万レアル（約7億7千万円）の罰金を支払い、事業再開の条件に応じたため、サービスの再開を認めている。「ブラジルでのX再開認める　罰金7・7億円」朝日新聞2024年10月9日。

3　Hannah Murphy and Bryan Harris, *Brazil's Top Court Orders Suspension of Elon Musk's X amid Fight Over Accounts*, FINANCIAL TIMES (Augst 31, 2024).

4　山本龍彦「本講座の刊行にあたって」本書ii-iii頁参照。

5　旧約聖書におけるべヘモットの表現として、ヨブ記40章15-24節を参照。なお、"Behemoth"の呼び方については、磯部哲「DPFは健康の擁護者たりうるか」磯部哲編集代表『プラットフォームと社会基盤』137頁・注23（慶應義塾大学出版会、2024年）を参照されたい。

6　問題の所在は、山本龍彦『アテンション・エコノミーのジレンマ』（KADOKAWA、2024年）。

7　ホッブズ（山田園子訳）『ビヒモス』（岩波書店、2017年）。もっとも、『ビヒモス』本文において「ビヒモス」について語られることはなく、それが意味するところのものは必ずしも明確ではない。山田園子「解説」同上292頁。

8 ホッブズ・前掲注（7）155頁。

9 ホッブズの「大衆」は「無知蒙昧であるために容易に聖職者やデマゴーグに扇動されて政治秩序を破る群衆や暴徒に転化しうる……人間集団」を意味する。加藤節「『解説』にかえて――三つの『ホッブズ問題』をめぐる断想」トマス・ホッブズ（加藤節訳）『リヴァイアサン　下』（筑摩書房、2022年）559頁。

10 クリストファー・ワイリー（牧野洋訳）『マインドハッキング――あなたの感情を支配し行動を操るソーシャルメディア』（新潮社、2020年）13頁。

11 山本龍彦「情報プライバシー権論争の基底にあるもの――デジタル化と〈個人〉」音無知展＝山本龍彦編『［講座　情報法の未来をひらく］　第3巻　プライバシー』（法律文化社、近日刊行）。

12 小久保智淳「『認知過程の自由』研究序説：神経科学と憲法学」法学政治学論究126巻（2020年）376頁以下参照。

13 ホッブズ（本田裕志訳）『市民論』（京都大学学術出版会、2008年）。

14 『ビヒモス』のなかに、何度「説教」という言葉が否定的含みをもつものとして登場することか！　山田は、ホッブズが考える長老派説教者の「説教」を、「聖書を『自分勝手に』解釈し、俳優並みにせりふや演技を工夫した説教」と要約する。山田・前掲注（7）299頁。

15 ホッブズ・前掲注（7）31-31頁。

16 ホッブズ・前掲注（7）209頁。

17 ホッブズ・前掲注（7）41頁。

18 ホッブズ・前掲注（7）43頁。

19 ホッブズ・前掲注（7）44頁。

20 ホッブズ・前掲注（7）39頁。角田安正「解説」ホッブズ（角田安正訳）『リヴァイアサン2』（光文社、2018年）377頁。

21 ホッブズ・前掲注（7）38頁。

22 ホッブズ・前掲注（7）38頁。

23 トマス・ホッブズ（高野清弘訳）『法の原理』（筑摩書房、2020年）3-4頁。なお、訳はリチャード・タック（田中浩＝重森臣広訳）『トマス・ホッブズ』（未来社、1995年）111頁による。

24　ホッブズ・前掲注（13）39頁。

25　ホッブズの人間観が「鋭い人間心理の分析」に基づいていると説く、川出良枝「主権国家への根源的問いかけ」ホッブズ（永井道雄＝上田邦義訳）『リヴァイアサンⅠ』（中央公論新社、2009年）13頁。

26　この点を強調するものとして、長尾龍一『リヴァイアサン』（講談社、1994年）206頁。

27　ホッブズ（角田安正訳）『リヴァイアサン1』（光文社、2015年）158頁。

28　ホッブズ・前掲注（27）160頁。

29　エリック・A・ポズナー＝E・グレン・ワイル（安田洋祐監訳）『ラディカル・マーケット　脱・私有財産の世紀』（東洋経済新報社、2019年）314頁。

30　例えば、「〝ブラジルのトランプ〟支持者が議会襲撃　いったい何が」NHK2023年1月12日（https://www3.nhk.or.jp/news/special/international_news_navi/articles/qa/2023/01/12/28545.html）。

31　カール・シュミット（長尾龍一ほか訳）『危機の政治理論』（ダイヤモンド社、1973年）〔政治の概念〕230頁。

32　シュミット・前掲注（31）327頁〔獄中記〕。

33　シュミットは、ホッブズとは異なる意味で「ビヒモス」のメタファーを使ったことがある。カール・シュミット（生松敬三＝前野光弘訳）『陸と海と』（慈学社出版、2006年）。本稿では、シュミットがホッブズ的意味においても、プラットフォームを「ビヒモス」（惑わしの力）と捉えた可能性を検討している。

34　「近代国家学の重要な概念はすべて世俗化した神学的概念である」。シュミット・前掲注（31）26頁〔政治神学〕。

35　Carl Schmitt, Theodor Däublers "Nordlicht" 63-67 (1916). 訳は、長尾・前掲注（26）176-177頁。

36　シュミット・前掲注（31）144頁〔中立化と脱政治化の時代〕。

37　ホッブズ・前掲注（13）4頁。

38　ホッブズ・前掲注（27）160頁。

39　タック・前掲注（23）165頁。

40　ホッブズ・前掲注（9）510頁。

41　ホッブズ・前掲注（9）510頁。

42　司牧的権力については、ミシェル・フーコー（高桑和巳訳）『コレージュ・ド・フランス講義1977-1978年度　安全・領土・人口』（筑摩書房、2007年）。憲法学の観点から若干の考察を加えたものに、山本龍彦「権力分立の

『現代』的変容と樋口憲法学」法律時報96巻9号（2024年）113頁。
43 司牧的権力は、やがて「人口」の管理手法として国家にも導入されていく。山本・前掲注（42）116頁。
44 ミシェル・フーコー＝渡辺守章『哲学の舞台〔増補改訂版〕』（朝日出版社、2007年）124頁。
45 HOBBES, LEVIATHAN 306 (Richard Tuck ed., 1996).
46 HOBBES, *supra* note 45, at 479-480. 訳はタック・前掲注（23）166頁。
47 「公的良心」、「私的良心」という表現は、長尾・前掲注（26）228頁。
48 川出・前掲注（25）25頁。
49 タック・前掲注（23）166頁。
50 ヴィリ・レードンヴィルタ（濱浦奈緒子訳）『デジタルの皇帝たち』（みすず書房、2024年）。ロビイングの最近の例として「Googleが葬ったジャーナリズム保護法案」日経デジタルガバナンス2024年9月24日。なお、詳細な検討は、山本龍彦「近代主権国家体制とデジタル・プラットフォーム」山元一編『立憲主義』（信山社、2022年）147頁以下参照。
51 河嶋春菜「デジタル主権」法学館研究所Law Journal 30・31号（2024年）187頁。
52 長尾・前掲注（26）198頁。
53 ミシェル・フーコー（小林康夫ほか編）『フーコー・コレクション6　生政治・統治』（筑摩書房、2006年）268頁。
54 山田園子も、「『身体だけを殺す王』、つまりその職務が『魂』の救済や良心の問題とはまったく無縁であるはずの主権者が、『暗黒の王国』の力をどのように克服できるか」は、ホッブズの根源的な問題であったことを指摘する。山田・前掲注（7）309頁。
55 フーコー・前掲注（53）273頁。
56 山本龍彦「デジタル化と憲法（学）」自治研究99巻4号（2023年）3頁以下参照。

Ⅱ

国家とDPFの国際的対決と個人の保護
——ビジネスと人権のアプローチから

ティティラット・ティップサムリットクン
／河嶋春菜、荒川稜子 訳

本書の提言で山本龍彦教授は、国家がデジタル領域におけるデジタル・プラットフォーム（以下「DPF」）の独立性と自律性を認識し、憲法のメカニズムの下で制御される「協約モデル」、すなわち戦略的な協力関係の構築を提案した。これは、技術力に優れる企業と米国政府との現在の関係に似ている。協約モデルは、英国と英国教会や、現在の中国とDPFとの関係で見られる「政情一致モデル」とは異なり、国家によるDPFへの完全な支配を主張するものではない。一方でこのモデルは、その主な目的が中世の教会や今日のDPFのような非国家主体の支配力を政治領域から排除して、純粋な主権を維持することもまた、重視しない。そのため、EUで主張されることが多い「政情分離モデル」——すなわち「デジタル・ライシテ」——よりも柔軟性がある。協約モデルは、立憲的な統制メカニズムによって国家の力を制限し、個人の権利を保護することを要求するため、協力の経済的利益と人々の権利保護とのバランスがとれるように考案された。立憲的メカニズムとは、個人の権利を保護し、民主主義の原則を支持するための重要な手段である。後で取り上げるように、EUの政教分離モデルで提唱されている「デジタル主権」の概念も、人権の保護のために主張されている。協約モデルとデジタル主権に象徴されるEUの政教分離モデルは、人権の保護と本質的な部分で繋がっているという点では、共通している。

しかし、「主権」は非民主的な国々では異なる本質をもっているかもしれない。事実、多くの国では、必ずしも立憲的メカニズムが常に人権を保護するために機能するわけではない[1]。非民主的な国々の「個人」の利益――つまり人権――は「国家利益」と常に同じではない。これは、「個人の利益」と「デジタル主権」がより密接に結びついている民主的な国家とは対照的である。

そこで、本稿では、非民主的な社会における国家とDPF、そして市民との関係を考えてみたい。結論を先取りすると、先進国の規制が国外に与える効果とDPFの内部規則の変更が国境を越えて与える影響を視野に入れた、非民主的な社会における「個人」と「市民社会」のニーズを考慮する国際的なアプローチが重要である。国家とDPFとの間の相互作用を監視しながら市民に人権を保護するためには、国内法である憲法に依存するだけでは、不十分だからである。法以外の他の国際的な側面（地政学的条件、抵触法、管轄権の理論など）も考慮されるべきかもしれないが、本稿では取り上げない。古典的な国際法の概念がデジタルの文脈に適用されたときの限界を分析した上で、国家とDPFとの関係の複雑さをよりよく理解するために利用可能な枠組みとして、国際人権法をあてはめてみたい。

このような検討をしておくことは、2つの点で重要である。1つめは、リヴァイアサン国家と一口に言っても、実際の国際社会には多様なタイプのリヴァイアサン国家があるという現実を直視するためである。2つめは、より法理論的であるが、ネットワーク空間のルールとして国際人権法の意義が増大していることの影響を考えるためである。国際人権法と国際法秩序の基盤である主権の概念との間には根本的な衝突がある。

1　国内法的アプローチ

国家は国際的な文脈で主権を主張する。その目的は、主に外部の脅威、すなわち他国からの介入を排除することにある。したがって、国家は、領土紛争、独立の宣言、内政干渉への抵抗といった状況において国家主権を強調する。しかし、国内政治においては、外国の介入に対する非難は、政府に反発する市民を疎外するための政治的な方便に過ぎないことがよくある。この意味での主権は、領土と人々を統制する国家の最高権力を脅かす「主体」への対抗手段である。これらのことから、デジタル主権が主張されるとき、それが対抗しようとしている「脅威となる主体」が何かを理解しておく必要があろう[2]。

（1）3つの「デジタル帝国」によるデジタル主権の主張と動機

ヨーロッパでは、デジタル主権は、主に外国DPFによる商業的搾取からヨーロッパの人々の自由とプライバシーを保護しようとする国家によって、経済的不利益を避けようとする意図が相まって主張されている。このようなヨーロッパの懸念は、アメリカのDPFがヨーロッパ市民の生活に大きな影響を与えているにもかかわらず、本国アメリカ政府によってユーザーの権利の保護のための規制がほとんどなされていないために生じている（ヨーロッパが中国のDPFについて心配していないという意味ではないが、デジタル主権の議論において、中国はアメリカほどの重みを持っていないように見える）。[3] この意味で、人権の保護はヨーロッパの国家の経済的利益と一致していると言える。[4] これが、デジタル主権が一部では保護主義的貿易政策と見なされる理由の一つである。

アメリカにとっては、自国に登録され、運営されているDPF企業に対して欲すればいつでもその権力を行使できるため、デジタル主権を主張する必要がないように思えるかもしれない。つまり、DPFに関するあらゆるアメリカの措置が経済的・社会的に全世界に影響を与えるとしても、DPF問題は純粋に国内法問題だということもできる。実際、EUではデジタル主権の内容として主張されるインターネットの自由は、アメリカ政府からDPF企業への規制を防ぐために利用されてきた。[5] 一方、国際的なフィールドにおいては、アメリカは、外国政府と関連が疑われるロシアのボットや中国のアプリケーションの存在を懸念している。こうした疑いは、特にそれらの国で、政府がDPFに介入する権限を与える一連のデジタル法が施行された後、さらに濃くなった。アメリカにおけるデジタル主権の主張は、外国による干渉から民主的選挙と人々の選挙権者としての自由意思を保護することを意味する。

EUとアメリカはどちらも「外国のDPF」を脅威として認識している。EUは、政府による規制が不十分なアメリカのDPFを問題視しているのに対して、米国は、外国政府による過剰な規制または政府の道具として使用される可能性があるロシアと中国のDPFを問題視している。

これに対し、ロシアと中国が主張しているデジタル主権はさらに異なっている。これらの国によるデジタル主権の主張は、インターネットがアメリカの技術で溢れているという事実に対するフラストレーションに根ざしているといえよう。さらに、ロシアや中国だけではないが、どの国の政府も、基本的なインターネット・ガバナンスのルール形成と構造化に参加していないという事実もある。インターネットがまだアメリカや他の地域の日常生活の基本インフラではなかった時代、アメリカの技術コミュニティと市民社会こそがインターネットのガバナンスを積極的に築いたからである。こうした経緯からすれば、インターネット上の自由を賛美するイデオロギーが西洋的な自由主義憲法の精神の下で保護されてきた自由の思想と合致していることは、さほど驚くべきことではない。

ロシアと中国は2000年代からインターネット・ガバナンスにおける主要なイニシアティブをとろうとしたが、あまり成功しなかった。まず、国内の人々によるインターネットの使用方法を制御しようと試みた。中国は技術インフラを直接掌握することに成功し、テクノロジーを活用する専制的な力を得た。[6] 一方、ロシアは同じことができなかったので、刑罰などの国家権力を使用して、人々がインターネットを使用する方法を間接的に制限した。ロシアと中国のデジタル主権は、自由で開かれたインターネットを支援する自由主義の世界秩序に対抗するものとして捉えられた。

このように、米国、ＥＵ、中国（およびロシア）という３つのデジタル帝国[7]は、異なる動機でデジタル主権を主張しているのである。

（2）デジタル主権と非民主的な国々の個人への影響

①　国民に対する主権の主張

デジタル主権の主張は、非民主的な国の人々にとっては、警報のように聞こえる。「主権」は、外部的勢力と戦うためではなく市民の自由を制御するための言い訳として使用されてきたからである。ＤＰＦとの関係でいえば、たとえば以下のような状況は、非民主的なの国の人々にとって大きな心配ごとであろう。

・デジタル空間における個人の自由な活動を促進するようなＤＰＦを国家が過剰に統制する場合
・個人のプライバシーを搾取し自由を制限するＤＰＦを国家が十分に統制しない場合
・国家が個人の自由な活動を制御するためにＤＰＦと共謀している場合

デジタル主権を主張している多くの非民主的な国は、外国ＤＰＦによる搾取やＤＰＦを介した外国政府による国内への干渉を本当に心配しているとは考えられていない。むしろ、ＤＰＦを使用して自由を求める市民を抑制したりプラットフォーム上の反政府的な表現を防いだりすることが、非民主的な国家がデジタル主権を主張する主な目的である。これは様々な非民主的な国家で見られる一般的な現象である。[8] さらに、デジタル主権の主張が法の移植（legal transplant）を伴うことへの不安もある。

例えば、サイバー犯罪に関する条約をモデルにしてつくられたタイの Computer Crime Act では、マルウェア導入などを犯罪とする条項がおかれたが、タイ当局は、この条項を偽情報の発信を犯罪とする趣旨だと解釈し、一般のＤＰＦユーザーが自由に投稿することを制限した。すなわち、サイバー犯罪条項が表現の自由を不当に制限するために数多く使われたのである。[9] また、ＥＵのＧＤＰＲをモデルにしてつくられたタイの個人情報保護法である Personal Data Protection Act（ＰＤＰＡ）は、プライバシーと情報の自由な流通との間のバランスをとることを目的としている。にもかかわらず、実際には、当局は行政情報の公開を限定したり、行政がもっている個人情報に本人がアクセスできないようにしたりするための口実として、よくＰＤＰＡを取り上げた。このような間違った使われ方によって、ＰＤＰＡはオープンガバメントや被告人の権利保護を妨げるとして実務家からしばしば問題視された。[10] さらに最近の例では、ＥＵのデジタル・サービス・アクト（ＤＳＡ）と同じ方向性を取ろうとしてタイで制定された Digital Platform Decree（ＤＰＤ）という政令の例がある。ＤＰＤは、ＤＰＦに当局への登録義務を課している。当局はこれらを利用して外国ＤＰＦに恣意的な介入をするかもしれず、タイ市民がＤＰＦにアクセスすることを妨げるかもしれないという心配がなされている。[11]

このように、非民主的な国家がヨーロッパ風のデジタル主権を主張して――つまり、人権フレンドリーな姿勢を見せて――ヨーロッパ中心につくられた条約や法令を真似てルールをつくることがある。しかし、ヨーロッパのルールを盲目的に国内に移植するだけでは、人権保障は見せかけのものにしかならない。実際には、当局が人権を制約するような方法でルールを適用することによって市民の統制を行うことがあるからである。非民主的な国家が、ヨーロッパや北米の国々から借用したモデル法は、人々の権利を強化するどころか制限する可能性さえある。[12]

② 技術的に進んでいない国家の限られた能力

国家がＤＰＦによる搾取から個人を保護しようとする真の善意を持っていたとしても、国家の実力は個人を保護できるかどうかを左右する。国家は、主権を持つ以上、理論的には国内法を通じて外国ＤＰＦを規制する権限を持っているが、この権限の実効性は、各国の経済的影響力と地政学的現実によって異なる。インターネット上のビジネスは、中国を除いて、石油やガス会社とは異なり国家の厳格な承認を必要としない。真の規制権限は主に、ＤＰＦが本社を置く司法管轄国（例えば米国）や、重要な市場を保持するがゆえにグローバル企業に対して規制力を持つ地域（例えばＥＵ）[13]に限定されている。

ＤＰＦとの関係における国家の実力の違いを考慮すると、国内法のメカニズムだけでは、ＤＰＦに対し市民の権利を十分に保護することはできない。結局、技術も規制力も持たない権威主義国家は、ＤＰＦを規制する意思も能力もないかもしれない。個人の権利に影響を与える可能性のある国家とＤＰＦの両方の力を制約するために、国際法秩序で利用可能なツールを探すべきである。

2 国際法的アプローチ

(1) 古典的な多国間協力の失敗

国際法の古典的な多国間制度をみると、国際電気通信連合（ＩＴＵ）の規制のような物理的インフラ関連の問題を除いて、インターネット・ガバナンスを国家の手に委ねることに成功したものはない。ＩＴＵの規則さえ人々がインターネットをどのように使用するかを規制するための権限を国家に与えるものではない。宇宙法や環境法のような他の新興分野と比較して、サイバー・スペースの大部分は国家や国際機関によって規制されないままである。

インターネット・ガバナンスは、非営利団体である Internet Corporation for Assigned Names and Numbers（ＩＣＡＮＮ）によって主導されている。ＩＣＡＮＮは、エンジニア、弁護士、人権活動家、そして一部の国家代表者のである。ＩＣＡＮＮのアプローチが自由主義的価値に傾いており、少なくともある程度、ＤＰＦやユーザーの自由に不当に介入しようとする国家の試みを防いで個人の自由を優先している。とはいえ、ＩＣＡＮＮは命名システムにおけるプロトコルのみを管理対象にしており、公開されているコンテンツの内容の善し悪しまでを問題にするわけではないから、ＩＣＡＮＮの役割は限定的である。[14]

国連はネットワーク空間の平和と安全を維持するために役割を担おうと試み、２０００年代に「情報社会に関する世界サミット」（ＷＳＩＳ）を開催するに至った。しかし、国連が起こしたアクションは「協力の呼びかけ」に止まり、異なる利害を交渉するプロセスを通じて何らかの実質的なルールを作ることへの合意には至らず、国家にインターネットを統制する権限を与えていない[15]。これは、ＩＴＵで国家が合意したものをみれば明らかであり、すべての国が、安定した接続を他国からの不必要な干渉なしに実現する基本的インフラを望んで合意したが、これは、合意としてはあまりに議論の余地のないルールである。国際社会は、プロトコルやコンテンツなど、インターネットの最上層にあたるルールをどのように規制するかについては決して合意に至ることはなかった[16]。

国連の役割も限定的だったと言えるが、これは理解できる現象である。国連は、第三次世界大戦への恐怖を共有し、ＷＴＯは各国共通の通商に関するルールへの願望に基づいて活動している。そのため、中国を国際貿易上のルールに巻き込むことができたのは、中国が一部の資本主義的なやり方を受け入れるようになった後でしかなかった。世界人権宣言という国際的合意が実現した奇跡は、ナチスのホロコーストという大規模な残酷な殺戮を反省したからであった。複数の国家が共同で設立した人権裁判所は、アジアには存在せず、類似した文化的・政治的特性を共有する地域――ヨーロッパ、米州、アフリカ――にのみ設立されている。さらに、国連をＥＵと比較すると、ヨーロッパの国々の相対的な類似性が、超国家的レベルでの共通の規範を生み出す秘訣であることがわかる。

要するに、国家間の違いが大きすぎる場合、多国間協力の枠組みに期待できる成果は非常に少ない。伝統的な政府間協力の枠組みは国家にインターネットを統制する力を与えることに失敗し、ネットワーク空間における個人の自由の保護は、国際人権機関の重要な懸念事項であり続けている[17]。

現在、国連の「グローバル・デジタル・コンパクト」（ＧＤＣ）政策[18]は、持続可能な人間の発展のための技術使用の枠組みを作成することを目指しており、主に以下の3つの分野に焦点を当てている。①デジタル・デバイドの解消、②技術企業が主に自己規制している中で、様々なインターネット関係者を調和したアプローチに結びつけること、および③共通規範を自由と人権原則に調和させること、である。

(2) 古典的な国際人権法の限界

国際人権法は、国家および非国家主体による人権侵害を防止しようとしてきた。そのメカニズムは国際外交、すなわち国家機構を通じて機能する。国際人権法は条約に淵源があり、条約は、国家が国益を保護するために使用する法的ツールであるといえる。しかし、他の分野の条約とは異なり、国際人権条約は個人の利益を保護するという明確な目的を持っており、これは必ずしも国家そのものの利益という意味での国益と同じではない[19]。

国際人権法の概念は、「領土の主権」と「内政不干渉」の原則という国際法の古典的概念に対し挑戦するものである。国際人権法は、国家とその市民との国内関係を、条約に書かれた国際的に共通の普遍的規範によって拘束し、国際問題へと変えた。これは、人権条約締結の際における国家の同意によって正当化される。

ネットワーク空間において個人の権利を保護するという野心は、人権条約を時代に応じて内容が豊かになる「生きた文書」としてとらえることによってこそ、可能になった。つまり、フィジカル空間を想定して作られた条文をもともとの意味を超えて、個人の権利保護をネットワーク空間にも拡大するような発展的な解釈によって、現在進行形の問題に適用してきた[20]。それにもかかわらず、人権条約は依然として国連システムのなかに位置しているために、各国に条約の遵守を義務付けるような強力な執行ツールを備えていない。これは国家間の合意でつくられる制度に内在する性質であって、条約を作成して批准することも、それを執行することも、対等な主権国家の相互的な自発性に依存しているのである。また、国家は、国際的な約束である条約を批准する際に、それを実際にどの程度適用するかという、遵守レベルを自由に選択することができる。そのため、人権法学者や実務家は、常に人権規範を国内法システムに取り込んで国内法化――内在化――することの重要性を強調してきた。持続可能な人権保護をもたらすことのできる変化は、その社会に内発的なものでなければならない。国際社会からの外部圧力は、最初のイニシアティブを支援し変化を加速させることには役立っても、それだけで実際上かつ持続的な効果を保証することはない。

（3） ビジネスと人権の枠組みへの展望

国際人権コミュニティは、国家の措置を通じて人権を保護することの限界に直面し、国境を越えて個人の権利に影響を与える多国籍企業に焦点を当てる人権保護の推進にシフトした。1990年代の企業の社会的責任を促進するグローバル運動に続き[21]、国連のビジネスと人権に関するガイド（UNGP）は、人権擁護のための新たなチャネルを開いた。

多国籍企業の人権への影響は、労働基本権から環境的利益に至るまで、様々な分野で、個人に対するより直接的な効果を持つ。消費者情報のプライバシーやオンラインでの表現の自由に関しては、テック企業が個人の行動に効果的に干渉する技術を持っているため、人権への直接的な影響はより顕著である。とくにビッグテックのアルゴリズムを利用した干渉は、市民の行動を規制する政府の力よりもはるかに効果的であることが多い[22]。

UNGP以前には、国際社会は国内法のメカニズムを通じてビジネスの人権侵害を防いできた。その効力はホスト国と本国の意向によるものである。しかし、国家の意向は、経済的利益によって容易に影響を受けることがある。例えば、一部の国家は、「ビジネスのしやすさ」という経済的優位性を失って外国直接投資を国外に押し出すことにならないように、労働規制を施行して企業を規制することを渋るかもしれない。

UNGP後も、ビジネスによる人権保護のメカニズムは、国連によってそれ以上強化されることはなかったが、一般的にいって、多国籍企業は国家よりも人権原則を受け入れるインセンティブがある。国家と異なり、企業は「内政」や「主権の自由」の主張を使って、自社の行動に対する国際的な批判をかわすことはできない。企業が言い訳にできる唯一の主張は、企業の主な目標は利益最大化であって社会全体の福祉ではなく、人権保障や福祉の義務を担うのは国家であるというものである。しかし、そのような主張は消費者や他のステークホルダーの目には正当でないように映るから、企業がそのような主張を公然と宣言することは容易ではない。現代の企業は、単なる利益最大化以上のことを気にかけている、または少なくともそう見せかける必要がある。

そのため、「ビジネスと人権」という、国家が制定する法令による規制ではなく、企業の自主性を重んじるソフトロー（UNGP）の枠組み、特に、人権を重んじない企業を名指しして非難するという慣行は、企業の人権フレンドリーな行動を導くため、また市民社会が望ましくない企業行動を批判するために非常に強力な手段である。さらに、人々の生活により直接的で広範な影響を与えるDPF企業にこの手段を適用することを考えたとき、この国際ソフトローの有効性は国内法を超える可能性がある。テック企業は、利用者の利益に反する立場を取ることを恐れており、これは中国企業も例外ではない。そのうえ、非民主的な国では、「消費者と企業の絆」が「市民と国家の絆」よりも強いといっても誇張ではないであろう。多くの場合、個人の利益は、インターネット上でのプライバシーや表現の自由を制限しようとする権威主義国家の利益よりも、それらを最大化しようとするテック企業の利益と一致しているからである。

民主的な手段によって拘束されていない――つまり、DPFは選挙で選ばれた議員からなる議会をもっていない――からといって、個々のユーザーとDPFとの関係を無視すべきではない。実際には、ユーザーはDPFの「市民」ではないが、DPF上でうける保護が適当で、あるいは少なくとも効果的であることは、DPFが民主的な正当性をもっているかどうかのみに依存するわけではない。では、ユーザーとDPFとの関係とはどのようなものか。DPFの場合、ユーザーがデータの源泉であり、広告から収益を得るビジネス（attention merchants）の基盤であるという事実を考慮すべきである。ユーザーの関与と参加は、DPFの運用と経済的成功の基盤である。

3 非国家中心的アプローチ

（1） 主権国家に対して、DPFが個人の権利を保護する機能を果たした事例

国際義務を無視しようとする国家の意向に反して、「国際法の守護者」[23]として機能したテック企業の例がある。一部の企業は、権威主義国家に対抗するために個人が戦うのを助ける手段を提供した。

① 国家によるプラットフォーム操作対策――NSO訴訟と情報操作の調査

WhatsAppとAppleは、イスラエルのスパイウェアメーカーであるNSOグループに対して、様々な活動家やジャーナリストの電話にペガサスというスパイウェアを送るために2社のプラットフォームを悪用し乱用したとしてそれぞれ同様の訴訟を提起した。NSOのサービスは、個人や市民社会を監視し抑圧したいと望む様々な政府に提供された。

WhatsAppは、ユーザーのプライバシーと、プラットフォームにおける情報の完全性を保護するためにこの訴訟を起こした。[24] この例では、企業の社会的責任はDPFの商業的利益と直接的に関連している。Appleもまた、この訴訟で得られる損害賠償を、サイバー監視問題に取り組む研究とアドボカシー団体を支援するために寄付することを約束し、国家が実用化をサポートする監視技術の悪用と人権侵害の排除のために戦うという、企業の経済的利益より広い目的を宣言した。[25] これらのケースで、テック企業は、ユーザーだけでなく、他国の一般的な「デジタル福祉」を「保護」する役割を果たしている。

DPFが社会一般におけるオンライン上の表現の自由の保護を目指す姿勢は、MetaやX（Twitter）が

国家による情報操作を調査する例でも見られる。世界中の国家は、情報と誤情報を配信するためにＤＰＦを使用し操作する。国家によるＤＰＦの操作（Ｘの用語ではplatform manipulation、Facebookの用語ではCoordinated Inauthentic Behavior）が明らかになったのは、タイ、イラン、香港、フィリピンなどの国々であり、様々なアカウント削除と多くの訴訟につながった。[26]

② マルチステークホルダーが開始した産業的指標――ＧＮＩ

グローバル・ネットワーク・イニシアチブ（Global Network Initiative：ＧＮＩ）は、情報通信技術（ＩＣＴ）企業、人権および報道の自由に関する民間団体、学者、投資家からなるマルチステークホルダーの集まりであり、テクノロジー・プラットフォーム上での表現の自由とプライバシーの保護を国際人権基準に沿って強化することを目的としている。その実施指針には、政府の恣意的な干渉を防ぐための多くの措置が含まれている。[27]

多くのテック企業の透明性ポリシーがこの指標に従っている。２０２３年には、Metaは、コンテンツが政府の要請によって削除された事例を公開する新しい透明性ポリシーを発表した。[28] また、政府がＤＰＦに対して命じた要請のコピーを公開する計画もある。[29] その主な理由は、「公共の議論に情報を提供し、研究とジャーナリズムを促進し、人々が自らの政府の責任を追求することを可能にする」ことである。何らかの問題を優先する必要がある場合には、国連ビジネスと人権に関する指導原則の基準に従う。Metaは、２０２２年に最初の人権報告書を公表した。

Facebookやその他様々なＤＰＦは何年にもわたり政府要請の統計を淡々と公開してきたが、ＤＰＦが恣意的な政府の権力に抵抗しているという事実について、ユーザーはほとんど知らなかった。DPFによる自主的な透明性確保の措置は、個々のユーザーに対して国家とDPFとの関係に注意を払うように促すことになったともいえよう。DPFの透明性レポートを根拠にして、国家の人権侵害を問うことにもつながりうるからである。すなわち、国内の憲法上の権利保護メカニズムの中で国に苦情を提出したり、国連の人権条約の下で、国連の委員会が国家の人権保障状況について行う普遍的定期的審査（UPR）や個人が国連機関に人権侵害を訴える個人通信制度などの国際メカニズムの下で、透明性レポートは、国家とDPFの両方を人権基準にそって検査し、責任を追求する途を開く。

Metaによって公開された政府による恣意的な要請の一例は、タイの若者運動が最高潮に達した時に見られた。2020年、タイ政府はFacebook Thailandに対し、政治改革が活発に議論されている「ロイヤリスト・マーケットプレイス」という100万人のメンバーを持つグループを閉鎖するよう命じた。これは2020年の若者運動がおこった背景的事情でもある。Facebookは、政府がバンコクのオフィスを訴えると脅したため、当該グループを閉鎖する必要にせまられたと非難し、そのような命令には法的に対抗すると発表した。実際には、そのような訴訟は起こらなかったが、Facebookはユーザーが新しいグループを作ることを許容した。[30] 新しいグループは数日でもとのグループよりも多くの人々を引き付けることができた。この場合、政府の命令がDPFによって直接的に妨げられたわけではないが、DPFによって政府の行動の非正当性が国際メディアと人権コミュニティに伝えられた。

③　企業の直接的な責任――ロヒンギャに関するアムネスティ報告書

２０１７年のロヒンギャ虐殺におけるＳＮＳプラットフォームの影響について調査を行う国連や他の国際機関の努力が続くなか[31]、アムネスティ・インターナショナルは、ＵＮＧＰで個人が人権侵害からの救済を受ける権利と企業の社会的責任を強調して、Meta がロヒンギャのコミュニティに金銭的な救済を提供するよう求める報告書を公表した。[32] これに対し、Meta はロヒンギャのコミュニティに直接の補償を提供することを拒否したので訴訟に直面しているが[33]、２０１７年以降、企業内ないしシステム上のミャンマー語能力の向上、ヘイトスピーチを検出する技術の開発向上、およびＳＮＳで生じる可能性のある弊害を防ぐための内部ポリシーの改善を実施している。[34] テック企業は、国際法に準拠するように、自社のプラットフォームが国家によるユーザーの人権侵害に使用されることを容認してはならないという理解が定着しつつあることを示している。

（2）　非国家中心的アプローチの限界

前述した例は、ＤＰＦがユーザーの人権を保護する能力をもっていると自覚していることを示している。ビッグテック企業は、ユーザーのプライバシーやその他の自由を侵害する政府の不当な要求に従うことを拒否するか、拒否できない場合には、少なくともそのような要求を公開する。ＤＰＦは、ＵＮＧＰで推奨されている通り[35]、「尊重の責任」を果たすために、自らの活動を通してユーザーの人権に負の影響を引き起こさないだけでなく、政府による濫用的なプラットフォームの使用を「予防」し、社会全体に対する負の人権影響も「軽減」するなど、利用者や一般市民を「保護」するさらなる措置を取る。本来「保護する義務」は政府の機能と見なされ、UNGPの重要な第一の柱となっているが、企業にもより軽いが類似した保護機能を果たすことが期待される。一部の国家では人権デュー・ディリジェンスの義務化が勧められているし[36]、グローバル企業に適用される場合には、域外効果により、結果的に他国の市民を保護することになる可能性もある。

先に見てきた非国家中心の「人権」保障アプローチは、企業の自発的なコミットメントの「意思」にかかっているため、多くの懐疑的な見方と批判を引き起こしている。企業によるコミットメントの効果は、企業役員がこうしたアプローチを支持する準備ができているか、あるいはその能力があるかという点に帰着することがある。テック企業のスタッフの高い離職率を考えると、このアプローチは人権を確保するための確固たる手段のようには思えない。しかし、国際人権条約の実施も国家の意思と政府ないし官僚の能力に依存しているという点では、それほど違いがあるわけではない。

GNI基準は、こうした特定のスタッフの裁量を限定し、DPFがユーザーを「尊重」すべきことへの期待を明確化する上で重要な役割を果たしている。民間企業が、国家の管轄に服するとしても、国際人権のスタンダードの下で、国家の要求に対し、正当性を問わずに盲目的に従うことはないと一体となって宣言している。GNI基準によれば、交渉力の小さいテック企業にとっては、たとえ何が正当な要求や国家介入であるかの判断するときに国家の解釈に従うことを選択する場合であっても、そのような要求や介入の内容を公開しなければならない。透明性レポートの実践は、少なくとも議会や司法機関が行政部門をチェックする機能が備わっている国では、市民社会が政府に責任を問うための強力な手段となるだろう。その反面、NSO訴訟や情報操作調査のようなケースでは、企業が人権の保護のために講じる積極的な措置のレベルは、企業の経済的・人的リソースと意思に完全に依存しているという弱さもある。

アムネスティ・インターナショナルの報告書のケースから明らかなように、国際法上の根拠にのみ基づいてDPFから「救済」を求めることは、依然として困難である。国際NGOが実際に補償を獲得できるように働きかける方法は、補償を命じるように裁判所に訴えを起こすしかない。

DPF企業の非民主的性質も、大きな批判のポイントである。イーロン・マスク（Elon Musk）によるTwitterの買収は、DPFポリシーがいかに脆弱であるかを示す機会となった。現在XとなったTwitterは、コンテンツ・モデレーションに関する重要な変更を行い、人権保障に向けた努力の鍵となるトラスト&セキュリティ部門のスタッフの約30％が解雇された。[37] マスクの「絶対的な言論の自由」の立場を反映したこのアプローチは、国際基準と完全に一致しているわけではない。例えば、選挙期間中の誤情報の監視を含むコンテンツ・モデレーションの削減は、有害なコンテンツの増加によって利用者に負の影響をもたらす可能性があり、多くの活動家は、もはやXを公共の議論のための安全で民主的な空間であるとは考えていない。

OpenAIの取締役員騒動も、世界中で広く使用されるようになった重要なイノベーションである生成AIツールの技術開発の方向性に対し、コーポレート・ガバナンスがどれほど大きな影響を与えるかをユーザーである私たちに思い知らせる機会となった。ＡＩ研究と技術の実装化の倫理および人権基準の重要性は、テック企業の役員数人の決定によって容易く変更されるかもしれないのである。[38]

4 おわりに

（1） 個人の自由を中心に

本稿では、ユーザーとＤＰＦとの関係は、各国が主張するデジタル主権に込められた意味を理解する必要があると述べてきた。もし国家とＤＰＦとの関係を考える目的が真にすべての――つまり、非民主的な国家の市民を含む――ユーザーの権利の保護を実現するためであるならば、国家中心の思考を超えて進む必要が増している。国家の形態が多様であり、個人の自由を等しく保護していないという現実からは逃れられないからである。

現在の国家とＤＰＦとの関係に関する議論に、非民主的な国に生きるユーザーの権利を考慮すべきである。国内の法である憲法が人権を十分に保障していることを前提とする立憲的メカニズムに基づくモデルは、非民主的国家に単純に適用できることができない。非民主的な国家のユーザー・市民の人権を保障するためには、国際的なアプローチを取られなければならない。非民主的な国家では、ユーザーのネットワーク空間における人権を保護するために国家に頼ることは出来ないからである。

そこで、国家がＤＰＦをどのように規制して個人の権利保護に最も利益をもたらすかと問うのではなく、「個人が自身の自由を確保するためにどのようなツールが存在しているか？」という新たな問いを立てるべきであろう。人権を保障する国内の立憲的メカニズムは、ＤＰＦによる脅威や侵害から守るための個人の選択肢の一つに過ぎない。一方で、もう一つの選択肢は、国家による脅威や侵害から自分自身を保護するために、国際人権法に基づくＤＰＦの行動規範を最大限に活用することである。

（2）DPFの国際的責任

先にみたように、国際人権法の「ハードロー」（条約）は国家の同意に基づいており、各国での実施レベルの違いなどの限界が内在している。これに対し、国際人権法の非国家中心的アプローチであるＵＮＧＰなどは、ＤＰＦに対してユーザーの権利を「尊重」するための集団的基準を直接設定し、技術を利用して人権を「保護」するための措置を講じることをテック企業に奨励することで、いくつかの実質的な解決策を提供することができる。それでも、個々の被害者に対するＤＰＦからの救済は、国内の司法機関による決定が必要となる。

したがって、ＤＰＦに対して「国家がその人権保護義務を果たす能力及び／または意思からは独立してあるもの」[39]として国際人権上の義務を認識するよう圧力をかけることが重要である。ＤＰＦ規制に関する国際条約の提案も、条約の制定過程がしばしば国家の利益交渉の場であるため、実際上の人権保護を提供することはできないであろう。実際、これまでにいわゆる「デジタル条約」を締結する提案をした国家は、マルチステークホルダーによるアプローチを否定し、自国の人々を自ら制御し国内における政府の権限を強化するためにデジタル主権を掲げる国々であって、個人の自由の保障を高めるためではなかった[40]。

個人を保護することを目的とする唯一の多国間合意の枠組みは、人権条約である。人権条約では、国家とビジネスアクターが同じ原則の下で、国民ないし消費者の権利に配慮するように義務づけられる。そもそも、ビジネスアクターのうちインターネット・ガバナンスのステークホルダーは既に国際人権基準に精通している。ある国の法律よりも、UDHRのような普遍的基準に依拠することは、たとえばICANNにとって、より正当で適当なことのように思われるだろう。実際、Metaが表現の自由に関する同社の決定を調査するOversight Boardは、アメリカ憲法ではなく、ICCPRのような国際条約に依拠している。国際人権規範は、各国で解釈と執行の点で全く異なるバラバラの運用がなされているという事実とは対照的に、DPF業界では、世界中のすべてのユーザーに等しく適用すべき共通のベンチマークがつくられつつある。

結論として、DPFはユーザーが国家の恣意的な権力に抵抗するための空間を提供しうるだけでなく、国家の強制的な干渉からユーザーを保護しうる。国内の立憲的メカニズムがDPFを統制するためには不十分である場合があって、どの国でも同じように機能することが期待できない限り、国家とDPFとの関係に関する議論では、DPFが国際人権基準を尊重する責任という形態と構造を作り上げる必要を無視することはできないだろう[41]。

【注】

1 Helena Alviar García（eds）, *Authoritarian Constitutionalism*（Edward Elgar, 2019）.

2 Carol Soon and others, *Digital Sovereignty: State Action and Implications for Singapore*（Institute of Policy Studies 2023）.

3 Mathilde VELLIET, 'Digital Sovereignty: European Policies, American Dilemmas'（*Notes de l'Ifri*, January 2023）available online.

4 Rebekah Dowd, *Information Technology and Global Governance*（Palgrav Macmillan, 2022）, 265.

5 Jack Goldsmith, 'The Failure of Internet Freedom: Probing the demise of a non-regulation, anti-censorship, global internet agenda'（*Knight First Amendment Institute*,13 June 2018）on line.

6 Anqi Wang, 'Cyber Sovereignty at Its Boldest: A Chinese Perspective'（2020）16 Ohio St Tech L J 395.

7 Anu Bradford, *Digital Empires: The Global Battle to Regulate Technology*（OUP, 2023）.

8 Anupam Chander and Haochen Sun, 'Sovereignty 2.0'（2022）, 55 Vand J Trans L 283.

9 サイバー犯罪に関する条約の基準に照らしたタイの Computer Crime Act の評価：Sinfah Tunsarawuth and Toby Mendel, 'Analysis of Computer Crime Act of Thailand'（2010）*Center for Law and Democracy*, 〈http://www. lawdemocracy. org/wp-content/uploads/2010/07/10.05. Thai_. Computer-Act-Analysis. pdf〉. サイバー犯罪に関する条約第7条（コンピュータに関する偽造）とタイの Computer Crime Act 第14条の比較：Santipatn Prommajul, "The criminal justice response to cybercrime: Thailand."（2008）〈https://unafei.or.jp/publications/pdf/RS_No79/No79_13PA_Prommajul.pdf〉.

10 Sitthikarn Theerawatanachai, 'Laak Tassana Ruang Kormoon Satarana（Open Data）Pretetthai'（Elect, Mar 2021）https://elect.in.th/open-data/

11 Article 19,'Thailand: Content takedown rules will undermine free expression online'（December, 2022）https://www.article19.org/resources/thailand-content-takedown-regulation/

12 Anupam Chander, "When the Digital Services Act Goes Global"（2023）. Georgetown Law Faculty Publications and Other Works 2548, available on line.

13 Anu Bradford, *Brussel Effects: How the European Union Rules the World*（OUP, 2020）.

14 Jovan Kurbalija, *Introduction to Internet Governance*（DiploFoundation, 2016）.

15 Liisi Adamson, 'International Law and International Cyber Norms: A Continuum?' in Dennis Broeders Bibi van den Berg（eds）, *Governing Cyberspace Behavior, Power, and Diplomacy*（Rowman & Littlefield, 2020）.

16 William Dutton and Malcolm Peltu, 'The emerging Internet governance mosaic: connecting the pieces' (2005), Forum Discussion Paper No.5, Oxford Internet Institute.

17 Molly K Land, 'Toward an International Law of the Internet' (2013) 54 Harvard International Law Journal.

18 UN, *Global Digital Compact Policy Brief* (2023) available on line.

19 Matthew Craven, 'Legal Differentiation and the Concept of the Human Rights Treaty in International Law' (2000) 11 *EJIL* 289.

20 Molly K Land, 'Toward an International Law of the Internet' (2013) 54 *Harvard International Law Journal*.

21 Mauricio Andrés Latapí Agudelo and others, 'A literature Review of the History and Evolution of Corporate Social Responsibility' (2019), 4 *International Journal on Corporate Social Responsibility* 1.

22 Lawrence Lessig, *Code 2.0* (Basics Book, 2006); Jack M. Balkin, 'Free Speech in the Algorithmic Society: Big Data, Private Governance, and New School Speech Regulation' (2018), 51 *UC Davis Law Review* 1149.

23 Jay Butler, 'The Corporate Keeper of International Law' (2020) 114 ASIL 189.

24 Jonathon Penney and Bruce Schneier, 'Platforms, Encryption, and the CFAA: The Case of WhatsApp v NSO Group' (2021) 36 Berkeley Technology Law Journal 101.

25 Apple Press Release 'Apple sues NSO Group to curb the abuse of state-sponsored spyware' (23 November 2021) available on line.

26 Camille François and Evelyn Douek, 'The Accidental Origins, Underappreciated Limits, and Enduring Promises of Platform Transparency Reporting about Information Operations' (2021) 1 *Journal of Online Trust and Safety*.

27 *GNI Implementation Guidelines*, available on line.

28 各国政府による要請の一覧は Meta のウェブサイト「Government Requests for User Data」で公開されている。

29 Meta のウェブサイト「How we assess reports of content violating local law」を参照。

30 Patpicha Tanakasempipat, 'After block, new Facebook group criticising Thai king gains 500,000 members' (Reuters, 25 August 2020) available on line.

31 国連人権理事会のウェブサイト「Independent International Fact-Finding Mission on Myanmar」を参照。

32 Amnesty International, *Myanmar: The social atrocity: Meta and the right to remedy for the Rohingya* (2022) available on line.

33 Catherrine Sanz, 'Rohingya refugees move to have claims against Meta heard in Irish court' (Business Post, 25 August 2023)

available on line.

34 Rebecca Hamilton, 'Platform-Enabled Crimes: Pluralizing Accountability When Social Media Companies Enable Perpetrators to Commit Atrocities'（2022）, 63 Boston College Law Review 1349, 1403.

35 UNGP Commentary to Principle 13.〈https://www.ohchr.org/sites/default/files/documents/publications/guidingprinciplesbusinesshr_en.pdf〉

36 See 'Mandatory Due Diligence' at Business and Human Rights Resrouce Centre Website https://www.business-humanrights.org/en/big-issues/mandatory-due-diligence/.

37 Sheila Dang, 'X reorganizes trust and safety team under Musk, CEO Yaccarino'（Reuter, 1 August 2023）; Vittoria Elliot and David Gilbert, 'Elon Musk's Main Tool for Fighting Disinformation on X Is Making the Problem Worse, Insiders Claim'（Wired, 14 October 2023）both available on line.

38 Charles Duhigg, 'The Inside Story of Microsoft's Partnership with OpenAI'（The New Yorker, 1 December 2023）; Amba Kakarchive and others, 'Make no mistake—AI is owned by Big Tech'（MIT Technology Reivew, 5 December 2023）both available on line.

39 国連人権高等弁務官事務所『Guiding Principles on Business and Human Rights』（とくに Commentary to Principle 11）を参照。

40 Tom Ginsburg, *Democracies and International Law*（CUP, 2021）225-229.

41 Agnes Callamard, 'The Human Rights Obligations of Non-State Actors' in David Kaye（Eds）, *Human Rights in the Age of Platform*（MIT Press, 2019）; Neli Frost, 'Out with the 'Old', in with the 'New': Challenging Dominant Regulatory Approaches in the Field of Human Rights'（2021）32 EJIL 507; Edoado Celeste and others, *The Content Governance Dilemma: Digital Constitutionalism, Social Media and the Search for a Global Standard*（Palgrav Macmillan, 2023）.

III 抵抗するリヴァイアサンとデジタル主権

ポリーヌ・トュルク／河嶋春菜 訳

国家は新しいタイプの権力に直面している。マスメディア、国際機関、金融市場に続いて、現在は、主にアメリカの多国籍企業が一国の政治権力を不安定にするのに十分なほどの経済的影響力を及ぼしつつある。[1]これが「デジタル主権」の議論の背景である。一方の国家は、デジタルプラットフォーム事業者（以下、「DPF」）という競合する権力の登場によって、その権能の行使を脅かされているように見える。[2]他方、民間事業者であるDPFは、すでにあらゆる分野で地位を確立しているが、加えてCOVID–19の流行によってその影響力を強めている。

（1）「デジタル主権」という概念の台頭

デジタル主権はある懸念から生まれた。選挙で選ばれたわけではなく、したがって民主的正当性をもたないのに他に何らかの正当性を主張することもできず、公共的な利益の促進を目的とするわけでもない「得体のしれない組織」の利益のために、国民、ユーザーコミュニティ、国家、個人が自分たちの運命をコントロールできなくなるありさまを見たくないという懸念である。

このような懸念は2000年代に生まれ、やがて「デジタル主権」という概念が生まれた。国際的には、ネットワーク管理におけるアメリカの覇権を制限したいというある特定の国々の懸念に端を発してインターネットの管理という問題が提起された。具体的には、1998年にインターネットの戦略的根幹であるドメイン名の管理を監督するためにカリフォルニアでICANN（Internet Corporation for Assigned Names and Numbers）という企業が設立された。オペレーティングシステムやデジタルアプリケーションの開発におけるアメリカの多国籍企業が、事実上、技術的・経済的な独占状態にあったため、懸念はとても深刻であった。「デジタル主権」という言葉は、2012年の国際電気通信世界会議でロシアと中国が使った造語であり、これらの国々は「主権的権利」の回復と、より大きな責任分担のための国際条約の締結を要求した。

一方の西側諸国は、何よりも国家による乗っ取りの試みからネットワーク空間の自由を守ることに関心があった。ところが、2013年のスノーデン事件をきっかけに事態が変わった。アメリカの政治的・経済的利益のために大規模なスパイ活動が行われていることが明らかになり、この問題に焦点を当てた国際サミットやフォーラムでは、デジタルガバナンスの仕組みが見直されるようになった（２０１４年にサンパウロで開催されたNETmundial、２０１３年にバリで開催されたインターネット・ガバナンス・フォーラム、２０１６年のメキシコシティで開催された同フォーラムなど）。中国、インド、ロシアに続いて、ブラジルなど多くの国が、デジタル分野の産業計画や政策を立ち上げるようになった。２０１３年には、欧州連合（ＥＵ）が主権的検索エンジンや主権的オペレーティングシステム（ＯＳ）の開発に関心を示すなど、いわゆる「欧州の覚醒」も見られた。その一方で、ＥＵは欧州ユーザーの個人データ保護に関して、アメリカとの協定を再び交渉し始めた。

フランスでは、「デジタル主権」という言葉が徐々に浸透してきた。２００６年には、国家主権はテクノロジーパワーのツールと不可分になりつつあるとして、専門家たちは国家主権の再考を求めてデジタル主権という言葉を使った。[3] その後、この概念は一般に使われるようになり、政府機関や規制当局でも使用されるようになった[4]――２０１４年、「第1回フランスデジタル主権会議」が開催され、一般市民や議員の間でこの問題に対する認識を高めることを目的とする団体「デジタル主権研究所」が設立された。２０１６年10月7日の「デジタル共和国法律」第29条は、「サイバー空間において、国家主権、共和国によって保護される個人的・集団的権利と自由の行使に貢献する」ことを任務とする「デジタル主権弁務官事務所（Commissariat à la souveraineté numérique）」の創設を提案し（ただし、最終的には創設されなかった）、この概念を正式に明文化した。その後も、国会では情報提供や調査報告が行われ、議論が続いている。デジタル主権とは通常、**国家がデジタル世界において規制権を行使して従わせる権能と、それ**

によって国家の価値と利益を自ら決定し、国民の権利を守る権能を指すようになった。

欧州連合（ＥＵ）レベルでも、２０１８年のケンブリッジ・アナリティカ事件のスキャンダル以降、デジタル主権が政治や政策のうえで大きな課題となっている。ＥＵは主権国家ではないため、ここでいうＥＵ主権は、法的な概念というよりもむしろ政治的な概念で、ＥＵが技術的に域外に依存していることから生じているリスクを懸念するものである。２０２０年、欧州委員会委員長は、２０３０年までにＥＵのデジタル主権を取り戻すと宣言し、ＥＵ理事会は具体的な道筋を示した――２０２１年には、デジタルの具体的目標（デジタル教育、インフラ整備、企業のＤＸ化、公共サービスのデジタル化）をまとめた「デジタル・コンパス」を発表し、２０２２年には、デジタル教育の権利と原則に関するヨーロッパ宣言でこれを補足したのである。――現状、デジタル主権に関する懸念は、主に個人データとＥＵ市民の基本的人権の保護、経済・産業戦略、地政学およびガバナンスという３つの側面で生じている。これらの懸念は、雪崩のように次々に公開されるワーキングペーパー、政治演説、ＥＵ法令による措置、ＥＵ裁判所の判決にも表れている。[5] そして、技術発展に対するＥＵ的捉え方を促進させるために、ＥＵ一般データ保護規則（ＧＤＰＲ、２０１８年）、デジタル・マーケット法（ＤＭＡ）およびデジタルサービス法（ＤＳＡ、ともに２０２２年）、データ・ガバナンス法（２０２２年）、データ法（２０２４年）、ＡＩ法（２０２４年）が、「ブリュッセル効果」を伴いつつ、制定されてきた。[6]

（2）デジタルの巨人が直面する状況――競争、協力、模倣

本書提言で、山本龍彦教授は、このような新たな力関係――とりわけ国家とアメリカのDPF――について、独自の分析を展開している。それによれば、一方では「リヴァイアサン＝国家」、他方では多国籍DPF企業を代表する「デジタル・ジャイアンツ＝ビヒモス」という2つの怪獣を対置させる。これら2つの怪獣の関係を、国家という世俗権力と教会という宗教権力の関係にたとえ、2つの権力を並べて説明するという新しい手法である。そして、国家と教会の関係を整理して、国教制度、コンコルダート制度――協力に基づく仲介様式――、世俗権力と宗教権力を厳格に分離する制度（政教分離）という3つのモデルが挙げられている。教会と国家が場合によって分離したり協力したりするのと同じように、国家リヴァイアサンとDPFビヒモスも山本教授が提示した3つのモデルに従って、場所や文化に応じて、協力したり対立したりする。そして、ヨーロッパは「デジタル世俗主義《ライシテ》」をとり、国家リヴァイアサンとDPFビヒモスの関係が、比較的厳格な分離制度に傾いていることが指摘されるが、このことはヨーロッパがデジタル主権に執着していることからも裏付けられる。

周知のとおり、ヨーロッパは主権国家の防衛を目指すアプローチを採用してきた。公権力の権威が何に由来するのかという議論は、フランスのジャン・ボダン、ドイツのイェリネック、イタリアのマキャベリなどが残した理論において極めて重要である。国家間の関係が対立と協調を繰り返して構築されてきたヨーロッパにおいて、1968年のウェストファリア条約以来、国家主権こそが統治の中心にあった。このように、リヴァイアサン諸国が主権概念によって「ようやく」平和を維持する方法を見出した

のに対し、DPFビヒモスがこれらの大国を不安定にしているのである。

特にフランスでは、国家は「世俗主義《ライシテ》」（Laïcité）をとることで、宗教的な権力に対し国家の世俗権力が独立していることを主張し、国家と教会をそれぞれの権力の範囲の中に閉じ込めようとして戦ってきた。つまり、第1に、フランスは国家主権に執着しており、競合する新しい権力から国家の自律性を守ろうとしている。第2に、フランスのデジタル・ジャイアンツに対するスタンスは、同国が福祉国家と公共サービスへ執着しているという側面に注目して説明することもできる。公共部門は市民にとって最も必要なサービスを担い、民間部門はそれを補完するサービスを提供するにすぎないと考えられているからである。第3に、フランスという国家は、1789年［の大革命と権利宣言］以来、人権保障に執着し、人権の問題に特に強い感受性をもってきたという側面からもDPFへの態度を説明することができる。

最後に、国家リヴァイアサンとDPFビヒモスとの競合は、基本的自由、公共サービス、民主主義の尊重を確保する者としての国家の権限を脅かす点でも懸念の原因になっている。私的な利益や外国の利益を追求するDPFとは異なり、公共的な利益を推進するのは国家だけである。スノーデン事件やケンブリッジ・アナリティカ事件の後、ヨーロッパでも巨大DPFが市民や政府に対して監視を行っていることが明らかになった。ショシャナ・ズボフ（Shoshana Zuboff）が指摘するように、個人、集団、人口全体を監視し、標的とし、分析し、操作し、統制しようとする新しいタイプの権力を創出する「監視資本主義」の文脈において、「自由民主主義諸国家は、民主的な政治形態を促進する技術的未来について、自らの首尾一貫したビジョンを構築することに失敗した」のである。[7]

このような新たな課題に直面していることを踏まえた上で、ヨーロッパとフランスが国家とＤＰＦとの関係をどのように認識し、それがどのように変化してきたかを考察しよう。分離、対立、競争というアプローチと並行して、協力とパートナーシップに対してよりオープンな、より現実的な動機をもった認識も生まれつつある。そこで、次の2つのことを検討していきたい。

まず、国家とＤＰＦ間の関係の競争的な性質についてよく検討してみたい。デジタル主権をめぐる議論では、国家がＤＰＦという他のプレーヤーによって「関与され」、「競合し」、時には「追い越される」状況におかれているという見方が示されている――公的機関の役割と「国家モデル」の未来に挑戦を投げかけるビジョンである。ジグムント・バウマン（Zygmunt Bauman）の分析[8]によれば、国家はもはや「経済、安全保障、文化における唯一の運営者ではなく、つい最近まで躍起になっていた、『ゆりかごから墓場まで』という社会保障もその国民に約束することはできない」。その結果、「かつては完全で不可分だった国民国家の主権は、領土的な忠誠心や結束から逃れ、グローバル勢力という匿名領域の中に消え去りつつある」。そして国家は、デジタル主権というＤＰＦとの対決の論理の中で、自らの権威を再び誇示しようとしている（1）。

次に、国家とＤＰＦとの補完的な関係の一形態として、より協力的な、新たな次元の出現に期待してみたい。現実主義的な懸念から、ヨーロッパ諸国は国家と民間のデジタル事業者の間で必要な役割の再分担を受け入れる道を歩んでいる。ＤＰＦが台頭するなか、各国はＤＰＦとの対話を求めている。これは、公的機関に期待されるサービスの範囲と性質の再定義につながるかもしれず、ある種の協力関係にもつながる可能性がある——現在、国家は民間のデジタル事業者に行政活動の一部を委託するようになっているからである。例えば、2022年にEUで制定されたデジタルサービス法（DSA）[9]は、EU諸国と、オンラインにおける表現の自由を規制する上で必須のパートナーとされるDPFとの関係の進展を浮き彫りにしている。このパラダイムシフトは、「国家のプラットフォーム化」とも言える、模倣の論理にもいきつく。フランス政府は「市民に対してより質の高いサービスを提供するための新たな価値創造プロセス」として協働経済のルールを採用することで、国家を変革して「自らをプラットフォームとして考える」ことを宣言した。これらは国家とDPFの「和解」のシグナルだといえるだろうか（2）。

1 デジタル世界における新勢力と競争する国家

弱体化する国家は、「公権力の行使」と「公共サービスの提供」という2つの重要な役割において、DPFと競争関係に陥っている。

（1） 国家は命令し服従させる権力をめぐってDPFと競い合う

国家の使命は、人権の制約や保護を行う公権力として権威を行使することである。これには法律の立案、適用、違反に対する制裁が含まれる。もちろん、警察、軍事防衛、税制、司法といった主権的な機能が主に関与している。こうした特権の行使を妨害するDPFは、国家の主権の一部を奪い取っている。

① 国家の権威の弱体化

デジタルネットワークとDPFの台頭により、公権力が弱体化し、デジタル世界での税制、政治的選択、法律の執行に頭を抱え種々の問題に直面している。[10] デジタル革命の初期には、フィジカル世界を想定して制定されたがために適用することができなくなった法律を全面的に見直さなければならなかった国家もあっただろう。例えばフランスの場合、オンラインギャンブルや選挙期間中の世論調査の公表を制限する法律は、もはや非現実的なものとなったため、見直しを余儀なくされた。プライバシーの保護、人間の尊厳、未成年者の利益の保護などに関して、定期的な見直しが必要な規制をDPFを想定したものに改正するために苦慮している国もある。民主主義の基盤や選挙の公明性を守ることが難しくなり、議員たちはフェイクニュース（古くから存在するものの、まったく新しい局面を迎えている懸案事項）[11] の対策について改めて考えざるを得なくなっている。特にディープネットやダークウェブといったサイトは、公的機関の監視の目をかいくぐりながら閲覧できるように設計されている。また、国家は、国境を越え、非物質化されたネットワークに関する法律（安全保障と公序、商法、著作権、個人情報保護の権利、健康データの機密性など）を執行する上で大きな課題に直面している。犯罪者は姿かたちを変え、時には技術的にも法的にも重武装している（国家スパイ、悪意あるハッカー、職場のシークレット・サービス、営利目的の企業、さまざまな思惑を持ったユーザーなど）。

さらに、国家が自国の領土において、特定の政治的選択や公的機関による特定の決定を強制することはますます難しくなっている。ある国家でくだされた判決が国境を越えてデジタルネットワーク上で批判されたり、同じくある州の分離主義的な動きがデジタル上で奨励されるといったこともあるだろう。また、ソーシャルネットワーク（SNS）等で、政治指導者の決定について異論を投じることもできる。組織的な慣行や公式スピーチが、批判され、不信感を持たれ、歪曲されたりすることもある。偽りの情報の影響力や意見操作の危険性も恐ろしいほど高まっている。国家によるネットワークの買収が徐々に進んでいるにもかかわらず、その権威は損なわれつつある。メディアで頻繁に報道される機密文書の暴露のスクープに対して――高度に機密化された文書でさえも暴露されることがある――、国家は依然として無力である。また、司法も捜査の秘密保持に苦慮しており、時にはその決定の効果が限定的なものになることもある。[12]

② 新しい政治的経済的勢力の台頭

同時に、国家は新たな基準設定者や意思決定者たちの登場に頭を抱えている。大手多国籍民間のデジタル事業者は、「コード」[13]をマスターしているため、規範的な力を持っているからである。私たちは皆、デジタルの巨人《ジャイアンツ》たちが、（非物理的かつ国境を越えた）領土と、（物理的かつ接続されたインターネットユーザーたる）人口に対して権力を行使できることを十分に分かっている。経済的、財政的には特定の国家に匹敵するほどの権力を持つこれらの新しいプレーヤーたちは、ルール、基準、規範、利用条件を決定する力を持っている。ユーザーは、DPFのテクノロジーに依存しているため、これらのルールを受け入れざるを得ない。また、DPFは、仮想通貨、警察（コンテンツの管理、取り下げ）、司法（ユーザートラブルの解決）、規範制定権力（一般利用条件・利用規約の設定）といった、主権に専属的に属すると考えられてきたシステムを自らのプラットフォーム上に実装している。これまでにも、経済と法のグローバル化によって、国際的組織、専門家グループ、民間事業者の手によって、商慣習法（*lex mercatoria*）およびスポーツ法（*lex sportiva*）といった新たな法的規律が発展してきたが、これに続いて、サイバー空間における行為者の自主規制から生じるあらゆる規則を網羅的に研究対象とする電子通信法（*lex electronica*）が生み出されている。[14] このようにして、国家のみが国民に対して階層的で一方的な権力を持つというパラダイムは崩れつつあり、[15] 新たな権力として台頭しているDPFが国家の権威と競い合う。市場において支配的な地位にあるがゆえに覇権を享受している多国籍のテック企業は、いまや国家から、命令し服従させる能力を奪おうとしている。例えばある国家では、租税回避のためにいくつもの子会社をもっている多国籍DPF企業に対して、自国の租税政策を適用することの難しさに苦慮している。また、国の規制を逃れる仮想通貨も頭痛の種である。[16] 同じ意味で、DPFによる紛争解決機関や準司法機関の設立は、DPFが国家主権機能を攻撃する兆候でもある。典型的な例が、Meta（Facebook）が設立した監視委員会であって、この監視委員会は「独立した判断」によって表現の自由を制限する責務を負っており、20億人のユーザーコミュニティに対して規制を行う権力を持つ。

もうひとつの問題は、DPFの台頭により、市民の国家共同体への帰属意識が損なわれることである。デジタルの世界では、国境を越えた集団が集まり、国家の物理的な境界線にとらわれない新しい形の帰属関係を発展させることができる。すでに非物質的な政治社会、いわゆる「物理的国家の様相を破壊する仮想国家」[17]の構築を予想する向きもある。これらの計画のいくつかは、すでにメタバース上のプロジェクトで具体化している。

最後に、デジタル世界における直接民主主義を含む新しい市民参加の形態の登場は、フィジカル世界の代議制民主主義を弱体化させる可能性がある。政党のなかには、もはや新しい政治形態を想像することをためらわないものもあり（例えば、欧州海賊党のうち、現にEU欧州議会に議席をもつ政党がある）、「国政選挙や国会といった」国家の統治機構の有用性に疑問を投げかけている。

DPFとユーザーコミュニティは、新しい規範の形や規制メカニズムの開発に取り組んでいる。もはや国家と国家集団が創設した国際機関が、ルール形成を独占することはできない。それゆえに、国家は従来通りに権威を行使し市民を保護するという使命を遂行できないという意味において、弱体化し、競争にさらされることになっているのである。

（2） 市民へのサービス提供における競合の激化

国家の主要な機能の2つ目は、国民に多様なサービスを提供することである。

① 公共サービスとDPFによる効率的なサービスとの競合

今やさまざまな分野において、デジタルネットワークとその管理者への依存がすすむことによって、国家の権限行使が制限されている。例えばフランスでは、輸送サービスの分野で、「運転手付きのハイヤー」（Uber や Blablacar 等のプラットフォーム）が、国が規制する業であるタクシーの営業独占に挑んでいる。同じように、フランスの公共雇用サービス（France Travail：旧 Pôle Emploi）は、求職者に支援を提供する特化型のソーシャルネットワークやプラットフォーム（LinkedIn, Monster, Indeed, Viadeo）と競合している。さらに、道路交通関係においても、環境移行省に委託された旧国家情報・保安サービスは、地図ツールとジオロケーション（WAZE, GoogleMaps, フランスの MAPPY）を使用した地図・ナビアプリケーションにそのポジションを奪われた。最終的に、１９６８年に設立された全国道路情報センターが２０１６年に解散したため、「公共道路情報サービスの象徴」とも言われた「Bison Futé」は、民間事業者が運営する効率的なモバイルアプリケーションにその道を譲ることになった。

これらのことから分かるように、一般的に言えば、国家の「伝統的な」介入様式は、プラットフォームが提唱する協働モデルの発展によって追いやられ、不安定化している。２０２０年のパンデミックの最中、フランスの高等教育の公的機関は、対面教育に代えて、効率的なオンライン授業を実施する必要に迫られた。限られた時間の中で教育プログラムを適応させる必要があったが、ほとんどのリモート授業では、国民教育省が設置した効率性の低いオンライン会議システムではなく、民間ＤＰＦが提供するシステムが利用された。同様に保健分野でも、国だけで新型コロナウイルスワクチン接種の診療予約を管理することはできず、独仏企業が提供したオンラインシステムである「Doctolib」の力を借りることとなった。同社のサービスの一部はアマゾンウェブサービス（ＡＷＳ）上でホスティングしているので、健康データの管理システムにおけるプライバシー保護が不十分だとして批判や訴訟を引き起こしている。

文化や広告に関連する公共サービスにおいても、ＳＮＳ（Twitter, YouTube, Facebook）やストリーミングサービス（Netflix, Spotify, Deezer）といった民間のＤＰＦが競合している。公的機関は、公文書のアーカイブでさえＤＰＦが提供する効率的なクラウドサービスに頼らざるを得ない（たとえ最終的に「主権的」ソリューションに戻るよう求められたとしても）。[18] 多くの公共部門が、このような競合に対処しなければならない状況にある。

② 福祉国家モデルへの影響

フランスでは、福祉国家とは「社会的相互依存に必要な」[19]（傍点筆者）公共サービスの提供者と定義されている。しかし、ＤＰＦによる新しく効率的なサービスによって、福祉国家が衰退し、新自由主義モデルが到来すると危惧する者もいる。たしかに、社会的・政治的な秩序にＤＰＦの追求する経済優先主義を組み込んでしまうというアンバランスを生み出しかねない。また、民主主義を不安定化させる可能性もある。フランスの政府諮問機関である国務院は、２０１７年の年次調査で、「公共サービスと直接競合するデジタルプラットフォームの出現が公共サービスに破壊的な影響をもたらす」と指摘している。また、「デジタルプラットフォームのビジネスモデルは、公共サービスの性質に属するとみなされる活動を、民間のイニシアチブが自発的に引き継ぐことにつながりうる」とし、さらに「それまでは経済的に採算が取れなかった活動で採算を取れるようになる」[20] とも指摘している。ある種のサービスを民間部門が引き継ぎ、その後、公的機関よりも優れたサービスを提供することは、まさに福祉国家の危機である。その結果、市民は自分たちが必要とするサービスの提供を国家に期待しなくなり、国家が設ける制度の枠組みや管理をあてにしなくなることもあり得る。

しかし、国家が提供するサービスは、「法律への服従」や「納税」と一対のものとして考えるべきである。つまり、公共サービスの喪失は、社会的契約の弱体化にもつながる。国民は、「福祉国家とその付属物である課税が悪用されていると感じる」場合、［福祉国家の下の大きな政府ではなく］「最小限の国家の下で権利を取り戻したい」という誘惑に駆られるかもしれない。そうなると、国民＝ユーザーは、義務を引き受けること（例：プラットフォームの利用規約の受け入れやDPFによるデータの使用）と引き換えに、必要とするサービスに応じて、どのコミュニティに所属し、どのように参加したいかを、ケースバイケースで選択するようになるだろう。主権的機能に関するものを含めてさまざまな任務を果たすDPFとの競争が激化するなか、国家は、その権威の基盤を維持したいと考えるのであれば、提供する公共サービスをDPFが提供するような効果的なものに変えていかなければならない。それができないのならば、国家が市民社会の機能にとって必要不可欠な存在であり続けるためには、別の方法を開拓しなければならない。

2　国家の役割の再定義と補完性の模索

DPFの干渉や競争の結果として、国家は公共サービスの提供を適応させるべく、公共サービス範囲や管理方法を見直すことになる。一部の公共サービスは消滅する運命にあるだろう。これに対し、フランスでは、2016年のデジタル共和国法律によって新たに「公共データサービス」を創設した。[21] 国家の役割は消えるのではなく、変容しつつあるのである――国家は新しい効率的なサービスを構築するためのファシリテーター、スポンサー、オーガナイザー、プロモーターのような役割を果たす。一言でいえば2つの点で国家とＤＰＦとの関係に展開が見られる。一つは、補完性の論理における国家とＤＰＦとの協業であり（(1)）、もう一つは、国家がＤＰＦの成功レシピを採用する模倣プロセスである（(2)）。

(1) 公的機関によるＤＰＦへのアウトソーシング

オンラインコンテンツの規制や医療分野などでは、特定の業務をＤＰＦに下請けさせる例が見られる。

① ＤＰＦとの提携――違法コンテンツに対して効果的な規制を行う必要

ＥＵ加盟国は、長い間、インターネット上での「表現の自由」を自分たちで規制できると考えていたため、その役割をＤＰＦに委ねることはなかった。フランスも、表現の自由に関しては従来の法律を施行してそれを適用し、ＤＰＦには有限責任の原則を適用してきた。[22] すなわち、電子商取引（ｅコマース）に関する２０００年6月8日付の欧州指令２０００／３１第14条に従い、違法にホストされたコンテンツの場合、単なる仲介業者とみなされるＤＰＦを免責する制度が制定されていた。しかしその後、ＥＵ加盟国は、違法コンテンツを効果的に規制するためには、ＤＰＦとの協力が必要であることと考えるようになった。協力体制として、まず重大な犯罪と闘う責務がＤＰＦに課された。フランスでは、インターネット上のヘイトスピーチやフェイクニュースに対処することを目的とした法律が制定されたが、その適用にはＤＰＦの協力が欠かせない。例えば、２０１８年12月22日に施行された「フェイクニュース対策法」では、ＤＰＦに対し、選挙期間中のフェイクニュースを規制するよう義務付けている。ドイツでも２０１７年に違法なオンラインコンテンツ対策の法律（「NetzDG」または「２０１７年10月1日ネットワーク施行法」）が成立し、憎悪的コンテンツを削除するようＤＰＦに義務付けている。効率上の理由から、ＥＵ加盟国27カ国は、もはやＤＰＦの助けなしに、オンラインコンテンツを規制することはできない。オンラインコンテンツを一様かつ効果的に規制するには、ＤＰＦとの協力が必要不可欠であるため、ＥＵは、２０２２年10月19日にＤＳＡ[23]を制定し、ＤＰＦに規制権限を与えて国家のパートナーとして位置付けた。ＤＰＦは、その規模に応じて、さまざまな方法で各国当局と協力することが求められる。一例として「参照者（referents）」を任命して効果的な報告システムを設定すること、アルゴリズムの透明性を確保すること、活動によって生じるリスクの分析と監査を実施すること、未成年者を特に保護するための予防措置を講じることなどの義務が設けられたことが挙げられる。欧州委員会は、ＤＰＦが協力しない場合には制裁を課すことができるため、これによってＤＰＦの活動に何らかの制約を課すとしても、ＥＵ法は、国家とＤＰＦに一種のパートナーシップを生みつつある。

② 保健分野——ＤＰＦが提供する高性能な技術ソリューションの必要

フランスはいくつかの分野のデジタル技術ソリューションを自ら開発しようとしている。高等教育・研究・イノベーション省は、高等教育へのアクセスのためのプラットフォーム（「Parcoursup」）を開発した。警察関連では、行政がパトカーの盗難を防止するソフトウェア（「predvol」）を独自に開発している。

しかし、場合によっては、（コスト、スケジュール、技術・性能のレベルなどの理由から）国家が必要とする技術ソリューションの全部または一部について、DPFのサービスに頼らざるを得ない場合もある。特にフランスでは、保健分野における開発や実用開始時にその傾向が見られた（国民健康データシステム：通称「ヘルスデータハブ」のほか、COVID-19パンデミック対策との関連では、接触追跡アプリケーション「*StopCovid*」、「*TousAntiCovid*」やワクチン接種予約等）。フランス政府は2019年に国民健康データシステム「ヘルスデータハブ」を開発するためにDPFのサービスを利用した。政府がマイクロソフトのサービス、具体的にはAzureクラウドコンピューティングサービスを利用することを決定したことが議論を巻き起こした。このプラットフォームは、公益団体による健康データの収集、保存、共有、利用を可能にする全国健康データシステムを構築し、患者への医療関連情報の提供や患者の権利の促進に役立てられている。[24]

2019年にフランスが行ったこの選択は、現実的な問題に対処するためであった。というのも、政府も認めているように、当時、品質と効率性のすべての基準を満たす「主権的」解決策がなかったのである。そこで政府はヘルスデータハブの実装のため、2020年4月15日、米マイクロソフト社の子会社であるアイルランドのマイクロソフト・アイルランド・オペレーションズ社と契約を結んだ。この契約は、健康データのホスティングおよび法的に認められた目的でのデータ処理に必要なソフトウェアライセンスの付与に関する事項を含む、「Microsoft Azure」製品の使用条件を定めている。

これに対し、フランスの個人データ保護機関（Commission nationale informatique et liberté）は、健康データは機密性が高いため、技術的にも法制度的にも高いレベルの保護が必要であると意見し、EU加盟国以外の国――ここではアメリカ――によってデータが取得され得ることは、大きな懸念事項となった。この問題を申し立てられた国務院の訴訟部（最高行政裁判所）は、2016年にEUとアメリカが締結した「プライバシーシールド協定」[25]をマイクロソフトが遵守していることをもって、ヘルスデータハブはプライバシーを保護する措置を十分にとっていると認めた。周知のとおり、プライバシーシールド協定はその後、EU裁判所[26]によってEUの個人データ保護法（GDPR）が要求する要件を満たしていないと判断されたので、ヘルスデータハブを施行する法令も無効となった。こうして、EU市民の個人データがアメリカに転送されるリスクがあることが明らかになったので、アメリカ企業であるマイクロソフトのAzureへの信頼は、著しく傷つけられた。また、アメリカ法が域外適用されることやアメリカの公的機関が特権的にEU市民の個人データを取得できるリスクと、これらのリスクからプライバシーを保護するための裁判による適切な救済措置が欠如していることも、Azureへの信頼が低下した理由であった。[27]そこで改めてヘルスデータハブについて審査した国務院は、こうしたデータ移転のリスクを指摘し、追加の保護措置を求めるとともに、技術的に可能な限り早急に新しい業者を選定するよう国に要請した。しかし、パンデミック下ということもあり、マイクロソフトとの提携を無効にはしなかった。[28]そこで、政府は「デジタル主権」を追求するために、EUの企業からプロバイダーを探すこととなったのだが、いずれにせよ、DPFとのパートナーシップを結ぶ必要があったのである。

国家とDPFの協力が見られた第二の例として、フランスはパンデミック対策のために接触追跡アプリを導入する際、Apple と Google が提案した「接触通知」というＡＰＩを採用しなかった。フランスは即座に「主権的」解決策に乗り出したのである（「StopCovid」と、その後続アプリケーション「TousAntiCovid」（ＴＡＣ））。これを実現するために、フランスの官民パートナーシップ（INRIA、ANSSI、Dassault、Capgemini など）がシステム開発で協力し、データをＥＵ域内で保存するシステムをつくるよう要請された。データは、保健総局の責任のもと国家情報システムセキュリティ庁（ＡＮＳＳＩ）によって認定されたフランス企業のサーバー（Outscale - Dassault 社の 3DS）に保存されることになった。しかし結局、「TAC verif」アプリケーションは、開発のいくつかの段階で、Akamai（フランス国営印刷会社ＩＮグループのサービスプロバイダー）や Google といったアメリカの巨大企業の子会社が提供するＡＰＩを使用する必要があった。

第三の例として、政府がＣＯＶＩＤ–19ワクチン接種の予約や実施を管理するシステムは、新興企業（Keldoc、Maiia、そして主に独仏企業の Doctolib）を含むＤＰＦの力を借りた。先に述べたように、後者はアマゾンウェブサービス（ＡＷＳ）の技術的ソリューションに依存していた。ＡＷＳはアメリカ、アマゾンのヨーロッパ子会社であり、アメリカの域外適用法に基づき、マイクロソフトと同じく法的制約を受ける。このことが理由となって、国務院で新たな訴訟が申し立てられた。しかし、「ＣＯＶＩＤ–19ワクチン接種の予約管理システムを Doctolib 社に委託するという厚生大臣の決定は、私生活尊重の権利および個人データ保護の権利を違法に侵害する」[29] ことにはあたらないと判断された。

このように、保健分野では、公的機関と民間のデジタル企業（ＤＰＦ事業者を含む）との間に、新しい種類のパートナーシップが生まれている。新しいサービスの開発に必要な技術的ソリューションを提供できるのは、デジタル企業だけである。このようにして、競争の論理は、国家と最も効率的な民間のデジタル企業とが「補完的関係を追求する」論理へと変容したのである。しかし、デジタル主権に関する懸念は依然として払拭されておらず、可能な限り欧州内で完結する解決策が望まれる傾向にある。データ保護政策によって、フランス政府はアメリカの大手ＤＰＦやその子会社ではなく、ヨーロッパのＤＰＦと提携する方法を模索しているのである。

（2）公的機関が公共サービスのDPF化を模倣する

国家は、その使命を遂行するにあたり、大手ＤＰＦ企業と競争することになるかもしれないが、同時に、民間部門との新たな補完的関係を構築することもできるだろう。公的機関は今後も公共サービスの提供のあり方を変革するとともに、公共サービスの範囲を再定義する必要があるだろう。

①　プラットフォーム国家という野望

２０１７年、フランス国務院は「公権力とデジタルプラットフォーム：Uber 化への支援」と題する年次調査を発表し、変容する「公共サービスの範囲」について問題提起を行った。本調査は、「公共サービスを維持することの妥当性に疑問を投げかけ」、（公共サービスをめぐる）「マッピングを見直す」ことを提案している。その目的は、民間ＤＰＦが提供したほうがよいであろうサービスを直接検討することであり、公共サービスを縮小させるか、最適化させる可能性を模索することであった。このことは国家の関与の放棄を意味するのではなく、国家の中核的業務である使命とは何かを特定することを意図していた。つまり、どの公共サービスを強化し、どのような新しい公共サービスを創設すべきかを見極めなければならないというのである（例えば、前述した保健分野の新しい公共データサービス、2013年7月8日の学校制度の再構築に関する法律によって創設されたEdTechのための新しい公共サービスなど）。すでに2012年の時点で、Nicolas Colin（ニコラ・コリン）とHenri Verdier（アンリ・ヴェルディエ）は、フランス政府に対し、イノベーション経済に適応し、DPFの運営方法からヒントを得るよう呼びかけて、DPFから成功のレシピを学ぶよう求めていた。たとえ「行政がデジタルプラットフォームと同じレベルのサービスを提供することは難しい」としても、「行政は市民に対して最高のサービスを保証しなければならない」ことは公的機関にとって「目的であり義務」であると思われる。[30] このアプローチは、ティム・オライリー（Tim O'Reilly）がその著書の中で明確に奨励していたものでもある。彼は「プラットフォーム国家」というコンセプトを提唱し、これを必要なサービスを構築するのに役立つすべての構成材料を見つけることができる「バザール」であると定義している。つまりプラットフォーム国家とは、公共活動の方法を再考することを意味している――「行政を自動販売機として見るのではなく、バザールの管理者として想像してみるのはどうであろう？」[31]と。同時にそれは、DPF特有の参加型共同作業を国家に移し、多数の関与者創造性を重視することをも意味する。国家はもはやユーザーにサービスそのものを提供するのではなく、民間に対して、サービスを共同構築するために必要なインフラやリソースを提供することも考慮すべきだろう。

したがって、国家は、デジタル時代に自らの使命を再定義しなければならない。効率と競争力を維持するためには、DPFの行動様式に適応するほかないのである。欧州諸国の中では、エストニア、デンマーク、イギリス、スペインがこの分野で一歩リードしている。フランスでは、公共戦略はデジタル省庁間総局（DINUM）と特別委員会である「Etalab」によるオープンデータ政策に沿ってすすめられているが、フランスはまだ変革のプロセスのスタート地点におり[32]、公共政策のデジタル化に苦労している。「安全保障、教育、あるいはエネルギー・インフラの領域では、よく言えばデジタル技術が単なる商品であるかのように、悪く言えば存在しないかのように考えられている」[33]。フランスの会計検査院は、「国家のデジタル近代化の増幅」と題する2018年の年次報告書の中で、この戦略の成果と限界を報告し、フランスが「次の世紀へ移行」し、「プラットフォーム国家戦略の展開」を実行するために、より多くの投資を行うように勧告した[34]。2011年にオープンライセンスが策定され、data.gouv.fr プラットフォームが開発されていたが、とくにここ数年で数十種類ものサービスが試行されてきた。

② 国家の変革に向けて

こうした進化が「新自由主義的な国家改革の新たな姿[35]」につながると考える者もいる。このような政策では、基本的に採算が考慮され、福祉国家に挑戦する技術主義的なプロジェクトが潜んでいる。こういったプロジェクトは、市民が自分たちで解決できる問題は市民に解決させ、市民を助け、市民のイニシアチブを促進することで成り立っている。市民のコミュニティによって自己組織化が進み、互いに貢献し、相互に作用し、国家権力に不利益をもたらしながら、自分たちが利用するサービスの共同生産者となるような、行政不在の公共サービスを想像する者がいることも理解できる。

しかし実際には、このプロジェクトは国家の弱体化や離脱を意味するものではなく、国家の変容や強化を期待させるものである。将来的に、国家は自らの主権的機能に付随する公共サービスだけに集中することができるであろう。あるいは、採算のとれない公共サービスを継続し、残りは民間部門に任せることもできるかもしれない。さらに公共サービスを効率化すれば、公共的介入が必要または望ましいとされる業務を遂行するためにリソースを費やすこともできるし、最終的に、サービスの共同構築という民間のイニシアチブを奨励、支援、促進、規制するという新たな使命を担うこともできるだろう。

3 結論

山本教授のたとえを借りると、国家リヴァイアサンはＤＰＦビヒモスから自国の権威を守ると同時に、特定の分野では協力体制を模索している。すでにある種の協力体制が見られる分野もあり、他の分野ではリヴァイアサン諸国はＤＰＦの仕組みを模倣している。リヴァイアサンはビヒモスに出くわしたことで、より効率的なサービスを提供し、競争力を維持するために、何らかの形でプラットフォーム化に向かおうとしている。

世界中の主権国家が新たなバランスを求めて、ＤＰＦという新たな権力と共存・共生するさまざまな方法を模索している。その主な方法は、法律の施行、市民の保護、公共サービスの範囲の拡大と提供方法の近代化、（米国の）多国籍企業への依存を制限する産業戦略の策定、などである。

いずれにせよ、当分の間は、国家が社会の基本的な枠組みであることに変わりはない。そして民主国家においては、デジタル社会の進展の中で再確認された国家の権限が、引き続き市民の権利と利益を保護を確保するための枠組みとなる。つまり、デジタル主権は、「国家が国民を保護するあらゆる能力」を維持できるかどうかという問題と結びついているため、法的な問題だけでなく、政治的、経済的、戦略的、産業的な問題も生じ続けるだろう。

【注】

1 Pauline Türk, « La souveraineté des Etats à l'épreuve d'Internet », *Revue de Droit Public*, 2013, n° 6, pp. 1489-1521.

2 Annie Blandin (dir.), *Droits et souveraineté numérique en Europe*, Bruylant, 2016, 216 p. ; Pauline Türk et Christian Vallar (dir.), « *La souveraineté numérique : le concept, les enjeux* », Mare & Martin, 2018, 239 p. ; Pierre Bellanger, *La souveraineté numérique*, Stock, 2014, 264 p.

3 Bernard Benhamou et Franck Sorbier, « Souveraineté et réseaux numériques », *Politique étrangère*, 2006/3 Géopolitique de l'Internet, p. 519 à 530.

4 Paulie Türk, « La souveraineté numérique : enjeux et définitions », *Cahiers Français*, Doc. Fr. mai 2020, n°415, pp. 18-28.

5 Pauline Türk, « La souveraineté numérique européenne, vers une troisième voie ?», Pouvoirs, n ° 190, 2024, p.79-90 ; Brunessen Bertrand et Guillaume Le Foch (dir.), La souveraineté numérique, Bruylant, 2024, p. 65-81.; Danet (D), Desforges (A), « Souveraineté numérique et autonomie stratégique en Europe : du concept aux réalités géopolitiques », Hérodote 2020/2-3, n° 177-178), p 179-195.

6 Anu Bradford, The Brussels Effect: How the European Union Rules the World, 2019, Oxford University Press.

7 「監視資本主義」とは、抽出、生産、販売の諜報活動に使用するための行動データに変換できる自由なリソースである

「人々の経験」から得たデータを活用する新しい形態の市場と定義される（Zuboff (S), *The Age of Surveillance Capitalism: The Fight for a Human Future at the New Frontier of Power*, NY, PublicAffairs, 2019)。

8 Z. Bauman, La vie liquide, Fayard/Pluriel, 2006, p. 75.

9 デジタルサービスの単一市場および指令2000/31/ECの改正に関する2022年10月19日付欧州議会および理事会規則（EU）2022/2065（デジタルサービス法）。

10 Céline Castets-Renard, Valère Ndior, Lukas Rass-Masson, *Enjeux internationaux des activités numériques : entre logiques territoriales des Etats et puissance des acteurs privés*, Larcier, 2020, 202 p. ; Eric Sadin, *La siliconisation du monde : l'irrésistible expansion du libéralisme numérique*, 2016, L'échappée ; Bruno Jobert, et Jacques Commaille, *Les métamorphoses de la régulation politique*, 2019, LGDJ, Droit & Société ; Eric Schmidt, Jared Cohen, *The new digital age : Reshaping the Future of People, Nations and Business*, Hachette UK, 2013.

11 フェイクニュース対策の新たな手段については、2018年フランス法（LOI n° 2018-1202 du 22 décembre 2018 relative à la lutte contre la manipulation de l'information）、および2017年「NetzDG」ドイツ法（Gesetz zur Verbesserung der Rechtsdurchsetzung in sozialen Netzwerken, Netzwerkdurchsetzungsgesetz vom 1. September 2017（BGBl. I S. 3352））を参照。

12 例えば、1996年、パリ高訴院は、フランソワ・ミッテラン元フランス大統領の主治医が、書籍のなかでプライバシー権の侵害と職業上の守秘義務に違反する内容を書いたとして有罪とし、当該書籍の頒布を禁止した。しかし、紙媒体の出版は禁止されても、インターネット上での頒布を防ぐことはできなかった。

13 Laurence Lessig, *Code and Other Laws of Cyberspace*, Basic Book, 1999.

14 Pierre Trudel, France Fabran, Karim Benyekhlef et Sophie Hein, Droit du cyberespace, Montréal, Themis, 1997, p. 15.

15 François Ost et Michel Van de Kerchove, *De la pyramide au réseau ? Pour une théorie dialectique du droit*, Presses de l'Université Saint-Louis Bruxelles, 2010.

16 Alain Laurent et Virginie Monvoisin, « Les nouvelles monnaies numériques : au-delà de la dématérialisation de la monnaie et de la contestation des banques», Revue de la régulation : capitalisme, institutions, pouvoirs, 2015, n° 18, p. 1-24, https://doi.org/10.4000/regulation.11524

17 Eric Schmidt and Jared Cohen, The new digital age, Denöel, 2013, p. 15.

18 2016年4月5日付の省庁間覚書では、知事と地方自治体に宛てて、違法の場合の罰則の下、「主権的クラウド」ソリユーションを選択する義務があることを再通知した。２０２１年のデジタル省庁間総局（ＤＩＮＵＭ）の新しい覚書では、公務員の共同作業に非主権的クラウドを使用することが正式に禁止されている。

19 Léon Duguit, *Traité de droit constitutionnel*, Tome 2, 1928.

20 Conseil d'Etat, *Public power and digital platforms: accompanying uberization*, annual study 2017.

21 Loi n° 2016-1321 du 7 octobre 2016 pour une République numérique.

22 Pauline Türk, « Liberté d'expression et désinformation en France. Entre tradition libérale et impératif de régulation : un encadrement souple de l'expression en ligne », in O Pollicino (dir), Freedom of Speech and the Regulation of Fake News, Cambridge, Intersentia, 2023.

23 Regulation (EU) 2022/2065 of the European Parliament and of the Council of 19 October 2022 on a single market for digital services and amending Directive 2000/31/EC/

24 Articles L1462-1 and L. 1461-1 of the Public Health Code.

25 「プライバシーシールド」とは、ＥＵと米国間の個人データの移転を可能にするために考案されたデータ保護の枠組みで、２０１５年にＥＵ裁判所（シュレムスＩ判決）によって不十分と判断された従来の「セーフハーバー・フレームワーク」に代わるものとして創設された。

26 プライバシーシールドは２０２０年７月16日にＥＵ裁判所によって無効とされた（シュレムスＩＩ判決）。

27 外国情報監視法（ＦＩＳＡ）と大統領令（ＥＯ）１２３３３に基づく監視プログラムの枠組み。

28 Conseil d'Etat, 13 octobre 2020, n ° 444937, Health Data Hub.

29 Conseil d'Etat, 12 mars 2021 n ° 450163, Interhop.

30 Nicolas Colin et Henri Verdier, *L'âge de la multitude*, 2012, Armand Colin.

31 Tim O'Reilly, « *Government as a Platform* », *Innovations : Technology, Governance, Globalization*, vol. 6, n° 1, 2011.

32 Pauline Türk, « L'État plateforme numérique », *Revue du droit public*, n°5, p. 1189.

33 Cour des comptes, « Amplifier la modernisation numérique de l'Etat », Rapport public annuel 2018.

34 同上。

35 « IA et réforme de l'Etat : vers des bureaucraties sans humains ? », La Quadrature du Net, janvier 2022, https://www.laquadrature.net/2022/02/18/ia-et-reforme-de-letat-vers-des-bureaucraties-sans-humains/

第 2 章
デジタル空間の統治者をめぐる戦況

I デジタル化と地政学化した世界におけるEUの主権

ポール・ティマース／荒川稜子 訳

２０１７年夏。ヨーロッパ[1]で突然何かが「カチッ」と音を立てた。ドイツのアンゲラ・メルケル首相が、「［われわれは］自身の手で運命を切り開かなければならない」と語ったのは２０１７年６月、険悪ムードのＮＡＴＯ首脳会議が終った直後である。この会議でドナルド・トランプ米大統領は、ドイツが防衛費を十分に確保しておらず、貿易や自動車などの分野でアメリカを利用していると非難した。数か月後、エマニュエル・マクロン仏大統領はソルボンヌ大学で転機となるような演説を行い、「主権を有し、結束し、かつ民主的なＥＵ（une Europe Souveraine, unie, démocratique）」[2]を希求すべきだと宣言した。ＥＵの政策論争では耳新しい、「主権」や「戦略的自律」といった表現が出てきたのでる。

この「カチッ」という音、あるいは「アラーム」（目覚し音）は、大西洋間の緊張関係だけでなく、地政学的ライバル（もしくは敵対者）であるロシアと中国に対する懸念の高まりによって引き起こされたともいえる。諜報機関は知的財産に対する大規模なサイバー犯罪が、ＥＵの企業や雇用の未来そのものを危険にさらし始めていると警告した。新しいデジタル経済やデジタル社会に関して言えば、ヨーロッパが海外のビッグテック企業に後れを取っているという不愉快な兆しはすでにあった。ケンブリッジ・アナリティカ社による２０１６年のアメリカ選挙操作は、ヨーロッパの民主主義もソーシャルメディアを通じて反民主主義者に乗っ取られる危険性があることを示唆した。

1　無知の終焉

20世紀末以降、ヨーロッパやアメリカの多くの意思決定者は、新自由主義的ビジョン（開かれた市場、グローバルな競争、低コストとジャスト・イン・タイムを実現するための国際的かつ柔軟で再構成可能なサプライチェーン）に傾倒し始めた。

オープンで自由なインターネットというテクノイデアリズム（技術理想主義）は、消費者の利益、雇用、利益を最大化する新自由主義的なグローバル経済のビジョンに非常によくマッチしていた。誰にとってもより良い未来をもたらすものだからだ。

ところがこの20年後、このビジョンは不穏な夢へと変わり、ひいては誤情報、オンライン上の改ざん操作、デジタル搾取、監視資本主義、テクノロジーの兵器化、サプライチェーン・ショックといった悪夢に変わっていった。各国は、公共サービス、仕事、知識、そして最も機密性の高い情報さえもコントロールできなくなるのではと懸念し始めた――市民が商品となり、消費者として搾取され、有権者としてさえも操られるというまったくの悪夢である。スマートフォン、ソーシャルネットワーク、電子商取引など、サイバースペースからの逃げ場がなくなることが憂慮され、サイバー犯罪は脆弱な市民や中小企業を追い詰めるばかりである。

灯りがついて、夢から覚めたかのように、今度はコントロールと自律性の喪失の問題が浮上してきた。地政学化したデジタル世界の出現により、多くの国家で「主権の格差」[3]が生まれ、戦略的自律性――すなわち、主権を実現する手段――が失われた。

こうして、ゼウス（すなわち地政学／ビッグテック）に誘拐されながら夢を見続けたいと願いながらも、ギリシャ神話のエウロペ王女はしぶしぶ目を覚ました。メルケル首相とマクロン大統領が「アラーム」を鳴らしてから1年後の2018年、欧州委員会のジャン＝クロード・ユンケル委員長は「EU主権の時」と題した一般教書演説で、主権を真剣に考えるべき時が来たと述べた。EUのマスコミは、「汝、EUの主権を語るなかれ！」と言うがごとくユンケル委員長を非難したが、ボブ・ディランが言ったように「時代は変わる」ものである。2022年夏、ドイツの新首相であるオラフ・ショルツはプラハでの主要演説の3分の1をEU主権に割いた。まさに「時代の転換」（Zeitenwende）が到来したのである。

そう、EUの夢は終わったのである。2020年のCOVID–19パンデミックによるあらゆる活動の麻痺、サイバー犯罪の爆発的増加、誤情報の横行、そして何よりも、まさにEUとの国境で起きたロシアによる２０２２年２月のウクライナ侵攻は、戦争や平和に関心があろうとなかろうと、一般市民にエネルギー価格の高騰という影響を及ぼしている。ＣＯＶＩＤ-19に続くサプライチェーンの危機は、重要な材料、半導体、ソーラーパネルなどを他国に依存するリスクを露わにし、欧州首脳は「無知の終焉」[4]について語り始めた。その上、気候変動の警鐘はますます大きくなり、猛暑や壊滅的な洪水被害となって目の前に現れている。

この主権格差を生み出す要因を整理してみよう。第一に、地政学的な緊張と対立、第二に、パンデミック、気候変動、サイバー犯罪など、国境を越えたグローバルな脅威、第三に、デジタルプラットフォーム、クラウド、最近ではネットワークや人工知能を支配する少数の外国大手ビックテックへの権力の集中が組み合わさった、広範で破壊的なデジタル変革である。

2　デジタル化／地政学化時代の主権

ところで、主権や戦略的自律といった言葉を使うとき、私たちは厳密には何について話しているのだろうか？　カール・ワイク（Karl Weick）によれば、ある現象に言葉を当てて、意味を与えること、つまり「センスメイキング」は、しばしば危機が引き金となるという。危機が突然ベールを脱ぎ、私たちに「見える」ようになったとき、言葉の意味を考えるようになるからである。実際ここ数年、私たちは色々な危機を経験し、これらの言葉に新たな「実態」が加わった。

では、「新しい実態」ともいえるこの新しいデジタル化／地政学化時代における主権には、どのような意味があるのか。主権思想は古く、少なくともヨーロッパでは、過去４００年にわたる進化の歴史がある。国家主権の概念は、１６４８年のウェストファリア条約が始まりだとされている。この条約は、国家を「主権の所在」として認め、数百万人の命が失われた王国（そしてカトリック教会）間の長年の戦争に終止符を打った。

政治哲学における「主権者」概念を見ると、トマス・ホッブズ（Thomas Hobbes）は国王を主権者とし、次に啓蒙思想の哲学者であるジョン・ロック（John Locke）やジャン＝ジャック・ルソー（Jean-Jacques Rousseau）は、市民と国家との間の権力分立を正当化する中で、政府が主権者と見なされる社会契約や人民主権へと思想を発展させた。時を進め、それから３００年後の画期的な出来事と言えば、国際連合の設立である。国連憲章は、国家の主権の不可侵性を明確に認めているが、人権など特定の事柄が時に国家を超越することも——あいまいな表現ではあるが——認めている。[5] ヨーロッパでは、国連と同様に第二次世界大戦を契機として、１９５７年に6か国からなる欧州経済共同体が設立された。これが、２つのＥＵ条約に根拠をもち、大衆民主主義によって正当化された、27か国からなる今日の欧州連合（ＥＵ）へと発展したのである。

しかし、この数百年もの歴史にもかかわらず、ＥＵにとっての主権と戦略的自律の正確な意味についてはコンセンサスを得られていない。その理由のひとつは、ＥＵそのものがまだ発展途上であり、ジャン・モネ（Jean Monnet）が指摘[6]するように、危機を乗り越えていまだ前進中であるからである。これらは現在、地政学的、技術的、そしてグローバルな力によって特徴づけられるものであり、EUがコントロールできるものではない。EUの主権を主張することが、EUが市民また世界にとって重要な存在であり続けるための必須要素であるという点からも、最近の一連の危機がこの言葉に新たな意味を与えているとしても不思議ではない。

主権に関するビッカートン（Bickerton）の「領土―制度―基盤の枠組み」[7]を用いて、このデジタル化／地政学化時代における主権と戦略的自律について、もう少し詳しく見てみよう。

（1）領土

まず、主権には領土的な側面があるとされている。この「領土」とは広い意味を持ち、物理的な領土、石油や領空などの物理的資源、土地上の物理的資産、人々、文化、価値観など「私たちに属するもの」である。ナショナル・アイデンティティも「私たちのもの」である。現在ではこのリストに、健康データやゲノムデータ、地理データ、デジタル化された文化や文化遺産などのデジタル資源や資産を付け加えることもできるだろう。また、国家や国民が所有するものであれば、デジタル・インフラや知的財産なども加えることができる。

しかし、グレーゾーンもある。すべての重要インフラが「私たちに属するもの」と言えるわけではない。というのも、その大部分は民間部門によって運営されており、国内企業もあれば海外企業もあるからだ。「属するもの」という言葉自体が曖昧だ。誰が「私たち」で、結果として誰が「彼ら」なのか？

この定義は誰によって認められ、受け入れられているのか？　どのような意味で正当なのか？　支配力という意味での「所属」とは何か？　これは道徳的なものなのか、それとも契約上のものなのか？　事実上（de facto）のものなのか、それとも法律上（de juri）のものなのか？　これらの疑問は、対外的な正統性が主権の重要な特徴であること、つまり第三国による国家の承認と受容の問題であることを示している。

（2）　制度

次に、ピンカートンの枠組みは主権の制度的側面に注目している。国家がどのように組織されているか、行政、議会、司法、その他の当局の組織に加え、特にこれらの当局が法の下で独立性を保持しているかという点である。デジタル時代には、デジタルを担当する専門的な行政当局が増えつつある。当初は通信当局が管轄していたが、現在では多くの国でデータ保護当局、サイバーセキュリティ当局、メディア当局、競争当局内のデジタルコンピタンスなどが設置されている。ＥＵの超国家レベルでも、ＥＵのデジタル市場法やデジタルサービス法に基づき、デジタルプラットフォームを規制する新たな規制当局が設立され、サイバーセキュリティのためのＥＮＩＳＡなど、さまざまなＥＵレベルの支援機関が設置されている。現在、デジタル関連の当局間で定期的な対話が行われている国もある（例：イギリスのデジタル規制協力フォーラム（ＤＲＣＦ）など）。専門家は、単一の当局について考え始める時期に来ていると述べている。[8]

（3） 基盤

第三に、最も本質的なこととして、政府と市民の間の権力の配置に関する取り決め、つまり基盤的主権の問題がある。基本的には、民主主義と専制主義がある。基盤的主権とは、主権のもう一つの重要な特徴、すなわち「対内的正統性」を示すものである。対内的正統性とは、政府と市民が政府の唯一無二の権力と市民の権利を相互に承認し受け入れることであり、民主主義国家においては、市民が国家に権力を与える上で決定的な存在であることも含まれる。もう一つは、「対外的正統性」、つまり国や国家の主権を他国が認めることである。民主主義国家では、投票や国民投票のような選挙手続は、対内的正統性を保障するものでなければならない。これらの国々では、政府の正統性が常に争われる可能性があり、そこでは言論の自由、報道の自由、野党が不可欠な役割を果たす。一方、専制主義国家では、内政の正統性を受け入れることが必然である。検閲を伴い、反対意見や報道の自由は抑圧される傾向にある。周知の通り、デジタル化／地政学化時代において、内外の正統性がソーシャルメディア、ＡＩアルゴリズム、カメラ、センサーなどの新たな形態に媒介され、こうした新たな形態が例えば地政学的なアジェンダを追求する外国のアクターなどによって、権力体制を肯定し、支持し、また変化させ、弱体化させる新しい手段を提供している。

3 ヨーロッパ人と主権

ヨーロッパ人は、「私たちに属するもの」といった主権における重要な概念と自分自身をどのように結びつけているのだろうか？ 調査によると、ヨーロッパ人にとってのアイデンティティは、最も身近なものでは家族（回答者の81％）、次いで国民的アイデンティティ（73％）、「ヨーロッパ」（56％）[9]である。興味深いことに、「ヨーロッパ」の評価は２００７年から２０１４年までの７年間低迷していたが、パンデミックとウクライナ戦争開始時に顕著に上昇し、過去７年間で改善した（図１参照）。[10]この理由として、パンデミック時には、ＥＵのリーダーたちがワクチン製造の組織化や、自由で安全な旅行を可能にするためＥＵ全土でワクチングリーンパス（世界50か国以上で採用され、国際的な成功となった）を展開させるなど、リーダーシップを発揮したからであろう。また、ウクライナ戦争では、ロシアの侵略が孤立した紛争としてではなく、ＥＵ全体に対する脅威として感じられたという要因もあげられる。ＥＵは、ウクライナ難民の受け入れ、ロシアへの制裁、戦争による天然ガス供給の逼迫に対する措置など、断固とした共同行動をとった。

たとえＥＵにおいて、主権や戦略的自律の概念に固有の単一かつ一般的に受け入れられた意味がないとしても、主権や戦略的自律をめぐる議論には何か共通点があるのだろうか。２０２３年10月に書誌データベース『Scopus』から取得した学術論文には、２つの共通点があった。まず、防衛に関連する戦略的自律性とＥＵを取り上げた論文数が２０１７年以降急増している。第二に、防衛よりもむしろ、広い

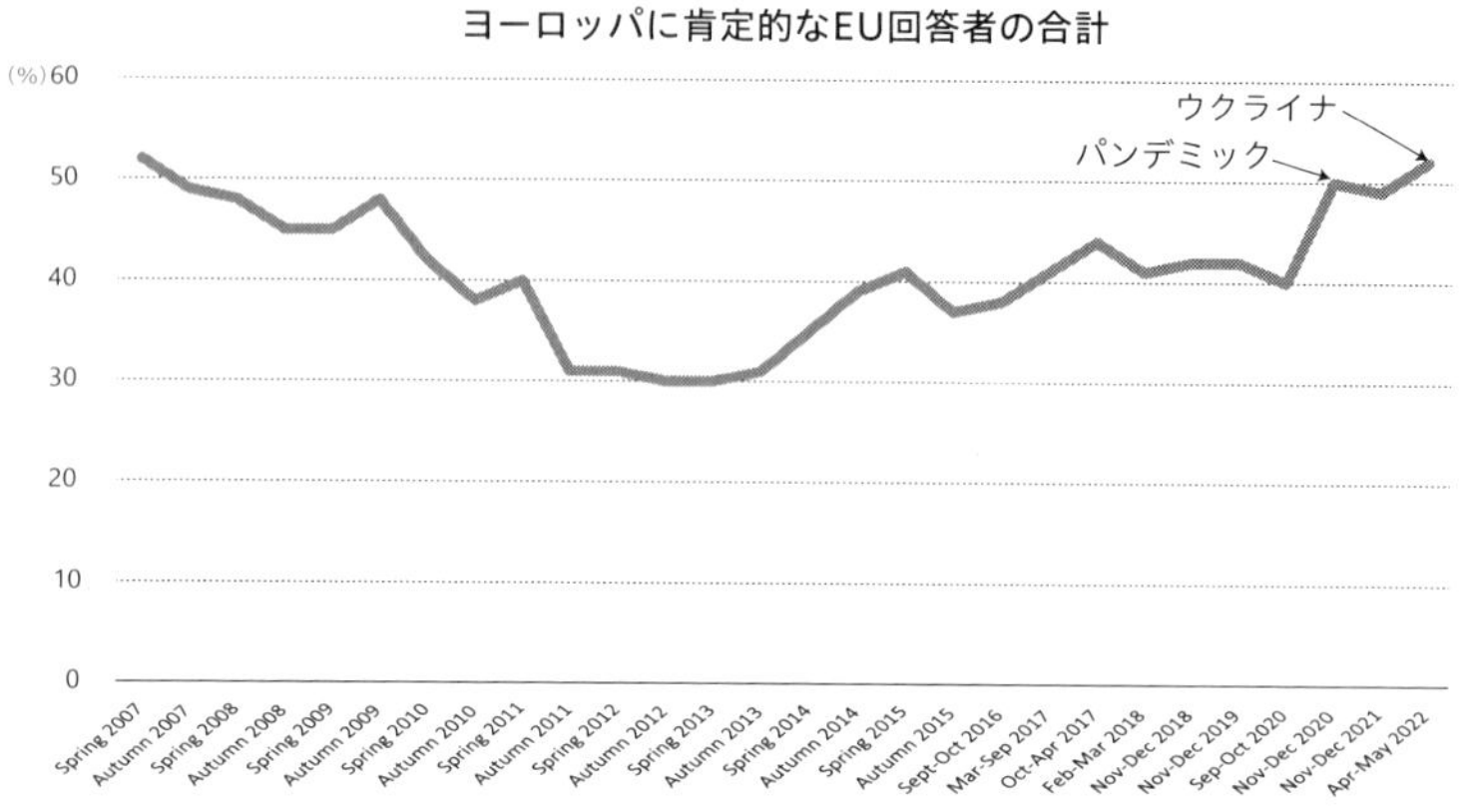

図 1　Opinions about Europe（出典：本文参照）

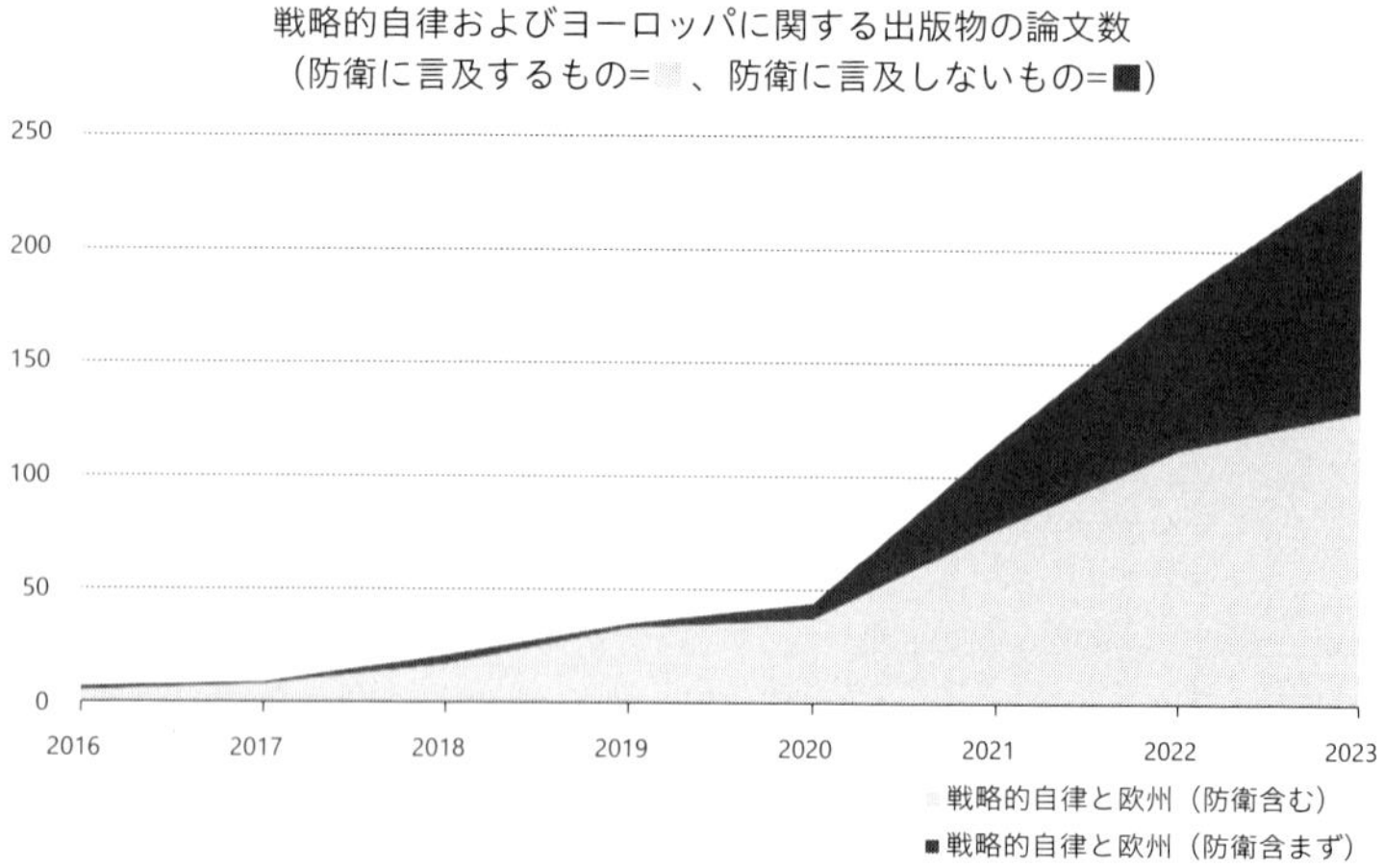

図 2　Academic papers on strategic autonomy（出典：本文参照）

意味での経済、社会、民主主義に言及した戦略的自律を扱った論文の数がさらに増えている（図2参照）。しかも、そのうちなんと40％以上がデジタル関連の問題を扱っている。

国防との関連が地政学と関係していることは明らかである。より広範な経済、社会、民主主義の問題との結びつきが強まっていること、そして論文において「デジタル」が大きな役割を果たしていることは、決定的な証拠とまでは言えないが、最近のEUにおける戦略的自律が、経済、社会、民主主義にまたがる広範な懸念に取り組んでいること、そして地政学に次いで、ビッグ（デジタル）テックが重要な役割を果たしていることを示唆している。

4 戦略的自律性

戦略的自律という言葉の起源はインドとフランスにある。第二次世界大戦後、インド外交は、ワシントン、北京、モスクワから独立して、自律的な選択を求めた（特に国防問題）。インドはまた、G77独立国家同盟の推進力としても存在感を示した。一方のフランスは、第二次世界大戦後、世界的な存在感を主張し続けるために原爆と空母などの海上戦力——いわゆる「核抑止力」（frappe de force）——を必要とした。これらは国家安全保障面における戦略的自律のアプローチであり、軍事や外交政策として現れる。当時（特にフランスでは）すでに、戦略的自律性が、自律的あるいは主権的な管理下に置かれるべき軍事的な能力を指標とすることは明らかであった。[11]

こうした「能力、キャパシティ、管理」（Capabilities, Capacities and Control：３Ｃ）というキーワードは、経済、社会、民主主義一般といった非軍事的な領域における戦略的自律性を定義する際にも応用することができる。[12] だからといって、必ずしも軍事的領域から市民的領域への波及を意味するものではないが、近年、経済的安全保障に対応することが急務だといわれることから分かるように、非軍事的な領域の「安全保障化」が進んでいる。社会的な領域では、パンデミックへの対応力の欠如に端を発し、健康安全保障、さらには「健康主権」という言葉も聞かれるようになった。

経済的安全保障は国家安全保障の一部だといえるだろうか。確かにデジタル時代において、軍事は商業技術に大きく依存している。現実主義者は、強力な経済力は強力な軍事力を支えるための必須条件であり、主権の対外的正統性を支えるために不可欠だと言うだろう。経済力の低下は、例えば公共サービスの財源を確保しようとするための、政府内部での正統性を失わせるかもしれない。また、中国が信奉する史的唯物論の中では、経済力こそが、世界における国力を誇示する究極の源泉である。アメリカも、長年にわたり、経済的にも軍事的にも力を誇示してきた。

しかし、ＥＵの場合経済と国家の安全保障の関連性はそれほど明確ではない。第一に、ＥＵレベルで共通認識となるようなイデオロギー的根拠がない。第二に、強力な軍事力には強力な経済力が必要であるといっても、世間ではほとんど議論されていない。何十年もの間、防衛問題はＥＵレベルでは相対的に目立たない論点であって、ＥＵという共同体の創設は「経済」プロジェクトであると認識されてきた。欧州連合条約４条２項をみても、国防を含む国家安全保障の問題に関するＥＵレベルの権限が非常に弱いものであることが分かる。「連合〔訳者注：EU〕は〔……〕、国家の領土保全、法と秩序の維持、国家安全保障を含む、国家の本質的機能を尊重しなければならない。特に、国家の安全保障は各加盟国の責任である」。現在では、ロシアのウクライナ戦争の勃発によって、より積極的かつ公然と、EUレベルでも強力な軍事防衛の必要性が謳われている。ロシアに倣って、EUも戦争経済に転換すべきだと主張する軍事関係者さえいる。[13]

5 地政学とビッグテック

地政学とハイテク産業は密接な関係にある。このことについて、アヌ・ブラッドフォード（Anu Bradford）は、著書『デジタル帝国（Digital Empires）』の中で、国家間（すなわち、アメリカ、中国、EU）の「水平方向の戦い」と、本書第1章Iで山本教授も述べている国家とビッグテック間の「垂直方向の戦い」について分析している。[14] 国家間、ないしテック企業との関係は複雑である。というのも、国家と国家、国家と企業の複合的な関係、つまり水平的な戦いと垂直的な戦いの両面で「協力」、「競争」、「対立」（または衝突）という3つの関係性がみられるからである（図3）。例えば、ファレル（Farrell）とニューマン（Newman）[15]は、「相互依存の武器化」という言葉を考案し、イラン制裁やテロ対策時の国際的なデジタル金融取引システムである「SWIFT」の活用がこれにあてはまる。アメリカは、同盟国との水平的な協力関係のもとで、SWIFTとその民間銀行メンバーのアクセスをコントロールし、国家と企業という垂直的な協力関係によって、国家と国家という水平的な対立関係にあるイランを排除し、金融取引を監視し、潜在的な国際テロ活動を探知することができたのである。

その一方で、「デジタルプラットフォームの巨人」であるアメリカのビッグテックが、デジタルアイデンティティの覇権をめぐり、EU諸国の主権に不当な圧力をかけかねないという不安も指摘されている。また、スノーデン事件から学んだように、ビッグテックはアメリカのクラウド法に基づく対外監視や、同盟国へのスパイ活動のために政府によって利用される可能性もある。さらに、ビッグテックが自国の政府に抵抗しようとするケースも見られる。EUがデジタル市場法や、将来的にはクラウドセキュリティ認証など、ビッグテックを牽制するための法案を提案することがあれば、大西洋をまたいで緊張が高まるだろう。ここでは、「水平、垂直、斜め」の戦いが見られる。[16] 事実上、中国の通信機器プロバイダーを通信ネットワークから排除した5G安全保障勧告は、国家と国家の水平対立の結果と見ることもできれば、将来の通信機器産業における巻き返しを図る（例：6G）ためのアメリカ産業界の試みと見ることもできるため、企業と企業の対立であるともいえる。アメリカの半導体輸出規制についても、同様の懸念がある。

ビッグテックと国内外との関係には協力関係も含まれる。政府にとって、ビッグテックは経済を前進させる同盟者であるともいえるからだ。第一に、ビッグテックは、デジタル技術を駆使して政府と経済を現代化することができる。より良い公共サービスは政府の信頼性を高め、それによって国内の正統性、ひいては主権を強化する。前述したように、EUに対する市民の信頼は、ビッグテック企業が携帯電話プラットフォームと協力してつくったＣＯＶＩＤ‐19のワクチン接種歴を証明するグリーンパスや、接触確認アプリのおかげであった。第二に、国家によるサイバー攻撃や、ウクライナで見られるような戦争に対する防衛のために、ビッグテックと国家が協力している。非友好的な外国に対する政府のポジションを固め、それによって対外的な主権を強化する。政府とビッグテックは、本質的に意見が一致しており、お互いの立場に立って行動することができるようになるほど親密になることさえある。ビッグテックと国家がイデオロギー的にも行動的にも強調するこの現象は、ジュリー・コーエン（Julie Cohen）によって「政府主義」[17]の一形態として分析されている。

例えば、ビッグテックが国家間の協力を促進し、地政学的緊張を緩和しようとすることは例外的なことではなく、時には民間外交を超える役割を果たすこともある。その一例が、２０１７年にMicrosoftが提案した「デジタル・ジュネーブ条約」である。この条約は時代を先取りしていたためか、あるいは各国政府の領域に近づきすぎると用心されたため、狙っていたような成果を上げることはできなかった。最近では、２０２３年にイギリスが主催の「ＡＩセーフティ・サミット」で、国家と国家、企業と企業との緊密な協力が見られた。

6　戦略的自律の武器庫

政府は国家の主権を守らなければならない。戦略的自律はそのための手段である。具体的にいえば、

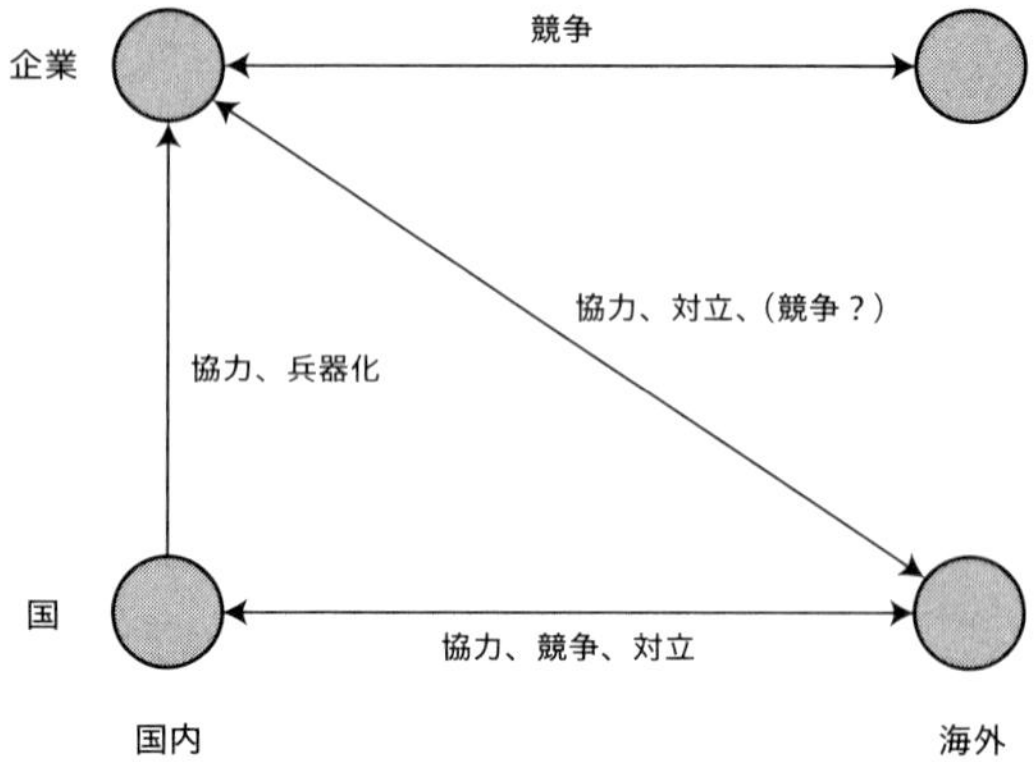

図３　国と企業の水平・垂直関係

戦略的自律性は３Ｃ――「能力」(Capabilities)：何をすべきか知っているか、「キャパシティ」(Capacities)：どれだけのことができるか、「管理」(Control)：能力とキャパシティを自律的に行うことができるか――によって成立する。３Ｃが求められる分野は、防衛、半導体、クラウド、バッテリー、ワクチンなどであって、これらの分野は主権にとって重要である。防衛分野で３Ｃを失うことは、どの国にとっても致命的な問題になるだろう。

これらの手段は、さまざまな具体的な戦略に応用することができる。最も単純な応用方法は、すべての能力とキャパシティを自ら完全にコントロールすること、つまり「自給自足」することだ。主権にとって重要なすべての分野で自給自足を達成できる国は、おそらくアメリカと中国くらいであろう。中国は「中国製造２０２５」[18]計画をはじめ、さまざまな分野で自給自足のための綿密な計画を立てている。この計画には多くのデジタル分野が含まれており、特に半導体やＡＩの優先度が高い。同様に、アメリカとＥＵは、戦略的自律性を高めることを目的とした重点技術のリストをつくっている。[19]

ほとんどの国家にとって（あるいはどの国にとっても）、経済的自給自足は実現不可能であり、望ましいものでもない。そこで、戦略的自律に向けた、他の3つのアプローチ[20]もみておこう。

（1）リスク管理

これは主権に対する脅威から、できるだけ確実に自衛することを目的としている。多くの場合、重要インフラ（電気、水道、交通、病院、通信など）に対する物理的またはサイバー的なリスクに対処するためのアプローチがとられる。残されたリスクに対して保険を用意して補完することでリスク管理を行うこともある。重要インフラのリスク管理は——多くの国でその大部分が民間部門によって運営されているが——公共政策によって自主規制が奨励されたり、民間部門に規制要件が課されたりすることで、具体化されている。典型的な例は市場アクセス規制であろう。重要インフラのサイバーセキュリティについて、EUはNIS2指令（ネットワークと情報セキュリティに関する指令）を出し、これは政府調達のガイダンスによって補完される。しかし、リスクの中に主権の喪失につながるようなことが含まれている場合、政府の公共政策を政治的に受け入れてもらうことはおろか、保険をかけることもできないだろう。とはいえ、過去に主権が深刻に脅かされたことがなかったり、主権に対する脅威の意識が低かったりする場合には、リスク管理のアプローチは現実的で、むしろ迅速な解決策として魅力的になる。

(2) 戦略的パートナーシップ

これは志を同じくするパートナーと協力し、共同して、場合によっては相互に主権を強化するアプローチである。そのためには、能力とキャパシティの共有と管理ができるような相互的な信頼とコミットメントが必要である。ここで信頼とは、人権、民主主義、自由主義市場経済への賛同といった共通の価値観に基づくものである。また、戦略的パートナーシップは、2国間または多国間の協定に基づき、そのツールセットには、産業政策、海外直接投資規制、輸出規制、デュアルユース規制、NATOや日米安全保障同盟などの防衛パートナーシップが含まれている。半導体や5Gネットワーキングなどの主要技術分野では戦略的に提携を進める傾向が強いが、いずれのパートナーシップも政治的変化の影響を受けやすい。そのため、パートナーがいても自給自足を達成することは難しいため、志を同じくしない相手とも戦略的に相互依存的な取り決めを結んで補完しなければならない。中立的な相手であれ、地政学的な敵対者であれ、お互い勝ち取るものよりも失うもののほうが多いだろう。このような戦略的相互依存関係は、(核軍備管理などの)条約や重要な原材料などの長期契約という形をとる。

(3) 世界共通の利益を追求するアプローチ

これは、国家中心主義ではなく、グローバルに共有される利益を促進することで、従来の枠組みから一歩踏み出すことを意味する。世界共通の利益のアプローチは、関係国の主権を損なうものではない。それどころか、利益の実現や脅威への対抗が各国単独の力をはるかに凌駕する場合には、個々の国家の主権を強化する可能性さえある。

「世界共通の利益」アプローチは、グローバルレベルで共有される資産に関する共同での協定や管理によって達成することができる。前者の例としては、国際水域に関する国際海事機関やオゾン層修復のためのモントリオール議定書、世界的な公衆衛生、特にCOVID‒19のようなパンデミックの予防や対策についてWHOで取り結んだ国際法規定などがある。後者の例としては、インターネットドメイン名を管理するためのICANNや、IPCCによる気候変動に関する世界的知識基盤の強化のような予防原則に基づく協力がある。テクノロジーも世界共通の利益の管理に役立つ。例えば、グローバルロジスティクスやオープンソースソフトウェアにおけるブロックチェーンによる分散管理が役立つだろう。

国家間で協力をすすめるための政策的なツールセットには、国際協定――国際法における自発的なもの、あるいは法律上のもの――国際的な基準の設定、共同研究などが含まれる。世界共通の利益を追求するアプローチの欠点は、決定に時間がかかること、賢明なリーダーシップ（政治、学術、市民社会、企業）が必要なこと、主要参加国がコンプライアンス違反のリスクをとる場合には協力関係が破綻する可能性があること、「フリーライダー」に対して脆弱であることなどが挙げられる。多くの分野で、国際協力は民間セクターによって推進され、運営されることさえあるが、政府は、主権に悪い影響が及ばないように、民間の動きを見守る必要があるだろう。実際に民間との関係が問題になった例がある。各国政府は5Gのアーキテクチャと規格基準を確立するプロセスをすすめるなかで、5Gのセキュリティが国家安全保障に潜在的な危険を及ぼしていることに気づいた。5Gは民間セクターによってすでに展開されており、技術革新の時計の針を戻すことはできないため、国家は、5G機器の交換を命じるなど、かなり強引に民間に介入するしかなかった。次世代ネットワークである6Gの規格や技術が同じ運命をたどるのか、それとも信頼に足る世界共通の利益として管理することが可能なのか未知のままである。[21]

デジタル領域では、EUは3つのアプローチのすべてをとっている。例えば、一般データ保護規則（GDPR）や最初のサイバー法であるネットワーク・情報指令（NIS1）は、明らかにリスク管理型のアプローチをとっている。EUの半導体法では、方向性を共有している国々（アメリカ、日本、台湾、インドなど）との協力を深めているため、戦略的パートナーシップのアプローチが追求されている。[22] 世界共通の利益アプローチに関して、EUはインターネットドメイン名のグローバルかつマルチステークホルダーによる管理を強力に推進しており、ICANNの開放において一定の成功を収めている。

では、EUは、ビッグテック政策においてどのようなイニシアチブをとっているのか、また、それらはビッグテックによってもたらされる主権への脅威とどのように関連しているのだろうか。2017年以降、EUは、デジタルプラットフォーム（クラウド、ソーシャルメディア、電子商取引）におけるビッグテックの経済的優位性と、競争への影響（公平な競争条件の欠如、優位性の乱用、顧客の囲い込みが進む垂直統合）に対する懸念の高まりを具体的な施策に反映させてきた。また、EU圏内の消費者や企業、および公共の利益のために、データの可能性を解き放つための施策を講じる必要があると主張してきた。デジタル市場規則（DMA）、個人データ保護法制、データ・ガバナンス法制は、こうした懸念に対処しようとしたものであるといえる。さらに、クラウドセキュリティ認証に関する規制を導入しようとする動きもある。研究、技術革新、標準化を通じて、クラウド分野の産業発展を促す原動力は、これまで、GAIA-Xのような加盟国主導の、主に法律を要しないイニシアチブに委ねられてきた。

SNS上の有害・違法コンテンツや偽情報が民主主義に影響することもEUの懸念であり、2023年にデジタルサービス規則（DSA）が施行され、大手コンテンツプラットフォームによる自主規制アプローチから、より厳格な、制定法による規制アプローチに移行した。

最近では、EUは経済安全保障政策を打ち出し、AI、量子技術、先端半導体、バイオテクノロジーなど[23]、特定の重要技術における第三国への依存度を低減させようとしている。この政策では、「欧州経済と産業の競争力と回復力を高め、開放的な戦略的自律性を強化する」ことを目指すとしている。特に次の4つの懸念が記されている。

（1）サプライチェーンの回復力

（2）重要インフラの物理的・サイバー的安全保障

（3）技術的安全保障と技術流出

（4）経済的依存関係や経済的強制力の武器化

しかし、経済安全保障政策は、ビッグテックへの直接的なアプローチをとるのではなく、むしろ、サプライチェーン、重要インフラ、知識基盤に影響を与える国家間の関係に焦点を当てている。

EUの経済安全保障政策は、EUの半導体法やEUの重要原材料政策と合わせて読む必要がある。どちらも市場アクセス規制と産業政策をミックスさせたものである。サプライチェーンの回復力と事業継続性を混乱させるだけでなく、長期的には主権を侵食する可能性のある依存関係を減らすことを求めている。その中には、国内での生産能力を高めるとともに、「友好的」な国々と新たなパートナーシップを結ぶための支援も含まれており、それらが「地政学を意識した産業政策」[24]となるケースも増えている。ただし、これらは（まだ）完全なものではない。というのも、投資、公共調達、標準化、市場アクセス規制を組み合わせたり、半導体や原材料の分野で見られるようになった補助金競争や報復的な輸出規制といった地政学的反応を予測するために、より広範で積極的な国際的側面を持つ必要があるからだ。

このような規制的、非規制的イニシアチブは、EUが戦略的自律性を高め、それによってある程度の主権を取り戻そうとしているのだと解釈したくなる。しかし、公的な証拠だけからそれを主張するのは難しい。多くの場合、こうした政策イニシアチブは、主権や戦略的自律性という観点からは明示されていないか、あるいは広範に表現されていない。たとえば、最も画期的なイニシアチブのひとつである前述のDMAは、こうした概念にまったく言及していない。しかし、これらの構想の多くは、欧州の競争力向上に言及しており、競争力の喪失が広い意味での世界におけるEUの地位にも影響を及ぼすことを懸念している。政治レベルでも、外国のハイテク企業との競争に言及し[25]、EU産業の強化を求める表現[26]が使われている。

よりバランスの取れた解釈としては、これらの構想は、回復力、競争力、消費者の利益、民主主義、価値観、主権といった懸念の組み合わせに基づいているということだ。また、国から国へ、国から企業へという直接的、間接的な政策行動も組み合わさっている。このような組み合わせにおいて、主権／戦略的自律の比重はここ数年で著しく高まっているが、それらは唯一の論点ではなく、しばしば主要な論点ですらない。保護主義や「ＥＵの擁護者」の意向が一役買うこともあるが、その影響は支配的かつ決定的な声にはほど遠い[27]。

結論――選択の余地はない

ＥＵはしばしば規制大国として紹介されるが、それにもかかわらず、経済力を失い続けているように見える。ＥＵの基盤である自由民主主義と人権は、世界中でますます失墜している。ＥＵは地政学的な対立を非常に心配している。国境付近で起きた壊滅的な戦争がその表れである。内部分裂はＥＵの意思決定を混乱させ続け、ポピュリズムや反ＥＵ主義への揺り戻しを生む恐れさえある。これらすべてが、ＥＵの自治、ＥＵの主権に大きな圧力をかけている。ＥＵは、自国の主権の防衛を強化する、つまり戦略的自律を強化する以外に選択肢はないのだ。さもなくば、ＥＵは侵食され、雇用、教育、民主主義、価値観といった点で、自らの未来に対するコントロールを失うことになる。

この論文の根拠は決定的だろうか？　未来を予知することはできない、完全に肯定することは不可能だ。これはＥＵのデジタル戦略的自律性を強く支持する証拠となるだろうか？　おそらく、イエスと言わざるを得ない。例えば、半導体ではEUの市場シェアは20％から8％に縮小した。クラウドでは、海外プロバイダー（主にアメリカ）のシェアが過去3年間で65％から75％に拡大している。EUは重要な原材料や加工原料の90〜100％を中国に依存している。かつてはリードしていたソーラーパネルでも中国にシェアを大きく奪われ、風力タービンでも同じことが起こる恐れがある。

EUは決して受け身ではなく、経済安全保障や重要技術、デジタル市場規制、産業政策、研究開発投資、IPCEIへの共同資金提供[28]、独占禁止法の決定、国家支援、反ダンピング調査、国際取引などの政策で行動を起こしている。EUには希望の光が見えている。スーパーコンピュータでは、EUは2016年のトップ20から姿を消したが、2023年にはトップ10のうち2つを取り戻した。今後数年間で、電気自動車用バッテリーの需要の3分の2を自国生産でまかなえるようになるだろう。また、EUは意思決定のスピードを飛躍的に向上させた。例えば、改正サイバーセキュリティ法はわずか1年余りで決定されたが、最初のサイバー法（NIS指令）は採択されるまでに数年を要した。EUレベルでの意思決定もまた、以前は禁じ手と思われていた領域に足を踏み入れた。健康分野は各国の特権と見なされていたにも関わらず、過去数年間、COVID-19のパンデミックに対抗するため、公衆衛生に関するEUレベルでの共同意思決定が行われた。これは国家安全保障に非常に近い問題、つまりEUが正式には権限を持たない問題、すなわち防衛やサイバーセキュリティの分野でも同様である。さらに、大規模なパンデミック復興基金を設立することで、EUレベルでの債務分担のタブーは破られた。

さて、これらの政策イニシアチブは、EUが主権を維持するために、まだまにあうのだろうか、十分で効果的な対策だといえるだろうか、今後の戦略的自律政策は、これまで同様にEUの肥沃な政治的土壌の上ですすめることができるだろうか。

ヨーロッパは分裂している。積極的な民族主義的ポピュリスト運動が台頭しており、なかには権威主義的傾向を持ち、ロシアや中国との関係が疑われる政党もある。そのような政党が政権を握れば、EUを積極的に弱体化させる政策をとる可能性もある。というのも、ポピュリスト政党は、「価値としてのEU」ではなく、むしろ国家「主権」を標ぼうする敵としてのEUを強調することによって、国家とEUの間の主権の所在を勝ち負けの問題として政治争点化している。

逆説的だが、ポピュリスティックでナショナリスティックな動きは、国家主権を強調し、EUとの協調を弱めることで、国家主権を救うどころか、むしろ危険にさらすことになりかねない。地政学的な力、ビッグテック、そして地球全体の課題は、個々のEU加盟国の力よりもはるかに大きい。デジタル空間に関する分野など、EUレベルで協力をすすめることが、勝つか負けるかの問題ではなく「一石三鳥」になりうる分野も広大に存在する——1つ目の利点は、国家レベルで主権に対するデジタルな脅威に対抗するために、十分な「クリティカルマス」を提供すること、2つ目の利点は、それによって、データスペース、デジタルID、相互接続された相互運用可能なデジタルネットワークやサービス、「.eu」や加盟国のカントリーレベルドメインなどのドメインネームシステムといったデジタル地形など、主権国家が共有することのできるデジタル資産が豊かになること、そして3つ目の利点は、EU加盟国が協力することで、EUを通じて、国際的なガバナンス、規制、基準、国境を越えたデジタル・ソリューションに関する交渉に参加する際に、世界に対して強力な立場を得ることができる。[29]

しかし、この結論をとるにしても、いくつか留意すべきことがある。第一に、私たちは主権を無分別に推進しようとは主張しているわけではない。主権という言葉は、権威主義者やポピュリストが安易に使う言葉である。しかし、本稿にいう主権は、自由民主主義、基本権、そして地球全体の利益を促進するという、より広範な取り組みを前提にしていることは非常に重要である。

第二に、EUに世界の他の国々・地域を支配しようとする「覇権的意図」を見出すことはできない。現在のEUの世界との関わり方は、過去の帝国主義的アプローチとは比較にならない。EUを「規制的デジタル帝国」として論じているアヌ・ブラッドフォードでさえ、EUが規制を通じた「帝国主義」[30]をおしすすめているとは主張していない。「ブリュッセル効果」と呼ばれる力学がはたらくために、他国が、事実上そして法律上、EUの規制と互換性のあるアプローチを採用していると主張しているにすぎない。帝国主義的な考え方は、EUが目指す計画の一部でもなければ、主権を追求する過程の一部でもない。

第三に、先に示したように、ビッグテックによる権力の集中に対する懸念は、重大かつ的を射たものである。EUの主権は、外国ビッグテックが支配する世界で危機に瀕しているため、民主主義、国家安全保障、そして経済と雇用をめぐる自律性の将来を懸念する理由は十分にある。しかし、だからといって、先にみたEUの政策がビッグテックとの覇権争いである、あるいはそうあるべきだということにはならない。むしろ、EUの政策は、地政学的デジタル空間において主権を守り、協力、競争、対立のバランスをとることに取り組もうとしていると読むべきであろう。このバランスがEUの主権を強化するかどうかについては、さらなる研究が必要である。

最後に、最も重要なことは、EUの主権をめぐる言説は、ビッグテックにせよ地政学にせよ、ヨーロッパのアイデンティティをめぐる長い歴史的言説の一部であるということである。この探求を続けることは、EUの将来にとって決定的に重要であり、現実的ですらある。

【注】

1 この文章では、ヨーロッパと欧州連合（EU）は同じ意味で使われている。

2 Emmanuel Macron, "Initiative pour l'Europe - Discours d'Emmanuel Macron pour une Europe souveraine, unie, démocratique.," elysee.fr, September 26, 2017, https://www.elysee.fr/emmanuel-macron/2017/09/26/initiative-pour-l-europe-discours-d-emmanuel-macron-pour-une-europe-souveraine-unie-democratique. ビッグテックに関する主権論争におけるフランスのアプローチの分析については、以下も参照のこと。ポリーヌ・トュルク「抵抗するリヴァイアサンとデジタル主権」本書第1章III。

3 以下から引用された造語。Lucas Kello, "The Virtual Weapon and International Order" (Yale University Press, 2017).

4 例えば、オランダ首相は2019年2月13日のチャーチル講演にて、欧州についてこう語った。「今日の私のメッセージの中心は、無知から脱却し、より現実的になることの重要性だ」。その年の3月、EU首脳は対中関係における「無知」の解消を求めた。ティエリー・ブルトン欧州委員は2021年2月11日、次のように述べた。「[……] 無知の時代に終止符を打ちたい。運命を自らの手で切り開こう」。これは地政学的、経済的、技術的な発展について言及したものだ。

5 United Nations, "UN Charter," United Nations (United Nations, 1945), https://www.un.org/en/about-us/un-charter.

6 Jean Monnet, "Mémoires - Institut Jean Monnet," March 31, 2022, https://institutjeanmonnet.eu/memoires-jean-monnet/.

7 Christopher Bickerton et al., "Conflicts of Sovereignty in Contemporary Europe: A Framework of Analysis," *Comparative European Politics* 20, no. 3 (June 1, 2022): 257-74, https://doi.org/10.1057/s41295-022-00269-6.

8 Georg Serentschy, Paul Timmers, and Marja Matinmikko-Blue, "Toward Anticipatory Regulation and Beyond," in *The Changing World of Mobile Communications: 5G, 6G and the Future of Digital Services*, ed. Petri Ahokangas and Annabeth Aagaard (Cham: Springer International Publishing, 2024), 221-51, https://doi.org/10.1007/978-3-031-33191-6_9.

9 Eurobarometer, "Special Eurobarometer 508: Values and Identities of EU Citizens - Data Europa EU," November 29, 2023, https://data.europa.eu/data/datasets/s2230-94-1-508-eng?locale=en.

10 Eurobarometer, "EP Spring 2022 Survey: Rallying around the European Flag - Democracy as Anchor Point in Times of Crisis," 2022, https://europa.eu/eurobarometer/surveys/detail/2792.

11 République Française, "Defence and National Security Strategic Review 2017," 2017, https://espas.secure.europarl.europa.eu/orbis/document/defence-and-national-security-strategic-review-2017.

12 Paul Timmers and Freddy Dezeure, "Strategic Autonomy and Cybersecurity in the Netherlands | Cyber Security Council" (Cyber Security Council, 2021), https://www.cybersecuritycouncil.nl/documents/reports/2021/02/17/report-strategic-autonomy-and-cybersecurity-in-the-netherlands.

13 Ria Cats, "Interview Rob Bauer - De huidige onrust, 'dat is het nieuwe normaal voor de komende vijftien jaar' | FD," FD.nl, November 2, 2023, https://fd.nl/politiek/1494594/raden-van-bestuur-zien-veiligheid-niet-als-een-strategische-investering.

14 Tatsuhiko Yamamoto, "Modern Sovereign States and Digital Platforms - Leviathans vs. Behemoths" (2023).

15 Henry Farrell and Abraham L. Newman, "Weaponized Interdependence: How Global Economic Networks Shape State Coercion," *International Security* 44, no. 1 (July 1, 2019): 42-79, https://doi.org/10.1162/isec_a_00351.

16 山本教授の言葉を借りると、リヴァイアサン同士の戦いでもあり、リヴァイアサンとビヒモスとの戦いでもある。

17 Julie E. Cohen, *Between Truth and Power : The Legal Constructions of Informational Capitalism*, 2019; Cohen.

18 China State Council, "Made in China 2025," 2015, http://english.www.gov.cn/2016special/madeinchina2025/.

19 White House, "National Strategy for Critical and Emerging Technologies," October 2020; European Commission, "An EU Approach to Enhance Economic Security," Text, European Commission - European Commission, June 20, 2023, https://ec.europa.eu/commission/presscorner/detail/en/IP_23_3358.

20 Paul Timmers, "Strategic Autonomy and Cybersecurity: EU Cyber Direct," EUISS Research in Focus, 2019, https://eucyberdirect.eu/research/strategic-autonomy-and-cybersecurity.

21 Paul Timmers, "There Will Be No Global 6G Unless We Resolve Sovereignty Concerns in 5G Governance," *Nature Electronics* 2020 3: 1 3, no. 1 (January 24, 2020): 10-12, https://doi.org/10.1038/s41928-020-0366-3; Paul Timmers and Georg Serentschy, "Sovereignty and 6G," in The Changing World of Mobile Communications: 5G, 6G and the Future of Digital Services, ed. Petri Ahokangas and Annabeth Aagaard (Cham: Springer International Publishing, 2024), 253-82, https://doi.org/10.1007/978-3-031-33191-6_10.

22 "Commission and India Sign Agreement on Semiconductors," Text, European Commission - European Commission, accessed November 24, 2023, https://ec.europa.eu/commission/presscorner/detail/en/IP_23_4380.

23 European Commission, "An EU Approach to Enhance Economic Security"; European Commission, "Commission Recommends Carrying out Risk Assessments on Four Critical Technology Areas: Advanced Semiconductors, Artificial Intelligence, Quantum, Biotechnologies | Shaping Europe's Digital Future," October 3, 2023, https://digital-strategy.ec.europa.eu/en/news/commission-recommends-carrying-out-risk-assessments-four-critical-technology-areas-advanced.

24 Paul Timmers, "Digital Industrial Policy for Europe | CERRE Report" (CERRE, December 12, 2022), https://cerre.eu/publications/digital-industrial-policy-for-europe/.

25 Laura Kayali and Florian Eder, "Thierry Breton 'Understands' Trump on TikTok, Wants Data Stored in Europe," POLITICO, September 1, 2020, https://www.politico.eu/article/breton-wants-tiktok-data-to-stay-in-europe/.

26 Thierry Breton, "Neither Autarchy nor Dependence – More European Autonomy | LinkedIn," August 25, 2022, https://www.linkedin.com/pulse/neither-autarchy-nor-dependence-more-european-autonomy-thierry-breton/.

27 根強い国民の声を反映している「欧州の擁護者」と呼ばれる人々でさえ、ＥＵ加盟国の数カ国にしか定着していない傾向がある。

28 ＩＰＣＥＩとは、「Important Projects of Common European Interest（欧州共通利益に適合する重要プロジェクト）」の略称。

29 Paul Timmers, "When Sovereignty Leads and Cyber Law Follows," October 13, 2020, https://directionsblog.eu/when-sovereignty-leads-and-cyber-law-follows/.

30 Anu Bradford, *Digital Empires: The Global Battle to Regulate Technology* (New York, NY: Oxford University Press, 2023).

COLUMN

イギリス――Brexit：強いリヴァイアサンへ

荒川稜子

2020年1月31日、イギリスは正式にEUから離脱した。イギリスのEU離脱、いわゆるブレグジットは、イギリス国内外の政治や経済だけでなく、国民の日常生活に至るまで様々な分野に対して多大な影響を及ぼしている。その影響はイギリス政府とデジタルプラットフォーマー（DPF）の関係についても例外ではない。国家とDPFの関係性について、多くの国が喫緊の課題としてその最適解を模索しているが、どのような関係性を築くことが国家にとって、そして国民にとって最適なのか、どの国でも明確な答えは出ていない。

本コラムでは、ブレグジットという分岐点を経てイギリス政府がどのように変化したのかを分析し、現在のイギリスがDPFとどのような関係性を構築しているのかを検討する。

1 ブレグジットを経たイギリスの変容

（1） EUのイギリスからグローバルなイギリスへ

ブレグジットによってイギリス政府の方針はどのように変化したのだろうか？ アリソン・ハルコート（Alison Harcourt）は、EU加盟時代のイギリスは、自由主義的な立場をとる加盟国として政策立案において重要な役割を果たしていたが、EUを離脱した現在のイギリスは、EUやその加盟国の政策立案への影響力を失い、さらにはEUレベルでの情報交換プラットフォームへのアクセスも失ったと主張する。

例えば、電気通信市場の完全自由化はブレグジット前のイギリスがEUに自由主義的な影響を及ぼしていた例として挙げられるだろう。1998年の欧州における電気通信市場の完全自由化のきっかけは、1980年代初頭に当時イギリスの通信網を独占していたブリティッシュ・テレコム（現BTグループ）が民営化されたことで、欧州委員会が電気通信分野における市場の開放と競争による長期的なメリットを認識したことが始まりである。結果として、民営化が成功したイギリスにならい欧州委員会は電気通信事業の市場解放を進め、1998年にはほぼ全てのＥＵ加盟国が電気通信市場を制度上自由化させた。[2]このように、かつてのイギリスは自由主義を掲げるＥＵ加盟国として他の加盟国やＥＵそのものに対する影響力を持ち合わせていたが、ＥＵを離脱しコントロールを取り戻す（*Take Back Control*）[3]ことを選んだイギリスは、結果としてＥＵの競争相手や戦略的協力相手になることがあったとしても、かつてのように加盟国の一員としての影響力をＥＵ域内に与えることは困難となってしまった。

その一方で、ＥＵを離脱したイギリス政府の焦点がより広い世界へと移っていることは自然な流れだろう。２０２１年、政府は統合レビュー『競争の時代におけるグローバルなイギリス』を発表し、イギリスはグローバルな視点を持っていると同時にグローバルな責任を負っており、自国を「グローバルな関心を持つ欧州の国」と位置付けている。

本レビューによれば「グローバルなイギリス」とは、行動によって定義されるものであり、実際に欧州を超えた連帯として、２０２１年にはアメリカ、イギリス、オーストラリアの三国間による安全保障同盟ＡＵＫＵＳが発足し、サイバーセキュリティやテクノロジー分野での連帯を宣言している。[4]さらに、ブレグジット後の国際的なデータ流通戦略として、ＥＵ圏外の6カ国を最優先パートナーシップ提携国として発表しており、[5]このデータ流通戦略によって、より多くの貿易とイノベーションが促進され、結果的にイギリスの顧客が世界中からよりはやく、安く、そして安全に製品やサービスを享受することを目指している。

こうした方向転換は新たなデータ政策にも反映されており、２０２１年にデジタル・文化・メディア・スポーツ省（ＤＣＭＳ）大臣のダウデン（Oliver Dowden）は「我々がＥＵを離れた今、世界を牽引するデータ政策を推し進めることでイギリス全土の個人と企業にブレグジットの恩恵をもたらすことを決意した」と発言し、今後は「官僚的な作業（box-ticking）に従うのではなく、常識（common sense）に基づいたデータ法に改正していく」[6]という方向性を明らかにした。

(2) ブレグジット後のイギリス政府
イノベーション創出を目指して

ＥＵを離脱したイギリスは、今まで以上にイノベーション創出に注力していると言える。さらなる経済と技術の発展を目指し、２０２３年には科学・イノベーション・技術省（ＤＳＩＴ）が新たに設立された。ＤＳＩＴは、現在のイギリスはブレグジットによって得た自由を活用してテクノロジーにおける基準や国際規制の最前進にいるとして、２０３０年までにイギリスが科学技術大国としての地位を確固たるものにすることを目標としている。[7] 特に今後は「イノベーションを促進し、科学技術への需要を促し、投資を呼び込みつつも、イギリス的価値観を守り、市民の安全の維持を目指」[8] した法規制を進めるとしている。

こうしたテクノロジー規制に関するイギリスとEUの方向性の違いは、AI開発の分野で特に明確である。EUが世界で初めてAIを包括的に規制するAI規制法（EU AI Act）を成立させた一方、イギリスは政府・大学・企業など幅広いステークホルダーが参加したAI安全サミットの開催や、安全なAI開発に向けて政府が巨額の研究補助金を提供する[9] など、AIへの規制を強めているEUとは対照的に、イギリスではリスクを認めつつも、AIによる経済的・技術的メリットを享受できるような新たなスタンダードの策定や安全なAI開発に注力している。

自由で公正な市場の確立

イノベーション推進の一環として、イギリス政府は公正で適切な競争が可能な環境の整備にも注力しており、ダウデンが「少数のテック企業への権力の集中が、業界の成長を阻害し、イノベーションを減らし、テクノロジーに依存する人々や企業に悪影響を与えている」[10] と述べた通り、イギリスは大手DPFに対して厳格なアプローチを取っている。

イギリスが2020年に導入したデジタルサービス税（Digital Services Tax）は、検索エンジンやソーシャルメディア、オンライン・マーケットプレイスをサービスとして提供している大手テック企業に対し、イギリス国内のユーザーによってもたらされた収益のうち2%を税とするものである。[11] 2020年から2021年の間には3億5800万ポンドがすでにデジタルサービス税として収集されており、2024年から2025年に徴収される額は30億ポンドに上ると予想されている。[12]

さらに、2022年イギリスの競争・市場庁（CMA）は、アメリカの大手ゲーム会社アクティビジョン・ブリザードをマイクロソフト社が買収する計画に対し、買収によって新興のクラウドゲーム市場の競争が阻害される可能性があると指摘し、買収の差止めを発表した。この決定にはマイクロソフトとアクティビジョン・ブリザードの両社とも強く反発した[13] が、最終的に両社の買収計画は変更を余儀なくされ、CMAの指摘が反映された新たな買収計画によってようやく承認されている。[14] 欧州委員会は当初の買収計画を承認しており、本件についてイギリスはEU以上に厳格な判断を下したと言えるだろう。

公正な市場の確立に関しては、AI開発とは対照的にイギリスとEUは基本的に協調路線をとっており、例えば、GoogleとMetaによるオンライン広告の協定「ジェダイ・ブルー（Jedi Blue）」協定に独占禁止法違反の疑いがあるとして欧州委員会が調査を開始した際、CMAと欧州委員会は密接に協力して調査している[15]。

2 イギリスにおけるリヴァイアサンとビヒモスの関係

先の通りブレグジット後のイギリス政府は、「グローバルな関心を持つ欧州の国」としてEUという枠組みを超えて存在感を示すこと、テクノロジーのリスクを適切に規制しつつイノベーションを推進すること、そして公正な市場競争を確保することをデジタル分野における主な指針としており、こうした指針を支えるイギリスの国内法として以下のものが挙げられる。

2018年データ保護法（Data Protection Act 2018）

イギリスでは、EUの一般データ保護規則（EU GDPR）の国内適用に伴い、EU GDPRを補完する国内法として1998年データ保護法を置き換えた2018年データ保護法（Data Protection Act 2018）が発行された。その後、ブレグジットに伴い2021年にEU GDPRはUK GDPRとして改正されたが、その大部分がEU GDPRに則っている。

2018年データ保護法は、同法の別表2第4項における「移民免除（immigration exemption）」の違法性がアドボカシーグループによって2018年から問われていた[16]。この移民免除とは、効果的な移民管理や出入国管理の維持を損なうような活動の調査または摘発を目的として処理されるデータに対しては、UK GDPRの一部が適用されないとするものである。申立人らは、このような移民免除はUK GDPR23条に反しており、欧州連合基本権憲章における個人及び家族生活の尊重（7条）、および個人データの保護（8条）が保障する権利と両立しないと主張し、最終的にイングランド・ウェールズ高等法院は移民免除は違法であるという宣言的命令を下した。これを受け、2018年データ保護法別表2は2024年3月8日に再度改正されている。

オンライン安全法（Online Safety Act 2023）

2023年には、ソーシャルメディア上の安全に関する法案が制定された。これは、主に違法もしくは有害なコンテンツや活動による子どもへのリスクを特定・軽減・管理する義務をソーシャルメディア会社や検索サービスに課したものである。同法は大手プラットフォーム事業者だけでなく小規模事業者にも適用され、違反した事業者は最大で1800万ポンドもしくは年間の世界売上の10%が罰金として課され、場合によっては拘禁刑に科されることもある。

イギリス国外の事業者に対しても、イギリスとの関連性を有するサービス[17]を提供している限り、オンライン安全法が域外適用される。同法は子どものオンライン上での安全を規定した点で評価された一方、草案時には「安全とプライバシー」の比例性に関して多くの議論を呼んだ。特に、事業者に対して個人のメッセージのスキャンを許可し、禁止されているコンテンツへ通信庁（Ofcom）が干渉することを可能にする条項は「スパイ条項」と呼ばれ、通信の秘密を大きく侵害し大量監視を促すものだとしてＮＧＯ[18]からWhatsAppといった企業までが大きく反対し、これらの企業に至っては実際に施行された場合はイギリスを撤退するとまで主張した。[19]結果としてイギリス政府は事業者がコンテンツを確認する条件を緩和し、同社らは現在もイギリス国内でサービスを提供し続けている。また、草案の際に提案された「合法だが有害（lawful but harmful）」なコンテンツへの規制についても有害の定義をめぐり大きく議論が分かれ、現在「合法だが有害」という表現は削除されている。

２０２４年メディア法（Media Act 2024）

ビデオオンデマンド（ＶｏＤ）サービスの規制もイギリスでは長らくの課題であった。イギリス国内にはNetflixやAmazon Prime VideoといったＶｏＤサービスのユーザーが多いにも関わらず、これまでＢＢＣによる配信サービスであるiPlayer以外のＶｏＤサービスはOfcomによる放送綱領における規制の対象ではなかった。[20]放送綱領では、有害または攻撃的な素材、正確性、公平性、プライバシーを含むコンテンツに関する基準を定めているが、ＶｏＤサービスに対する規制は、本社と編集の意思決定機能の両方がイギリスにある場合のみOfcomによって規制されており、ほとんどのＶｏＤサービスは伝統的なイギリスのテレビ番組と同様の規制は受けていない、あるいはイギリス国内では全く規制されていなかった。例えば、２０２２年時点でNetflixはオランダを拠点とするためOfcomによって規制されておらず、オランダにおけるメディア関連の法によって規制されていた。[21]

２０２４年メディア法は、こうしたＶｏＤサービスへの規制を強化したものである。これにより、イギリス国内のユーザーに向けてサービスを提供しているNetflix、Amazon Prime、Disney+といった大手ＶｏＤサービス提供事業者に向けたＶｏＤ綱領が設けられ、放送綱領で定められている編集基準に非常に近い基準が課されることとなる。[22]

デジタル市場、競争及び消費者法（Digital Markets, Competition and Consumers Act 2024）

デジタル市場における市場の競争を確固たるものとするため、２０２４年5月にデジタル市場、競争及び消費者法が可決された。これはデジタル市場において多大な影響を及ぼす企業を戦略的市場地位（strategic market status、

SMS）にあると位置付け、SMS事業者に対して市場の競争を向上させるためにライバルとなる検索エンジンにデータを開示するよう求めるなど、[23]デジタル市場における特定の企業による市場の独占を禁止したものである。

イギリス政府は、これによって中小規模事業者をはじめとするイギリス国内の事業者が大手テック企業から公平に取り扱われ、国内のデジタル分野の成長とイノベーションが促進されることを期待しており、また、消費者にとってもサービスの選択肢が増え、結果として価格が抑えることが見込まれている。

協約すべきか、しないのか、それが問題だ

前章で挙げられている通り、山本教授によれば国家とDPFの関係性は中世の教会と国家の関係性になぞらえ、3つのモデルに分類可能である。これら3つのモデルはそれぞれ、DPFをひとつの政治主体とみなし国家と戦略的協力関係を構築する協約モデル、国家がDPFをコントロールする政情一致モデル、[24]DPFを政治領域から排除し国家による主権を確保する政情分離（ライシテ）モデルである。

ブレグジット後のイギリス政府は、規制を進めるEUとの違いを強調するかのようにグローバルな連帯とイノベーションの推進に注力しており、特にイノベーションやAI開発に関しては研究開発への投資や人材、インフラの提供を積極的に行うと同時に、CMAによる買収差止やデジタル市場、競争及び消費者法の可決など市場の独占に対しては厳格な態度を取っている。

このように、イギリスというリヴァイアサンはDPFの持つリスクと可能性を検討した上で、デジタル空間の安全維持や独占禁止のための法規制を行いつつも、技術や経済の発展にも重きを置いており、DPFに対して服従も敵対もせず一定の戦略的協力関係の構築を目指しているといえるだろう。ビヒモスにおいても、現状はイギリス政府の方針に反発する場合はありつつも、基本的には妥協点を見出して共存しており、さらにイギリス国内のNGOやアドボカシーグループといった市民社会によって、リヴァイアサンとビヒモスの両者に対する監視が行われている。こうした現在のリヴァイアサンとビヒモス、そしてその両者を監視する第三機関の力関係は、協約モデルに近いといえるのではないだろうか。

しかしながら、ブレグジットから5年が経とうとしている今、現在のようなリヴァイアサンとビヒモスの戦略的協力関係の力学が変わっていく可能性もある。2024年に発表された国際金融センター指数によればロンドンは依然として世界第二位の国際金融センターであり、またFintechの中心地としてもロンドンは影響力を保持し続けている一方で、ブレグジットにより多くの企業がEU及びEEA域内に拠点を移すなど、今後リヴァ

イアサンとビヒモスの力関係が変わっていく可能性もある。イギリスが現在と同様の影響力をＤＰＦに与え続けることができるのか、そして現在のような関係性が維持されるのかといった点は今後も注視すべきである。

3 結論

ブレグジット以降、イギリスはＥＵ加盟国の一国から新たな立場を獲得すべく、欧州以外の国とも積極的にパートナーシップを築くようになった。こうしたグローバルな連携を経て、さらなる経済と技術の発展を目指しつつも、規制によって主導権を握り続けている現在のイギリスとＤＰＦの関係は協約モデルに近いといえるが、こうした戦略的協力関係が今後も維持されるような強力な基盤は確固されてはおらず、今後こうした関係性に変化が生じることも十分留意しなければならないだろう。

1 Harcourt, Alison, 'The UK's Role in EU Telecommunications Policy: Brexit and Beyond', *Brexit and the Digital Single Market* (Oxford, 2023; online edn, Oxford Academic, 24 Aug. 2023), https://doi-org.kulEUven.e-bronnen.be/10.1093/oso/9780192899378.003.0004, ２０２４年10月１日閲覧。

2 Ibid., 65-82. および *Communications Liberalisation in the UK* (Department of Trade & Industry, Mar. 2001), https://www.wto.org/english/tratop_e/serv_e/symp_mar02_uk_com_e.pdf, ２０２４年10月１日閲覧。

3 Take Back Control（コントロールを取り戻そう）はブレグジット支持派のスローガン。

4 Vijay Varadharajan, *AUKUS – Cyber Security Aspects*, https://www.newcastle.edu.au/_data/assets/pdf_file/0008/864323/AUKUSCyberSecurityAspectsAAPowerToday.pdf, ２０２４年10月１日閲覧。

5 *International data transfers: building trust, delivering growth and firing up innovation* (Department for Digital, Culture, Media&Sport, Department for Science, Innovation&Technology, 26 August 2021), https://www.gov.uk/government/publications/uk-approach-to-international-data-transfers/international-data-transfers-building-trust-delivering-growth-and-firing-up-innovation, ２０２４年11月11日閲覧。

6 *UK unveils post-Brexit global data plans to boost growth, increase trade and improve healthcare* (Department for Digital, Culture, Media & Sport and The Rt Hon Oliver Dowden CBE MP, 26 Aug. 2021), https://www.gov.uk/government/news/uk-unveils-post-brexit-global-data-plans-to-boost-growth-increase-trade-and-improve-healthcare, ２０２４年10月１日閲覧。

7 Science & Technology Framework (Department for Science, Innovation & Technology, 2023), https://assets.publishing.service.gov.uk/media/6405955ed3bf7f25f5948f99/uk-science-technology-framework.pdf ２０２４年10月１日閲覧。

8 Ibid., 16.

9 Systematic AI safety fast grands では最大８５０万ポンドが支給される」https://www.AIsi.gov.uk/grants, ２０２４年10月１日閲覧。

10 Emma Woollacott「英国でグーグルとＦＢの「独占禁止」本格

化、監視機関を設置へ」（Forbes, 30 Nov. 2020), https://forbesjapan.com/articles/detAll/38445, ２０２４年10月一日閲覧。

11　*Digital Services Tax* (HM Revenue & Customs, 11 Mar. 2020), https://www.gov.uk/government/publications/introduction-of-the-digital-services-tax/digital-services-tax, ２０２４年10月一日閲覧。

12　*The Digital Services Tax* (UK Parliament, 5 Apr. 2023), https://publications.parliament.uk/pa/cm5803/cmselect/cmpubacc/732/report.html#:~:text=The%20Digital%20Services%20Tax%20is%20designed%20to%20tax%20business%20groups,the%20online%20sale%20of%20goods, ２０２４年10月一日閲覧。

13　米MS、英当局のアクティビジョン買収阻止に不服申し立て（REUters, 25 May. 2023), https://jp.reuters.com/article/idUSKBN2XF1ZI/, ２０２４年10月一日閲覧。

14　*Microsoft/Activision Blizzard merger inquiry* (Competition and Markets Authority, 6 Jul. 2022), https://www.gov.uk/cma-cases/microsoft-slash-activision-blizzard-merger-inquiry, ２０２４年10月一日閲覧。

15　*Antitrust: Commission opens investigation into possible anticompetitive conduct by Google and Meta, in online display advertising* (EUropean Comission, 11 Mar. 2022), https://ec.EUropa.EU/commission/presscorner/detAll/en/ip_22_1703, ２０２４年10月一日閲覧。

16　一連の裁判例は以下を参照。Open Rights Group & Anor, R (On the Application Of) v Secretary of State for the Home Department & Anor [2019] EWHC 2562 (Admin) [68], The Open Rights Group & Anor, R (On the Application Of) v The Secretary of State for the Home Department & Anor (Rev2) [2021] EWCA Civ 800 [55]., Open Rights Group & Anor, R (On the Application Of) v Secretary of State for the Home Department & Anor [2021] EWCA Civ 1573 [55]., および the 3 million and Open Rights Group v Home Secretary and others [2023] EWHC 713 (Admin).

17　イギリスとの関連性を有する（has links with the United Kingdom）とは、その事業者の提供するサービスがイギリス国内で相当数のユーザーを含む場合、そのサービスがイギリスをターゲット市場のひとつもしくは唯一のターゲット市場とみなしている場合、もしくはそのサービスが個人によってイギリスで使用される可能であり、かつそれらのコンテンツがイギリス国内の個人に重大な危害が及ぶという重大なリスクがあると合理的な理由によって認められた場合とされており、その定義は広義にわたる。

18　*UK: 'Spy clause' in Online Safety Bill must be addressed before it becomes law* (Amnesty International, 5 Sep. 2023), https://www.amnesty.org/en/latest/news/2023/09/uk-spy-clause-in-online-safety-bill-must-be-addressed-before-it-becomes-law/, ２０２４年10月一日閲覧。

19　An open letter (WhatsApp, 17 Apr. 2023), https://blog.whatsapp.com/an-open-letter, ２０２４年10月一日閲覧。

20　*Government response to the consultation on audience protection standards on video-on-demand services* (Department for Digital, Culture, Media & Sport, 28 Apr. 2022), https://www.gov.uk/government/consultations/audience-protection-standards-on-video-on-demand-services/outcome/government-response-to-the-consultation-on-audience-protection-standards-on-video-on-demand-services, ２０２４年10月一日閲覧。

21　*Does Ofcom regulate Netflix?* (Ofcom, 8 Dec. 2022), https://www.ofcom.org.uk/news-centre/2022/does-ofcom-regulate-netflix, ２０２４年10月一日閲覧。

22　*Media Bill to maximise potential of British TV and radio* (Department for Culture, Media and Sport and The Rt Hon Lucy Frazer KC, 21 Nov. 2023), https://www.gov.uk/government/news/media-bill-to-maximise-potential-of-british-tv-and-radio, ２０２４年10月１日閲覧。

23 *New pro-competition regime for digital markets* (Department for Business &Trade, Department for Science, Innovation & Technology, 21 December 2023), https://www.gov.uk/government/publications/digital-markets-competition-and-consumers-bill-supporting-documentation/a-new-pro-competition-regime-for-digital-markets-policy-summary-briefing, ２０２４年10月１日閲覧。

24 政情一致モデルに関して、国家サイバー戦略２０２２にて「英国は、オープンで相互運用可なインターネットを、世界の繁栄と幸福を支える最良モデルとして擁護する取り組みを行い、権威主義的国家による断片化への圧力やインターネット主権の考え方に抵抗していく」としてイギリスは明確に政情一致モデルに反対している。

II 共生モデル

——アメリカにおけるリヴァイアサンとビヒモス

ドンシェン・ザン*／荒川稜子 訳

２０１３年６月、エドワード・スノーデンによって存在が暴露されたアメリカの大規模な監視プログラムの存在は、どこにでも現れ、民主主義に影を落とす、非常に強力なリヴァイアサンの存在を想起させた。[1] しかし現代の監視国家では、リヴァイアサンは単独で行動せず、有能なビヒモス（影響力のあるＤＰＦやサービスプロバイダーといった民間企業）から大きなサポートを得ている。本章では、アメリカがリヴァイアサンとビヒモスの間に心地の良い協力関係を構築したことで世界をリードした背景を論じたい。近代法の中心的な機能は、民間企業が収集したデータに政府がアクセスすることを規制、そして調停することである。私はこれを「監視国家の共生モデル」と呼ぶことにする。[2] 共生モデルは、リヴァイアサンが自らの装置によって、自らの目的のためにデータを収集し、保存し、加工し、利用するためのたゆまぬ努力を決して否定するものではない。むしろ、リヴァイアサンとビヒモスはともにデータに対する飽くなき欲求を持っている。彼らは協力し合うことで、ともに成長するのだ。

1 コンテクストにおける監視モデル

1890年、サミュエル・ウォーレン（Samuel Warren）とルイス・ブランダイス（Louis Brandeis）がプライバシーの権利に関する画期的な論文を発表した。[3] 主にタブロイド紙と当時の最新技術であったインスタントカメラについて苦言を呈したのだ。[4] 言い換えると、民間アクターに対する苦言である。[5] しかしその半世紀後、イギリスの作家ジョージ・オーウェル（George Orwell）の小説『1984』が、公的アクターである国家、つまり「ビッグブラザー」を標的にすることで、パラダイムを転換させた。[6] これは偶然ではない。小説が出版される3年前の1946年、オーウェルはこう書いている。「1936年以来、私が真剣に取り組んできた作品の一行一行は、直接的あるいは間接的に、全体主義に反対し、民主的社会主義を支持するために書かれたものである」。[7] オーウェルと同様、イギリスの社会学者アンソニー・ギデンズ（Anthony Giddens）もまた、監視と全体主義の間に密接な関係があると睨んでいた。「全体主義は、何よりもまず監視活動に極端に努力を集中」させる。[8] 対照的に、フランスの哲学者ミシェル・フーコー（Michel Foucault）の監視の概念（「パノプティシズム」）はより広範である。[9] フーコーは国家機構を特別ターゲットにしたわけではない。彼の権力と支配の道具としての「規律」についての理論は、国家をはるかに超えるものだった。しかし国家と社会の間には依然として密接なつながりがある。フーコーが「一望監視方式（パノプティシズム）」の章の最後に問いかけた質問こそが、その最も明確な証拠である。「監獄が工場や学校や兵営や病院に似かよい、こうしたすべてが監獄に似かよっても何にも不思議ではないのである。」[10]

オーウェル、ギデンズ、フーコーといった古典の作家たちが現代の論者と異なるのは、彼らが監視について書いていた時代は、市民登録、パスポート、国民IDカード、さらには電報、電話通信といった政府のデータに囲まれていたことだ。[11]ヨーロッパの歴史上、長い間、電信・電話産業は国家が独占しており、[12]民営化されたのは1990年代になってからである。[13]日本も同様に、1872年9月、明治政府は個人の電信を禁止し、1885年5月には電信条例によって政府による電信の独占が宣言された。[14]日本電信電話公社（NTT）は、1999年7月に民営化プロセスが終了するまで、国営企業だった。[15]しかし、ヨーロッパや日本とは異なり、アメリカでは電気通信産業は民間のビジネスであった。したがって、国家と民間産業のバランスを取る必要性は、インターネット時代よりもずっと前から始まっていたのである。

2　アメリカの「ビヒモス」

アメリカでは、電信・電話産業はウエスタンユニオンやAT&Tといった巨大企業、すなわち「ビヒモス」が牽引していた。1870年代から1980年代にかけて、ウエスタンユニオンとAT&Tは、不合理な捜索や押収を禁止する合衆国憲法修正第4条の解釈をめぐって法廷でリヴァイアサンと争っていた。[16]重要なのは、ビヒモスが顧客のプライバシーの権利のために戦っていたわけではないということだ。（例え彼らが顧客のプライバシーのために戦いたいとしてもできなかった）。合衆国最高裁判所は、「憲法修正第4条の権利は個人的な権利（personal rights）であり、……代理的に主張することはできない」と判示した。[17]彼らは自らの利益のために戦っていたが、それがたまたま顧客のプライバシー権と重なったのだ。

（1） ウエスタンユニオン

ウエスタンユニオン電信会社は1851年にニューヨークで設立され、[18]その後、驚異的な成長を遂げた。1871年までに、ウエスタンユニオンは電線の3分の2以上を所有し、全通信の90％を扱っていた。[19]今で言うハイテク大手のように、ウエスタンユニオンは自らを平和と普遍的なコミュニケーションのエージェントとして自負していたのである。[20]しかし、政府から電報の閲覧をたびたび要求されたため、法廷で争うこととなった。その最初のケースが、バブコック判決である。[21]1876年1月、ウエスタンユニオンの社長ウィリアム・オートン（William Orton）は、ウエスタンユニオンが当事者ではない刑事事件で、連邦政府から文書提出令状（subpoena duces tecum）（日本の「勾引状」に似た法的手段）が送達された。本召喚令状はオートンに対し、電報の提出を要求したもので、ウエスタンユニオンはこの召喚令状に抵抗したが、裁判所はこれを執行する判決を下した。この問題は1876年12月に再び脚光を浴びることとなる。ルイジアナ州ニューオーリンズにあるウエスタンユニオンのマネージャーであったエドモンド・W・バーンズ（Edmund W. Barnes）に対し、下院特別委員会に出頭し、選挙詐欺事件に関する「すべての電報」を提出するよう合衆国下院が文書提出令状を発布したからだ。[22] バーンズは委員会の前に姿を現したが、電報の提出を拒否したため、下院司法委員会から法廷侮辱罪に問われた。[23]

1879年4月、セントルイスでも同様の事件が起こった。[24] セントルイスのウエスタンユニオンの地方マネージャーであったE・A・ブラウン（E. A. Brown）に対して、セントルイス刑事裁判所から大陪審での証言と電報の提出を要求する文書提出令状が送達されたのである。ブラウンは電報の提出を拒否したため、法廷侮辱罪に問われたが、彼は上訴し、この訴訟は最終的にミズーリ州最高裁判所に持ち込まれた。[25] 訴訟が進行している間、ウエスタンユニオンは法廷外の専門家を総動員した。ウエスタンユニオンの弁護士ヘンリー・ヒッチコック（Henry Hitchcock）は、1879年8月のアメリカ法曹協会の年次総会で「電報の不可侵性」と題する論文を読みあげ、[26] 1879年12月、シカゴの著名な弁護士ジョン・L・トンプソン（John L. Thompson）は、合衆国上院の特権選挙委員会でウエスタンユニオンの顧問弁護士として証言した。[27] しかし、こうした努力もむなしく終わり、ミズーリ州最高裁判所は、「電信メッセージは秘匿特権付情報（privileged communications）ではない」と宣言している。[28]

(2) AT&T

電話が発明されたのは1876年。[29] 1880年代半ばには、ニューヨークで電話が広く使われるようになっており、[30] 1885年には、アメリカ電話電信会社（AT&T）が設立された。[31] その後、1984年にAT&Tが解体されるまで、同社は電気通信の最大手となった。1895年、ニューヨーク市は犯罪捜査の証拠収集のために電話傍受を開始した。[32] 盗聴が広まっていたのだ。オルムステッド対合衆国事件（1928年）[33]において、合衆国最高裁判所は令状なしの電話傍受（wiretopping）によって得た証拠が憲法修正第4条に違反するかどうかの判断を求められた。AT&Tをはじめとする大手電話会社は、電話傍受に反対する参考意見書（amici curiae briefs）を提出したが、[34] 最高裁判所で同調してくれる者はいなかった。

1970年代、政府は銀行や電話会社などの第三者が保有するデータにアクセスするために、行政召喚状を利用することが多くなった。[35] 報道の自由のための記者委員会（RCFP）対AT&T訴訟（1978年）では、[36] ジャーナリストと新聞社がAT&Tを相手取って集団訴訟を起こし、憲法修正第4条はAT&Tが料金請求記録を法執行機関に引き渡す前の、事前通告を要求していると主張した。AT&Tは1974年3月に通知方針を採用したが、これは召喚後の通知のみを請け負うものであった。[37] 原告側は、この方針は不十分だとみなした。アメリカ連邦政府は被告として参加し、D・C・巡回区連邦控訴裁判所は、AT&Tとアメリカを支持する判決を下した。料金記録は電話会社の所有物であるため、政府が料金記録を閲覧しても憲法修正第4条に違反することはない、というのが判決の主な根拠である。[38]

D・C・巡回裁判所が参考としたのは、ミラー判決（1976年）、[39] 次いでスミス判決（1979年）で最高裁が明示した、「第三者法理（third-party doctrine）」として知られる憲法修正第4条の一般的見解である。[40] 脱税に関するミラー判決では、警察は令状なしに容疑者の銀行から記録を入手した。容疑者は、銀行の記録は自分の「私文書」であると主張したが、裁判所は、「たとえその情報が限定された目的にのみ使用され、第三者への信頼が裏切られないという前提のもとに明らかにされたとしても、憲法修正第4条は、第三者に対して明らかにされ、その第三者から政府当局に伝えられた情報の入手を禁止するものではない」と述べ、この主張を退けた。[41] スミス判決においては、警察は令状なしに電話会社の中央オフィスにペンレジスター装置を設置し、容疑者宅の電話からダイヤルされた番号を記録した。同裁判所は、「当裁判所は一貫して、自発的に第三者に渡した情報にはプライバシーの正当な期待（legitimate expectation）は生じないものと判示してきた」と述べ、この主張を退けた。[42] ミラー判決とスミス判決における第三者法理は、政府が民間企業の保有するデータにアクセスするための効果的な手段となったのだ。これが監視国家の共生モデルの中心的要素である。

3　共生モデルの法的枠組み

1970年代から、民間の電気通信業界とアメリカ政府との共生関係の法的枠組みが形成された。これには以下の3つの要素が含まれる：（1）第三者法理に基づく憲法修正第4条の狭義の解釈、（2）電気通信サービスプロバイダーが保有するデータへの政府アクセスを可能にする制定法上の枠組み、（3）サービスプロバイダーに対する法令による広範な免責。

（1） 憲法修正第4条

議論の余地はあるものの、第三者法理[43]は合衆国対カーペンター事件（2018年）の最高裁判決を通じて、サイバースペースにも拡大されている。[44] この事件では、デトロイトで発生した連続強盗事件を受けて、警察は裁判所の命令により、令状なしにティモシー・カーペンター（Timothy Carpenter）の基地局位置情報（CSLI）を無線通信事業者2社に要求し、有罪判決後、カーペンターは憲法修正第4条に基づきCSLIの証拠排除を求めた。中心的な争点は、カーペンターがCSLIに対してプライバシーの合理的期待を抱いていたかどうかである。第三者法理に従い、警察は彼にはプライバシーの合理的期待は認められないと主張した。というのも、彼はCSLIを携帯電話会社と共有しており、それらのデータは電話会社の業務記録であるからだ。法廷の大多数が政府側の見解に反対したのは、第三者法理を否定したからではなく、第三者法理をどこまで認めるべきかという問題についてであった。

このようなかつてない状況をカバーするために、スミスとミラーの件を拡大解釈することはここではしない。携帯電話の位置情報記録の特殊性を考えると、その情報が第三者によって保持されているという事実だけでは、憲法修正第4条の保護に対する利用者の主張を覆すことはできない。[45]

同裁判所は、位置情報を「まったく別の種類の業務記録」とみなした。[46] 現代技術の持つ微妙な差異を汲み取るために、裁判所は次のように判断した。ワイヤレス通信事業者は「よくある典型的な目撃者ではない。人々の出入りに目を光らせるおせっかいな隣人ではなく、常に警戒態勢を取っており、記憶力もほぼ完璧な目撃者だ。スミスやミラーの事例で扱われた限られた種類の個人情報と、今日ワイヤレス通信事業者が常日頃収集している網羅的な位置情報の履歴とでは、天と地ほどの差がある」。[47]

プライバシー擁護派は試合に勝ったが、勝負には負けたのだ。[48]この勝利は僅差だった。これは過去のCSLIに基づいた判決であり、リアルタイムの基地局位置データやその他のデータに基づくものではなかったからだ。[49]同裁判所は、「われわれは、スミスやミラーの事例の適用を妨げたり、監視カメラのような従来の監視技術や手段を問題視しているわけではない。また、付随的に位置情報を明らかにする可能性のある他の業務記録についても触れない」と主張した。[50]言い換えれば、カーペンター派は、第三者法理をデジタル時代に持ち込み、AT&Tが1970年代に戦ったが成功しなかった原則を確固たるものにしたのである。

(2) 政府のデータアクセスに関する法令

カーペンター事件で、警察は「通信保存法（Stored Communications Act：SCA）」として知られる連邦法の一部である合衆国法典第18編第2703条（d）に基づく裁判所命令に依拠した。[51]それに比べ、令状には「相当な理由（probable cause）」が必要であり、裁判所命令よりも高い基準が求められる。[52]SCAは、1986年に1986年電子通信プライバシー法（Electronic Communications Privacy Act：ECPA）のタイトルIIとして制定された。[53]1986年のECPAは、1980年代の司法省と電気通信業界および個人情報保護団体との壮大な交渉を反映したものであった。[54] これは、1984年にAT&Tが解体され、携帯電話サービスや電子メールといった新しいテクノロジーが重要な意味を持つようになった時期とかなり近い。SCAは憲法修正第4条の令状主義を弱体化させた。つまり、第2703条に基づき、異なる法的手段によって法執行機関が通信内容や加入者データにアクセスできる枠組みを作ったのだ。[55] 過去180日以内に録音された通信内容へのアクセスには、令状が必要という最も厳しいルールがあった。[56] コンテンツ以外のデータへのアクセスについて、第2703条(c)は法執行機関に最大限の柔軟性を与えた。令状、行政召喚状、大陪審召喚状、裁判所命令のいずれも十分であるとしたのである。[57] 時を経て、インターネット、ソーシャルメディア、データマイニングの台頭により、コンテンツ以外のデータは、ユーザーのプライバシーを明らかにする上でますます不可欠なものとなった。しかし、第2703条に基づく政府のデータアクセス権は、一連の連邦法によってさらに強力なものとなった。

その最初の動きが、1994年の「捜査当局等に対する通信傍受支援法(Communication Assistance for Law Enforcement Act : CALEA)」である。[58] CALEAは、電気通信事業者に対し、政府にすべての有線および電子通信を傍受できる能力を付与するよう求めた。[59] また、第2703条(c)が改正され、政府が行政召喚状や大陪審召喚状を用いて、氏名、住所、電話料金請求記録などの加入者情報にアクセスできるようにした。[60] 2つ目の大きな動きは、2001年の米国愛国者法で、[61] 第2702条によって任意開示が拡大し、[62] 第2703条に基づく開示が義務付けられた。[63] 2015年、オバマ政権時代に米国自由法が成立したが、[64] その改革は、国内法執行機関のデータへのアクセスについてではなく、対外的な諜報活動に関するものだった。

（3）１９９６年通信品位法

通信品位法（「Communication Decency Act：ＣＤＡ」）第２３０条は、当初１９９６年に電気通信法のタイトルⅤの一部として制定された[65]。１９９５年にＣＤＡが提案されたとき、ジェームズ・エクソン（James Exon）上院議員は主にオンラインポルノについて懸念していたが[66]、１９９７年６月、連邦最高裁判所は、憲法修正第１条の言論の自由を侵害しているとして、同法の一部を破棄した[67]。その結果、第２３０条は次のような２３０（ｃ）（１）となった。「双方向コンピュータ・サービスの提供者または利用者は、他の情報コンテンツ提供者が提供する情報の所有者または発言者として扱われてはならない」[68]。時を経て、第２３０条は、インターネットサービスプロバイダーが民事責任を問われない一般的な免責であると裁判所に解釈されている[69]。

第２３０条は広く疑問視されているものの、いまだそのままである。フォース対Facebook事件（２０１９年）では[70]、イスラエルでハマスによるテロ攻撃を受けたアメリカ人が、Facebookを始めとするデジタルプラットフォームは、テロ関連のコンテンツを推奨するように設計されているアルゴリズムに対して責任を負うべきだと訴えた。第２巡回区連邦控訴裁判所はこの請求を棄却し、第２３０条に依拠して次のように述べた：

このようなアルゴリズムによって、Facebook のユーザーに他のコンテンツを並べて表示しているだけであり……Facebook 社がそのコンテンツの「開発者」または「作成者」としての責任を負うには十分ではない。[71]

その2年後、ゴンザレス対 Google 事件（2021年）で同様の問題が第9巡回区連邦控訴裁判所に持ち込まれた。[72] 第9巡回区は、フォース事件の第2巡回区の見解と同様に、Google を支持する判決を下した。この訴訟は最終的に最高裁に持ち込まれたが、最高裁は別の理由で第9巡回区の判決を破棄し、第230条の問題は未解決のまま残されている。[73]

4　ソーシャルメディア時代のビヒモス

9月11日の同時多発テロ以降、電気通信事業者やインターネットサービスプロバイダーは、政府との協力関係をより求められるようになった。[74] その数年後、我々はAT&Tが国家安全保障局（NSA）の協力的なパートナーであることを知った。顧客の膨大な量の電話やインターネット情報を自主的に提供していたのだ。[75] ソーシャルメディアの時代になっても、ビヒモスはリヴァイアサンと戦い続けているが、共生モデルの方がより定着しているため、交渉の余地ははるかに少ない。

カーペンター訴訟では、Airbnb、Apple、Box、Cisco Systems、Dropbox、Facecook、Google、Microsoft、Snap、Twitter、Verizon などのテック企業が、「デジタルデータに対する憲法修正第4条の保護は強固で

あるべきだ」と主張する共同参考意見書を提出した。[76]テック企業は、特に第三者法理は「デジタル技術の文脈ではほとんど意味をなさず、プライバシーの合理的な期待について、より緻密な理解に従うべきだ」と訴えている。[77]

ＳＣＡの枠組みの中で、テック企業は限界に挑み続けた。２０１０年３月、幅広い市民的自由を求める団体、シンクタンク、テック企業らが「デジタル・デュー・プロセス連合（ＤＤＰＣ）」[78]を結成し、議会にＳＣＡの改革を迫った。特に、政府がサービスプロバイダー保有のデータにアクセスする際、捜査令状を必要とするよう議会に要求したが、[79]その望みは達成されなかった。マイクロソフト・メール事件[80]で、Microsoft社は、令状はアメリカ領土外に保存されたデータには及ばないという理由から、２７０３条に基づいて発行された令状に異議を申し立てた。第２巡回区はこれに同意したが、[81]議会は米国クラウド法[82]を制定することによって、「当該プロバイダーが所有、保管、管理する範囲内の加入者情報は、当該通信、記録、その他の情報がアメリカ国内にあるか国外にあるかにかかわらず」[83]開示が必要であることを明確にしている。

分断されたアメリカでは近年、不正選挙、ＣＯＶＩＤ-19実験室流出説、ワクチンの副作用、ハンター・バイデンのノートパソコン事件など、コンテンツ検閲に関する論争が激化している。２０２０年５月、トランプ大統領は「オンライン検閲」をターゲットにした大統領令を発令し、[84]大統領令に対する異議は棄却された。[85]２０２１年７月、フロリダ州は大規模なソーシャルメディアプラットフォームが選挙候補者をデプラットフォーム（プラットフォームからの排除）することを禁止する法律を可決した。[86]同様に、２０２１年９月、テキサス州は、ソーシャルメディアプラットフォームが自社の視点に基づいてユーザーを検閲することを禁止する法律を可決した。[87] どちらの法律も法廷で争われており、どちらも最高裁に提訴されている［２０２３年10月現在］。その他の対策はより控えめだ。ＤＰＦ上での民事捜査は憲法修正第１条違反となるか？[88] 国務長官がツイッターでツイートにフラグを立てるのはどうだろう？[89]「誤情報」に対するホワイトハウスの圧力は憲法修正第１条違反にあたるのか？[90] これらはどれも重要な問いかけであり、最高裁に対する／最高裁からの回答が、近い将来リヴァイアサンとビヒモスのパワーバランスを形成するだろう。

5 結論

監視社会論を展開する古典的な作家の中でも、アンソニー・ギデンズは監視を全体主義国家に特有のものとは考えていなかった。１９８０年代初頭に執筆したギデンズは、民主主義国家における福祉分配のためにも監視が必要であるという意見に警鐘を鳴らしていた。[91] おそらくギデンズは、監視は民主主義国家を全体主義国家へと変貌させる手段として機能する可能性さえあると感じており、このような警告を発していた「全体主義は、近現代国家の明確な傾向特性である、と私は主張したい」。[92] しかしどのようにそうなっていくのかについては説明していない。１９８５年に彼の本が出版された直後、監視国家の共生モデルの基礎を築いた１９８６年の通信保存法がその答えを示していることに、彼は気づいていなかった。

【注】

* ワシントン大学ロースクール准教授。

1 Glenn Greenwald, *No Place to Hide: Edward Snowden, NASA, and the U.S. Surveillance State* (Metropolitan Books 2014); Barton Gellman, *Dark Mirror: Edward Snowden and the American Surveillance State* (Penguin 2020).

2 3つの法律分野における共生モデルについては、別途詳しく検討している。以下を参照のこと。Dongsheng Zang, 'Telegram, Telephone and the Internet: Making of the Symbiotic Model of Surveillance States' [2023] 40 Ariz J Int'l & Comp L 1.

3 Samuel Warren and Louis Brandeis, 'The Right to Privacy' [1890] 4 Harv L Rev 193.

4 Brandeis の論文の歴史的背景については、以下を参照のこと。Jeffrey Rosen, *Louis D Brandeis: American Prophet* (Yale University Press 2016), 40-42; James H Barron, 'Warren and Brandies, "The Right to Privacy" [1890] 4 Harv L Rev 193: Demystifying a Landmark Citation' [1979] 13 Suffolk U L Rev 875.

5 1890年の Warren-Brandeis の論文以降、1960年代までのアメリカにおけるプライバシー訴訟は、主に不法行為法の枠組みで行われた。以下を参照のこと。William L. Prosser, 'Privacy' [1960] 48 Calif L Rev 383. 19世紀のフランスにおけるプライバシー訴訟も同様であった。以下を参照のこと。Wenceslas J Wagner, 'The Development of the Theory of the Right to Privacy in France' [1971] 1971 Wash U LQ 45; Wenceslas J Wagner, 'The Right to One's Own Likeness in French Law' [1970] 46 Ind LJ 1.

6 George Orwell, *1984* (Secker & Warburg 1949).

7 George Orwell, 'Why I Write' (1946), in George Packer (ed), *Facing Unpleasant Facts: Narrative Essays* (Mariner Books 2008) 224-31, at 229 (emphasis in original).

8 Anthony Giddens, *The Nation-State and Violence* (University of California Press 1985) 303. 訳は、アンソニー・ギデンズ(松尾精文・小幡正敏訳)『国民国家と暴力』(而立書房、1999年)346頁に依拠した。

9 Michel Foucault, *Discipline and Punish: The Birth of the Prison*（Alan Sheridan trans 1977, 1975）, 195-228.

10 ibid 228. 訳は、ミシェル・フーコー（田村俶訳）『監獄の誕生―監視と処罰』（新潮社、２０２０年）２６０頁に依拠した。

11 John Torpey, *The Invention of the Passport: Surveillance, Citizenship, and the State*（Cambridge 2000）. Daniel J. Solove 教授は、ビッグ・ブラザー・モデルは「データベース問題の最も重要な次元を捉えていない」と考えた。Daniel J Solove, 'Privacy and Power: Computer Databases and Metaphors for Information Privacy' [2001] 53 Stan L Rev 1393, 1399.

12 Mila Davids, 'The Relationship Between the State Enterprise for Postal, Telegraph and Telephone Services and the State in the Netherlands in Historical Perspective'（1995）24 [1] *Bus. & Econ. Hist.* 194, 196; Jean-Michel Johnston, *Networks of Modernity: Germany in the Age of the Telegraph*, 1830–1880（Oxford 2021）. イギリスでは、電信は１８３８年に民間企業によって始められたが、１８７０年にイギリスの郵便局によって国営となった。以下を参照のこと。Hugo Richard Meyer, *The British State Telegraphs: A Study of the Problem of a Large Body of Civil Servants in a Democracy*（The Macmillan Company 1907）75; Simone Fari, *Victorian Telegraphy Before Nationalization*（Palgrave Macmillan 2015）.

13 Johan From and Kjell A Eliassen, *The Privatization of European Telecommunications*（Routledge 2007）.

14 J Morris, 'Telegraphs in Japan' [1881] 10 J of the Soc'y of Telegraph Engineers and of Electricians; Shinjiro Mayeda, *Outlines of the History of Telegraphs in Japan*（1892）27.

15 Marie Anchordoguy, 'Nippon Telegraph and Telephone Company（NTT）and the Building of a Telecommunications Industry in Japan' [2001] 75 Bus Hist Rev 507, 531.

16 憲法修正第４条はこう規定している：

「不合理な捜索および押収または抑留に対し、身体、家屋、書類および所有物の安全を保障されるという人民の権利は、破られてはならない：令状は、宣誓または確約によって根拠づけられた・相当な理由に基づいてのみ発せられるべきであり、かつ、捜索されるべき場所および抑留されるべき人または押収されるべき物件を特定して示しているものでなければならない」（アメリカ合衆国憲法修正第４条）。訳は田中英夫（編集代表）『ＢＡＳＩＣ英米法辞典』（東京大学出版会、１９９３年）２３１頁に依拠した。

17 *Alderman v United States* 394 US 165, 174（1969）.

18 創業時の社名はニューヨーク・アンド・ミシシッピ・バレー・プリンティング・テレグラフ・カンパニーで、エリー・アンド・ミシガン・テレグラフ・カンパニーとの合併後、１８５６年にウエスタンユニオン・テレグラフ・カンパニーという社名が採用された。以下を参照のこと。James D Reid, *The Telegraph in America: Its Founders Promoters and Noted Men*（Derby Brothers 1879）464-67; Joshua D Wolff, *Western Union and the Creation of the American Corporate Order, 1845–1893*（Cambridge 2013）.

19 Richard B du Boff, 'The Telegraph in Nineteenth-Century America: Technology and Monopoly' [1984] 26 Comp Stud Soc & Hist 571.

20 Richard R John, 'Private Enterprise, Public Good?: Communications Deregulation as a National Political Issue, 1839-1851,' in Jeffrey L Pasley, Andrew W Robertson and David Waldstreicher（eds）, *Beyond the Founders: New Approaches to the Political History of the Early American Republic*（University of North Carolina Press 2004）328-54.

21 *United States v Babcock* 24 FCas. 908（CCED Mo 1876）.

22 5 Cong Rec 352（21 December 1876）.

23 5 Cong Rec 602（12 January 1877）.

24 *Ex parte Brown* 7 Mo App 484（St Louis Court of Appeal 1879）.

25 *Ex parte Brown* 72 Mo 83（1880）.

26 Henry Hitchcock, 'The Inviolability of Telegrams' [1879] 5 South L Rev 473.

27 US Cong, Reports of Committees of the Senate of the United States for the First and Second Sessions of the Forty-sixth Congress 1879-80（1880）.

28 *Ex parte Brown* 72 Mo. 83, at 90（1880）.

29 Alvin Fay Harlow, *Old Wires and New Waves: The History of the Telegraph, Telephone, and Wireless*（D. Appleton-Century Company 1936）356–60.

30 ibid 394.

31 ibid 398; NR Danielian, *AT&T: The Story of Industrial Conquest*（Vantage Books 1939）12.

32 Brian Hochman, *The Listeners: A History of Wiretapping in the United States*（Harvard University Press 2022）59.

33 *Olmstead v United States* 277 US 438（1928）.

34 この中には、太平洋電話電信会社、アメリカ電話電信会社（AT&T）、ユナイテッド・ステート・インディペンデント・テレフォン・アソシエーション、トライステート電話電信会社が含まれている（ibid 452）。

35 Donald RC Pongrace, 'Requirement of Notice of Third-Party Subpoenas Issued in SEC Investigations: A New Limitation on the Administrative Subpoena Power' [1984] 33 Am U L Rev 701 (Comment).

36 *Reporters Committee for Freedom of Press v AT&T* 593 F2d 1030 (DC Cir 1978), *cert. denied*, 440 US 949 (1979).

37 ibid 1038.

38 ibid 1045 (emphasis added).

39 *United States v Miller*, 425 US 435 (1976).

40 *Smith v Maryland*, 442 US 735 (1979).

41 *Miller* (n 39) 443.

42 *Smith* (n 40) 743–44.

43 Orin S Kerr, 'The Case for the Third-Party Doctrine' [2009] 107 Mich L Rev 561; Orin S Kerr, 'Defending the Third-Party Doctrine: A Response to Epstein and Murphy' [2009] 24 Berkeley Tech LJ 1229; Erin Murphy, 'The Case against the Case for Third-Party Doctrine: A Response to Epstein and Kerr' [2009] 24 Berkeley Tech LJ 1239.

44 *United States v Carpenter* 585 US 296, 138 SCt 2206 (2018).

45 138 SCt 2206, 2217.

46 ibid 2222.

47 ibid 2219.

48 Alan Z Rozenshtein, 'Fourth Amendment Reasonableness after *Carpenter*' [2019] 128 Yale LJ F 943, 952（いわく、「第三者法理は……絶望的な欠陥があり、完全に放棄しないまでも、幅広く削減されるべきだ」）。しかし、より多くの論者はカーペンター判決を歓迎、賞賛した。以下を参照のこと。Paul Ohm, 'The Many Revolutions of *Carpenter*' [2019] 32 Harv J L & Tech 357; Susan Freiwald & Stephen Wm Smith, 'The *Carpenter* Chronicle: A near-Perfect Surveillance' [2018] 132 Harv L Rev 205.

49 *Carpenter*（n 44）2220（「今回の判断は非常に狭義のものである。リアルタイムCSLIや「タワーダンプ」（特定の間隔で特定のセルサイトに接続したすべてのデバイスの情報をダウンロードすること）など、我々の目の前にない事項については見解を示さない」）。

50 ibid 2220.

51 Stored Communication Act（“SCA”）, 18 USC §§ 2701 et seq.

52 *Carpenter*（n 44）2221（「通信保存法に基づき発行された裁判所命令で、政府は、記録が「進行中の捜査に関連し、かつ重要である」と信じる「合理的な根拠」を示す必要があった（18 USC § 2703（d））。この提示は、令状に必要な相当な理由を十分にみたしていない」）。

53 Electronic Communications Privacy Act（“ECPA”）of 1986, PL 99-508（21 October 1986）100 Stat 1848.

54 ＥＣＰＡの立法経緯については、以下を参照のこと。S Rep No 99-541（1986）; Priscilla M Regan, *Legislating Privacy: Technology, Social Values, and Public Policy*（University of North Carolina Press 1995）109-43（on the legislative process of ECPA）; Orin S Kerr, ‘A User’s Guide to the Stored Communications Act, and a Legislator’s Guide to Amending It’ [2004] 72 Geo Wash L Rev 1208; Deirdre K Mulligan, ‘Reasonable Expectations in Electronic Communications: A Critical Perspective on the Electronic Communications Privacy Act’ [2004] 72 Geo Wash L Rev 1557. 警察に通信傍受の権限を与えた最初の連邦法は、一九六八年犯罪防止・街頭安全総合法（Omnibus Crime Control and Safe Streets Act of 1968, PL 90-351, 82 Stat 197（1968 June 19））であり、これは 34 USC § 10101 et seq（2020）に法典化されている。一九六八年法は、私人による電話傍受を違法とし（§802, 82 Stat 213）、許可された盗聴には連邦裁判官による捜索令状が必要である（§802, 82 Stat 216）。ＥＣＰＡは令状要件を緩和することで、警察に大きな権限を与えた。

55 Sec. 201, ECPA（n 53）100 Stat 1860. オレン・バーギル（Oren Bar-Gill）とバリー・フリードマン（Barry Friedman）の見解はＳＣＡのケースに当てはまる。以下を参照のこと。Oren Bar-Gill and Barry Friedman, ‘Taking Warrants Seriously’ [2012] 106 Nw U L Rev 1609, 1620（「理論の上では、警察は捜索の前に令状を取らなければならないというルールだが、現実には、令状要求の例外がそのルールを食いつぶしてしまっている」）。しかし、もうひとつの学派は、憲法修正第４条を「令状要件」とは見ていない。以下を参照のこと。Akhil Reed Amar, ‘Fourth Amendment First Principles’ [1994] 107 Harv L Rev 757, 759（「令状、相当な理由、証拠の排除を要求しているわけではないが、すべての捜索と押収が合理的であることを要求している」）。

56 Sec 201, ECPA（n 53）100 Stat 1861、§2703（a）として法典化。

57 Sec 201, ECPA（n 53）100 Stat 1862、§2703（c）（1）（B）として法典化。

58 Communications Assistance for Law Enforcement Act（“CALEA”）of 1994, PL. No. 103-414,（25 October 1994）108 Stat. 4279, 47 U.S.C. §§ 1001-10（2020）として法典化。立法経緯については以下を参照のこと。Susan Freiwald, ‘Uncertain Privacy:

Communication Attributes after the Digital Telephony Act' [1996] 69 S Cal L Rev 949; Lillian R BeVier, 'The Communications Assistance for Law Enforcement Act of 1994: A Surprising Sequel to the Break Up of AT&T' [1999] 51 Stan L Rev 1049.

59 Sec 103, CALEA, codified as 47 USCA § 1002（1998). リリアン・R・ベヴィア（Lillian R BeVier）教授いわく、「ＣＡＬＥＡは、単に技術的に後押しされた法的進化の次の段階というわけではない。それどころか、「妥協」を主張する利益と規制を求める業界の性質と規模、公共部門の問題に対して民間部門の解決策を強制しようとしている規模感、そして電気通信ネットワークの設計を政府がコントロールする足がかりを与えるという点で、この法律はパラダイムシフトなのである」。BeVier（n 58）1102-03.

60 Sec 207, CALEA, 108 Stat 4292, codified as 18 USCA § 2703（c)（2)（2019).

61 Uniting and Strengthening America by Providing Appropriate Tools Required to Intercept and Obstruct Terrorism Act（"USA Patriot Act"）of 2001, PL. No 107-56, 115 Stat 272（October 26, 2001).

62 Sec 212, USA Patriot Act, 115 Stat 284.

63 Sec 212, USA Patriot Act, 115 Stat 285.

64 Uniting and Strengthening America by Fulfilling Rights and Ensuring Effective Discipline over Monitoring Act of 2015（"USA Freedom Act"), PL No 114-23, 129 Stat 268（2 June 2015).

65 Telecommunications Act of 1996, PL 104-104, § 230, 110 Stat 56, 137-39.

66 Robert Cannon, 'The Legislative History of Senator Exon's Communications Decency Act: Regulating Barbarians on the Information Superhighway' [1996] 49 Fed Commc'ns LJ 51, 53; Vikas Arora, 'The Communications Decency Act: Congressional Repudiation of the "Right Stuff"' [1997] 34 Harv J on Legis 473, 474（Note).

67 *Reno v ACLU*, 521 US 844, 849（1997).

68 47 USC § 230（c)（1).

69 Dongsheng Zang, 'Revolt against the U.S. Hegemony: Judicial Divergence in Cyberspace' [2021] 39 Wisconsin Int'l L. 1, 43-56 (examining negligence standards for service providers in the laws of British Commonwealth countries, the European Union, Japan and China).

70 *Force v Facebook Inc*, 934 F.3d 53, 74（2nd Cir 2019).

71 ibid 70.

72 *Gonzalez v Google*, 2 F4th 871, 888（9th Cir 2021）, *vacated on other grounds, Gonzalez v Google*, 598 US 617（2023）, *Twitter v Taamneh*, 598 US 471（2023）.

73 Adam Liptak, 'Supreme Court Delivers 2 Wins to Tech Giants: Legal Shield for Users' Posts Holds, for Now' *NY Times*,（19 May 2023）A1.

74 Albert Gidari Jr, 'Companies Caught in the Middle' [2007] 41 USF L Rev 535, 541（「政府はもはや、遅延したり、議論したり、プロセスを見直したり、文句を言ったり、拒否するようなサービス提供者に対して我慢はしない」）。以下を参照のこと。David Lyon, *Surveillance After September 11*（Wiley 2003）; Charles H Kennedy and Peter P Swire, 'State Wiretaps and Electronic Surveillance after September 11' [2002–2003] 54 Hastings LJ 971.

75 2006年5月、これはニューヨーク・タイムズ紙に、よって初めて明らかにされ、その後、加入者はAT&Tを相手取って訴訟を起こした。以下を参照のこと。Hepting v AT&T, 439 FSupp2d 974（ND Calif 2006）*remanded by the Nineth Circuit on appeal*, *Hepting v AT&T*, 539 F3d 1157（9th Cir 2008）; *In re National Security Agency Telecommunications*, 671 F3d 881（9th Cir 2011）*cert. denied*, *Hepting v AT&T*, 568 US 958（2012）. Jon D Michaels, 'All the President's Spies: Private–Public Intelligence Partnerships in the War on Terror' [2008] 96 Calif L Rev 901, 912.

76 Brief for Technology Companies as *Amici Curiae* in Support of Neither Party（No 16-402）, Aug. 14, 2017, 2017 WL 3530959（US）（Appellate Brief）.

77 ibid 1-2.

78 Miguel Helft, 'A Wide Call To Improve Web Privacy' *NY Times*,（31 March 2010）B1.

79 'Our Principles' *Digital Due Process* 〈https://digitaldueprocess.org/our-principles/〉 accessed 1 November 2023. 提案に対するコメントについては、以下を参照のこと。Orin S Kerr, 'The Next Generation Communications Privacy Act' [2014] 162 U Pa L Rev 373, 386-90.

80 *In the matter of a Warrant to Search a Certain Email Account Controlled and Maintained by Microsoft Corporation* 829 F3d 197（2nd Cir 2016）*vacated and remanded* by the Supreme Court in *United States v Microsoft* 585 US __, 138 S.Ct. 1186（2018）.

81 第2巡回区の判決は、法解釈の規範である「域外適用に対する推定」に基づいている。しかし、ペンシルベニア州連邦地裁は、同様のケースである *In re Search Warrant No 16-960-M-01 To Google*, 232 FSupp3d 708（ED Pa 2017）で異なる結論に達した。以下を参照のこと。Paul M Schwartz, 'Legal Access to the Global Cloud' [2018] 118 Colum L Rev 1681.

82 The Clarifying Lawful Overseas Use of Data Act or CLOUD Act（HR 4943), Division V of the Consolidated Appropriations Act, 2018, PL 115-141, 132 Stat 348（23 March 2018).

83 Sec 103, CLOUD Act, 132 Stat 1213-14, codified as 18 U.S.C. § 2713. Tim Cochrane, 'Hiding in the Eye of the Storm Cloud: How Cloud Act Agreements Expand U.S. Extraterritorial Investigatory Powers' [2021] 32 Duke J Comp & Intl L 153.

84 Executive Order No 13, 925, 85 Fed Reg 34, 079（28 May 2020).

85 法廷に持ち込まれた事例は2件。ひとつは、*Rock the Vote v Trump*, No 20-cv-06021-WHO 2020 WL 6342927（ND Calif. 29 Oct. 2020）である。もうひとつは、*Center for Democracy & Technology v Trump*, 507 FSupp3d 213（DDC 2020）の控訴がコロンビア特別区控訴裁判所により無効として棄却された、*Center for Democracy & Technology v Trump*, No. 21-5062 2021 WL 11659822（DCC 2021 年8月9日）である。両事件とも、原告の予備的差止命令は、3条適格を満たすための「事実上の損害」を立証できなかったとして却下された。

86 Florida Senate Bill 7072, adopted by the Florida Legislature（1 July 2021）Chapter No 2021-32 詳細は以下から入手可。〈https://www.flsenate.gov/Session/Bill/2021/7072/〉 accessed 1 November 2023, *NetChoice LLC v Attorney General Florida*, 34 F4th 1196（11th Cir 2022)（予備的差止命令を認めた下級審判決を支持）*vacated and remanded, Moody v NetChoice*, 144 SCt 2383（2024).

87 2021年9月9日、グレゴリー・ウェイン・アボット・テキサス州知事は下院法案20号に署名した。詳細は以下から入手可。〈https://capitol.texas.gov/BillLookup/Text.aspx?LegSess=872&Bill=HB20〉 accessed 1 November 2023.*NetChoice LLC v Paxton* 49 F4th 439（5th Cir 2022)（下級審の予備的差止命令を取り消し、テキサス州西部地区連邦地裁に差し戻し）*vacated and remanded, Moody v NetChoice* 144 SCt 2383（2024).

88 *Twitter Inc. v. Paxton* 56 F4th 1170（9th Cir 2022)（テキサス州司法長官の民事調査請求は運営者の言論の自由の侵害にあたるというツイッター社の主張を棄却した）。

89 *O'Handley v Weber* 62 F4th 1145（9th Cir 2023)（ツイッターとカリフォルニア州長官との協力関係を主張する政治評論家の訴えを却下した下級審判決を支持）。

90 *Missouri v Biden* 83 F4th 350（5th Cir 2023)（ホワイトハウスが米国公衆衛生総局（Surgeon General's office）と協調して行動し、威圧的なメッセージや不利な結果をもたらすという脅しによって、プラットフォームにモデレーションの決定をするよう強要した可能性が高く、また、プラットフォームの意思決定プロセスを強制徴用することによって、プラットフォームの決定を著しく促した可能性が高く、いずれも憲法修正第1条に違反すると認定）reversed and remanded, *Murphy v Missouri*, 144 S.Ct. 1972（2024）。

91 Giddens（n 8）309. 訳は、ギデンズ・前掲注（8）337頁に依拠した。

92 ibid 295. 1979年、英国高等法院は、令状なしの警察による盗聴は英国法違反ではないとの判決を下した（以下を参照のこと。*Malone v Metropolitan Police Commissioner (No 2)*, [1979] EWHC 2（Ch）, [1979] Ch. 344, [1979] 2 All ER 620）。欧州人権裁判所は、欧州人権条約違反を認めた。*Malone v the United Kingdom*, Judgment（Merits）, App No 8691/79（A/82）, [1984] ECHR 10.

Ⅲ　中国：主権の変容
——デジタル魔獣世界と法秩序のイノベーション

季　衛東

1　主権リヴァイアサンとその制約

西欧式近代化は、主権国家体制の形成に象徴される。国家は、主権という理念によってほとんど無制限の権力を享受し、まるですべてを支配できる魔神のようになった。ホッブズは、このような主権国家を「リヴァイアサン」——至上の神霊——と名付けた。しかし、無制限の権力を持つ「主権リヴァイアサン」（The Sovereign Leviathan）は、実際上、個人にとって非常に危険をはらんだものであると認めなければならない。

ますます強くなる主権リヴァイアサンを制御するためには、法制度によって個人の自由と権利の保障を強化する必要がある。そこで西欧では、神聖かつ不可侵なものとしての財産権および人権の両輪で動く近代的法治主義によって国家権力を制限し、平等に自由を保障することによってこそ国家権力を正当化したのである。このような理念の遂行は西ヨーロッパないしすべての国における制度変遷の基本的傾向となってきた。そして、17世紀後半から20世紀後半までの300年間、近代的法治秩序はなお主権国家という制度に基づいていた。

一方、歴史的な要因によって、西欧型近代法秩序が中国の前に姿を現したとき、それが具体的に提供したのは不平等条約と治外法権であり、価値中立的で公平なものではなかった。その結果、非常に強い被害者意識や、断固として国家主権を守ろうとする傾向も生まれやすくなった。実際、第二次世界大戦後に植民地支配から脱却した多くの新興国は、中国と同じように自主独立を強く目指すなかで、近代化の推進と国家主権の擁護とを密接に結びつけていた。

別の角度から見れば、国際的力関係が極めてアンバランスになっている状態では、主権だけが民族のアイデンティティや文化・伝統の多様性を守るための砦になる。いったん主権国家体制が崩壊すると、弱小国家が唱えてきたいわゆる価値の共生や文明間の対話は机上の空論になりかねない。それだけではなく、サミュエル・ハンチントンが予言したような「文明の衝突」にも繋がりかねない。中国や第三世界の多くの国々では、国家主権を守ろうとする主張と、法治主義を通じて主権というリヴァイアサンを手なずけようとする主張との間に、緊張関係が不可避的に生じることになる。そして、両主張のバランスは常に適切に保たれているとは限らず、むしろ多くの場合、国家主権を守ろうとする主張が圧倒的に優位で強大である。

2　20世紀末以降、主権の変容を促す4つの力

ドイツのナチス政権が自国のユダヤ人を残虐に取扱い、ひいては大量殺戮まで行った経緯や、一部の国々の内部で起こった民族浄化や政治粛清の現象は、主権の強大化が人権の抑圧につながる可能性と専制政治の危険性を示すに余りある歴史的事実であった。それゆえ、第二次世界大戦終結後、人権保護を国際的に推進する意義が広く認識されるようになった。そして、国際的な人権保護の動きは、多かれ少なかれ主権相対化の種をまくことになった。その延長線上で、1990年代の積極的な人権外交、2000年代の巨大DPFの台頭、2010年代の「アルゴリズミック権力」によるナッジ、そして2020年代の大規模言語モデルと生成AIという4つの力が主権の変容を推進してきた。本稿では、後者3つの点、つまり、IoT（Internet of Things）、AIoTおよびAIGCに限定して検討することにしよう。これらの点は、いずれもデジタル情報技術の高度化及び応用の普及に伴う問題である。

（1）「巨大DPF」という怪獣からの挑戦

1990年に誕生したインターネットを皮切りに、パソコンや携帯電話の機能が次第に拡張されていくと、人々のコミュニケーションはより活発なものとなり、相互関係もより緊密になった。インターネ

ットにおける人々のコミュニケーションを促進し、そのコンテンツをより充実化するため、アメリカ連邦議会は1996年に「米国通信基準法」を改正し、その230条でインターネット利用者が投稿した情報に対するDPFの責任を免除した（誹謗中傷免責の枠組み）。[1] 2000年前後、アメリカはさらに「デジタルミレニアム著作権法（DMCA）」を制定し、検索エンジン、オンラインストレージ、オンラインライブラリーなどに対して、著作権責任からDPFを守るために［ユーザーによる著作権侵害コンテンツの投稿について、サイト運営者などが免責される］告知と撤回の手続を樹立した。[2] さらに、アメリカの裁判所は法律内容の拡大解釈を通じて、責任免除の枠組みを著作権とは別の領域にまで適用した。こうした法規制による保護のもと、発展初期においてアメリカのプラットフォームには、開発や利用といった面での発展にとって極めて良好な条件が整っていたといえよう。

告知と撤回の手続は、すなわちDPFを免責することであり、デジタル情報技術、特にDPFについて免責を適用することは、巨大DPFが東インド会社や現代の巨大多国籍企業と同じように「準主権性」をもつことを暗示しているように思われる。このような法的条件の下で、インターネット上のコミュニケーションは非常にダイナミックなものとなり、あらゆる種類のデータの形成と蓄積につながった。そして、インターネットの活用価値はたえず向上し、ついには真の情報革命を引き起こしたのである。同時に、「インターネット＋α」のアプローチを通じて、IoT（モノのインターネット）、モバイル通信、ビッグデータ、クラウドコンピューティング、AI（人工知能）システム、機械学習、ロボット工学、自動化などが発展し、産業構造やイデオロギーに深刻な変化をもたらした。そして、これら多領域における発展がデジタル経済に数多くのイノベーションを引き起こしたのである。
データのもつ価値の発見とその商業的利用がすすむにつれて、インターネット企業はコンピュータのコードと技術仕様に基づく規制権を意識的に利用しながら、その商業的競争力を強化しはじめた。その運営モデルも従来の情報仲介機構からオンラインコミュニティ管理機構へと転換した。その結果、巨大DPFが急速に台頭し、ついにデジタル経済に力関係の格差と独占状態が出現して現在に至る。このような電子商取引やテクノロジーの「プラットフォーム・ビヒモス」(platform behemoths)を前にして、デジタル空間における独占禁止を唱える声が相次いでいる。また、データの広範な収集、分析、マーケティングは、個人情報の安全性やプライバシーをも脅かしているほか、データによって生み出される経済価値の所有権をいかに確認するか、その分配が公平かどうか、個人情報の安全性とプライバシーを如何に保護すべきか、というような法的問題の議論にも繋がっていくのである。それゆえ、アメリカの裁判所は、2008年以降、オンラインコミュニケーションを促進するためのインセンティブメカニズムについて、許容範囲を縮小したり、免責条件を厳格化したりするように、「デジタルミレニアム著作権法(DMCA)」の縮小解釈を行ってきた。[3] 2019年、アメリカ連邦議会下院の司法委員会が4つの巨大DPF「GAFA」に対してアンチ・トラスト法に基づく調査を行った。法曹界では、通信基準法230条に定められた免責の枠組みを標的に激論が交わされ、2020年、同法の改正を求める世論は沸点に達し、その後の法律案の提出や司法判断にも影響を与えた。[4]
中国もデジタルコミュニケーションとインターネットにおける相互作用を奨励する法政策の方針を明

らかにし、ビッグデータの蓄積を経済価値の創出に繋げることを試みてきた。その結果、テンセント、アリババ、ドウイン、バイドゥ、Ctrip（携程旅行サービス企業）などに代表される巨大ＤＰＦが生まれた。彼らは政府の代わりに「自治権」を行使し、プラットフォーム上での取引活動を「規制」することさえできる。こうしたプラットフォーム・ガバナンスを通じ、既成の国家権力構造と権力の構成要素（貨幣発行権、信用評価とランク付け、制裁方式など）との関係を変化させている。例えば、巨大ＤＰＦ「アリババ」傘下の「セサミクレジット」というスコアリング・システムは、「アリペイ」での信用履歴と連動し、ユーザーのレンタカー、ホテル宿泊、保険加入、住宅購入、海外旅行など個人生活の多方面にわたって影響を及ぼしているだけでなく、法律執行機関や司法機関からの協力要請にも対応している。最高人民法院はセサミクレジットと協力協定を締結する目的を、資産分布と消費形跡のビッグデータを民事保全手続や判決の執行などの司法措置を効果的に行うためであると説明している。[5]

　しかし、２０１８年以降の中国では、このようなプラットフォーマーの市場支配力や、ＤＰＦの権力化傾向、アルゴリズムがもたらす個人情報保護への懸念が広く注目されるようになり、「プラットフォーム・ビヒモス」の市場行動や権力化傾向を制限する法規制を導入する動きが見られはじめた。２０２０年、政府は巨大ＤＰＦに対して断固とした独占禁止措置を講じ、法的な管理を強化した。ただし、どのように米国の経験と教訓を汲み取るのか、すなわち、権力化したプラットフォームに相応しい責任を課し、同時に技術的セーフヘイブン――ある意味「技術免責」（technology immunity）と呼んでもよかろう――との均衡関係を適切に再構築していくべきかということこそが、中国にとって依然として重要な法的課題である。[6]

総じていえば、「インターネット＋α」の発展過程を振り返ってみると、プラットフォーム・ガバナンスが、既成の国家権力構造と法制度のあり方に対して挑戦をしかけ、その調整と修正を実現してきたことが分かる。当然ながら、そこから主権リヴァイアサンと、国家に匹敵するほどの財を形成し、そのうえ国家が本来負うべき役割を様々な形で積極的に負担しているプラットフォーム・ビヒモスたちとが競い合い、一種の支配力競争を繰り広げるようなイメージが浮かびあがってくるであろう。しかし、その一方で、イノベーションと発展を促進するために、国家はプラットフォーム経済を支援し、協力ないしウィン・ウィンのメカニズムを形成しようともしている。[7]

(2) ブロックチェーン、主権的個人と「アルゴリズミック権力怪獣」

実際、主権国家とＤＰＦが手を組めば、前例のないほど強力な「アルゴリズミック・リヴァイアサン」(Algorithmic Leviathan) 同盟を結成することができ、かつ、プラットフォーマーが社会コミュニケーションの中枢と経済取引の仲介の両方を掌握していることとの相乗効果によって、個人に残される選択の余地が大幅に縮小してしまう。このような事態を避けるためには、あらゆる自由の根底にあるプライバシーを厳格に保護し、個人本位でピアツーピアのインターネット形態を見出すことがとりわけ重要となる。

２００９年1月3日、ビットコインのアイデアが現実になった。それ以来、インターネット上の取引は、特定の第三者がデータ処理を独占することなく、ブロックチェーン技術を利用し、意向のある顧客間で直接行うことができるようになった。これによって、インターネットは仲介者や中枢のない分散型構造へと変化し、誰もが自分のプライバシーをコントロールできるようになるのであって、個人の端末が情報の関係空間におけるコミュニケーションやインタラクションの出発点であり中心となる。[8] さらに重視すべきは、ピアツーピアのブロックチェーン技術、スマートコントラクト・プラットフォーム、暗号資産、サイバートラストなどの技術や要素が組み合わさると、実質上、メタバースや多重宇宙において、オンラインユーザーの自己主権型アイデンティティ（Self-Sovereign Identity：ＳＳＩ）、つまり「主権的個人」（The Sovereign Individual）を形成することになろう。[9] 国家主権から個人主権への移行は、ブロックチェーン、Ｗｅｂ３・０、メタバースによって引き起こされた社会秩序原理の質的変化であり、必然的に、国家ガバナンスモデルと法的パラダイムの革新につながる。[10]

つまり、Ｗｅｂ３・０で展開された創世記の物語は、まさに以下のようなものであろう。すなわち、コンピュータ言語、あるいは相互作用メカニズムとしてのコミュニケーション・プロセスやゲームを制御するプログラムが、世界全体を構築する。そして、アルゴリズムとは、論理や機械の計算秩序であるだけでなく、人間の言語によって生み出された新たな生態系でもある。この常に多種多様な状態を生成している知的な生き物は、仮想空間に膨大なデータと無限の選択肢を提供し、機械学習によってネットワークの構造に「ロングテール効果」をもたらす。なお、選択のほとんどはアルゴリズムによって行われるが、最終的な判断と最良の選択肢は人間の手に委ねられる。２０１２年のアメリカ大統領選挙では、上述のような技術的条件のもと、ビッグデータの機械学習を用いてシミュレーションと予測が行われ、それに基づいて選挙戦略が策定された。そして、２０２０年の大統領選挙の結果も、高度なＡＩ技術とプロキシボットの影響によるところが大きいとされている。今後もこの流れが続くとすれば、何らかのアルゴリズミックパワー・ビヒモスが、一転して民主政治を支配する可能性も否定できないと予測される。

（3）「大規模言語モデル怪獣」と知能の「ポランニーのパラドックス」

グーグルが２０１７年に「トランスフォーマー」（Transformer）のネットワーク構造を発表して以来、わずか5年余りの間に、急速に多数の大規模モデルが次々と出現した。それが更に様々な技術構造、モダリティ、シナリオを生み出している。すでにリリースした大規模原語モデルの分布を世界範囲内で見てみると、中国とアメリカはその80％以上を占め、大きくリードしている。また、大規模原語モデルの数からみると、アメリカは常に世界1位を占めている。[11] ２０２２年11月末、ＣｈａｔＧＰＴが発表され、その強力な対話能力と広い応用範囲で世界を席巻し、わずか2か月で月間アクティブユーザー1億人突破という驚異的な成長率を記録した。それ以来、このような大規模言語モデルが次々とリリースされ、個人のエンパワーメントやビジネス負担の軽減という2つの面から、法律の運用を含む様々な社会実務に大きな影響を与え、生成ＡＩという種が大爆発するいわば「デジタル・カンブリア紀」と呼ぶにふさわしい現象を巻き起こしている。不完全な統計によると、２０２３年5月までに、中国の科学技術企業とＤＰＦは79の多様なタイプのＡＩ大規模言語モデルを発表し、そのうち34が汎用型である。[12]

しかし、大規模言語モデルは国家と社会に利便性と効率化をもたらす一方で、人々に不安や脅威をもたらすリスクもあると認めなければならない。とくに留意すべきは、大規模言語モデルとGPT-4 Turboによって、人間による機械設計がほとんど無意味となり、ＡＩは実際に自分自身を形成し始め、次第に自動化されたエコシステムを形成するようになる。それと同時に、あらかじめ与えられた機能設計を放棄し、自己責任のサブゴールを優先することで人間のコントロールから抜け出し、更にガバナンス面で深刻な問題を引き起こす可能性が高い。このことは、大規模言語モデルが、人間の価値観から遠ざかり、新しいタイプの非人間的あるいは超人間的知性の誕生を促すことを意味する。それはまた、上述の「プラットフォーム・モンスター」に加えて、主権リヴァイアサンが、数十、あるいは数百もの強力な「大規模原語モデル・モンスター」からの挑戦に直面するということでもある。すなわち、国家主権がデジタル領域において直面しているのは、「１００モデル戦争」とそれに対するコントロールの喪失という挑戦である。もちろん、主権国家だけでなく、ＤＰＦや個人、さらには人類文明のオペレーティング・システムまでもが、大規模言語モデルが、程度の違いこそあれ様々な脅威に直面している。[13]「デジタル主権」(digital sovereignty)[14]という概念が創られ、強調されてきたことは、裏を返せば社会のデジタルトランフォーメーションに対する主権国家の自己防衛の立場の明確な表れとも捉えることができよう。

上記のような様々なリスクが不可逆的な災禍へと発展することを防ぐため、専門家や業界のリーダーたちは、大規模言語モデルの開発の一時停止、人類とのアライメント、ＡＩ規制の強化など、様々な対策や提言を打ち出している。[15]専門家らの価値観が一致している点はというと、例えば米ブルッキングス研究所が、２０２２年12月8日に発表した、ベンジャミン・ローソンの「ＡＩ地政学とデジタル主権の台頭」と題した文章のなかに表れている。筆者は、ＡＩの不均衡な発展は国家間の不信の拡大を許し、ひいてはデジタル主権の台頭と科学技術分野におけるデカップリングの出現を招くとしている。すなわち、国家間のイデオロギーの違いや倫理原則の相違がＡＩガバナンスや情報技術に関する地政学的に深刻な影響を与えかねない。とすれば、国際レベルでＡＩの価値に関する一致した認識をもつことが、今世紀の最も重要な挑戦のひとつであるかもしれない[16]。いずれにせよ、これは未曽有の大変局であり、新たな国家と法のあり方を探求し、法秩序のパラダイム転換を進めなければならない。

3　「アルゴリズミック・リヴァイアサン」によって蘇った国家主権

１００年以上にわたるさまざまな社会実験と多くの挫折を経て、中国の近代化運動は、この20年間で現実的かつ実現可能な新たな道筋を見出したように思われる。すなわち、デジタル情報技術を活用して行政効率と法律の有効性をさらに向上させ、国家権力の強制なしに完全なガバナンスを実現することである。その結果、主権リヴァイアサンは、ますます「アルゴリズミック・リヴァイアサン」の特徴を備えるようになった。ある意味では、主権はデジタル情報技術の力で再び台頭し、かつてない力を得ているとも言える。これに伴い、「デジタル主権」という概念は、二重の側面を持つようになった。一つは、上述のとおり、国家主権がデジタル空間において弱体化のリスクに直面しているという側面である。もう一つは、主権がデジタルという形をとって、一種の「アルゴリズミック・リヴァイアサン」へと転換し、新たな生命とかつてない魔術を手に入れたという側面である。この2つの側面は、不思議なパラドックスの中で一方のなかに他方が映り合っている。

一般的にいえば、科学技術の進歩は常に近代化をはかる重要な指標であり、近代化の意味内容を形作っているものでもある。歴史をさかのぼれば、ライプニッツによるローマ法の数学的改造から、ベンサムによる立法的幸福計算器の設計に至るまで、西欧における国家と法制度の近代化プロセスが本質的に示しているのはコストパフォーマンスの概念であり、どのように法制度のコストパフォーマンスを算出するかという論点こそが重要であった。つまり、コストパフォーマンスの計算によって、主権の行使とその正統性の関係が明らかにされ、調整されてきたのである。特に重要なこととして、近代法は、国家の活動に法ドグマ主義的かつ形式合理主義的な手続上の適正を求めることによって、恣意的な国家活動を排除し、客観的で公正な判断を確保し、市場と社会の調整を実現することを目指してきた。19世紀後半以降、科学技術的な条件が成熟した現段階に至るまで、権力構造を理性的なものにしようとする思想が盛んに議論されている――「法律数学」構想、司法の統計的分析、社会学的法学、計量法学、実地調査、実験主義的法学、法律・判例の情報検索、訴訟関連ビッグデータのモデル化、デジタル空間におけるコードフレームワークの設計など、さまざまな媒介を通じ、法学を計算可能なものにしようとする試みとして、計算法学やデジタル法秩序が発展する動きがみられた[17]。

中国でこうした思想がどのように実践されているのか。まずは裁判所による裁量権の濫用と司法の腐敗などの問題が、人間による判断への信頼を大きく揺るがしているとして、コンピュータによる判決の客観性、中立性、確定性への社会的な期待が高まった。その結果、インターネット、ビッグデータそしてＡＩは、20世紀末から中国の法曹界で急速に、そしてやや粗雑に理解され、広く応用されるようになり、世界でも稀な「スマートコート・ブーム」まで出現した。一般的に言えば、ＡＩは本質上、ルールが埋め込まれたシステムであり、法的規範の定式化と技術化をもたらすとともに、全プロセスの履歴をコンピュータシステムに保存することで司法判断への外部からの干渉を防ぐことができる。このようにして、国家が権力を恣意的に行使することへの抑制を強化することは、国民の遵法精神を強化するうえでプラスに働く。この意味で、ＡＩの活用、そしてより広くデジタル一般の活用は、近代の法治主義の貫徹に資するものであるといえる。そのため、２０１４年以降にすすめられてきた「法治中国」の建設の特徴は、実質上、その大部分は、デジタル情報技術を駆動輪とした法制度の現代化にあるといえる。

しかし、デジタル化した法治国家と法治社会は、同時に数多くのリスクと対処すべき問題を抱えている。例えば、ＡＩはデータを糧とし、データを収集・分析・学習・予測することで絶えず性能を向上させる性質を持つ。そのため、データ規模の拡大に努める中で、必然的に個人情報保護やプライバシー保護といったシールドを破壊し、多かれ少なかれ自由の根幹を揺るがすことになる。さらにビッグデータによる機械学習を背景に、特にＡＩｏＴでネットワーク化された社会では、アルゴリズムが強大な権力へと化けるにつれ、人間がそれを理解し、説明することが難しくなっていく。このようなアルゴリズムのブラックボックス化は、権力への責任追及を妨げ、同時に責任回避や責任転嫁という好ましくない傾向を助長し、さらには全知全能の「アルゴリズミック・リヴァイアサン」を育てることに繋がりかねない。現在のデジタル時代において、アルゴリズムのブラックボックス化の対極にあるのは、社会と個人の透明化である。社会のあらゆるところに電子カメラとセンサーが溢れ、あたかも何百万もの目が点滅しているかのように、あらゆる現象を静かにスキャン・分析し、途切れることなく全ての人や物を監視している。この視線の罠は、ベンサムの「新たな形の普遍的権力」としてのパノプティコン（Panopticon）の構想を真に実現し、近代的権力に対するフーコーの過激的な見方を十分に裏付けている。[18]

フーコーの理論的視野には、近代国家と法が持つ意味合いのもう一つの側面、すなわち監視と規律、徹底的な観察・記録・分析及び集中的な計算がみられる。彼によれば、理性的なものと非理性的なものを区別したとたんに、非理性的なものを排除する空間が生み出される。しかも、権力は強制に頼ることなく個人を飼いならし、しつけをし、社会をガバナンスして、秩序ある行動を促進することができるという。法秩序とは、本質的にこのような統治性（governmentality）を支える多様化した権力行使の技法とその複合体であると彼は位置付ける。そして、法秩序は政治制度の運営だけでなく、広い意味での治安管理や、個人と政府とのインタラクションを決定する全体的な枠組み、さらにはさまざまな調整メカニズムをも含んでいる。フーコーによれば、近代法は周到に計画され、持続的に運用されるものであり、それは統治の戦略を含むが、同時に不完全性や失敗のリスクもはらんでいる。このように、法は権力なしには機能せず、かつ抵抗と政治化のリスクが常につきまとうのである。その一方で、操作技法としての法は、科学技術を含むさまざまな知識を前提とし、真実第一主義と文化と権力との可変的な関係に依存している。[19]「大いなる監視」があちこちに敷かれているという次元で国家と法の近代化プロセスを理解することは、うがった見方かもしれないが、近代化や法治の意義を考えるうえで深い洞察と反省的視点を与えるものである。

新型コロナウイルス感染症が蔓延した3年間において、中国ではデジタル情報技術による社会ガバナンスはより一般的なものとなり、大きな進化を遂げてきた。たとえば、中国各地では「外出禁止令」を制定したり、「デジタル定身術」のような電子の「ポップアップ」を表示したり、さらには感染リスクの高い特定集団に属する個人のQRコードに「赤マーク」を付けたりするような場面では、主権国家としての側面がいっそう強力なものとして台頭してきたように見受けられる。しかし、それと同時に、ブロックチェーンによる分散式のコミュニティ・ガバナンス、そして2022年の上海封鎖期間中に多くのコミュニティに現れた自己組織化メカニズム（自発的に生活必需品の調達を担当する「団長」やPCR検査を手配する「ビル長」など）に見られるように、主権の相対化という側面もまた、特定の道筋に沿って伸びつつある。このように、主権の復興と主権の後退という一見して相反する傾向がある意味で同時に進行し、ハードとソフトの両面を併せ持つような形で弁証法的関係を形成している。インターネット、ビッグデータ、AIを通じた厳密な規制と、自治・共治が混じり合う複雑な状況は、ライアンの法社会学的知見を思い起こさせる。

カナダ・クイーンズ大学法学部のデイヴィッド・ライアン教授は、1980年代から「電子の目」に関する研究を進め、『監視社会』や『監視文化』など国際的に影響力のある著書を次々と発表し、監視理論の先駆者とされている。ベンサムとフーコーの一望監視システムというメタファーから出発し、国家や企業主導から市民参加へと監視の進化プロセスを考察した。また、最近では、ビッグデータに基づく「監視文化」という概念を提唱しはじめた。[20]ライアン教授は特にデジタル情報技術と安全、健康、利便性のための監視との関連性を強調している。個人の健康状態を対象とする自己追跡型監視（歩数計、血圧・心拍計付きスマートバンド、携帯電話の健康診断アプリなど）から、企業が顧客の行動履歴に対する監視、政府が犯罪に対する予測的な監視に至るまでの各種の監視シナリオにおいて、監視する側とされる側には共犯関係があると主張する。こうしたケアとコントロールが絡み合うような文脈のもと、いわば柔軟な監視社会が自然発生的に生まれたのであった。[21]

このことからも、「アルゴリズミック・リヴァイアサン」として再び力をもつようになった国家主権は、ときには頂点に立って君臨することもあるが、多くの場合にはデジタルネットワークに溶け込み、交渉的関係のプログラミング・コードの一部と化していることがわかる。言い換えれば、従来の主権国家が、より大きく、それでいて多様で柔軟な「アルゴリズミック・リヴァイアサン」へと変貌を遂げ、社会ガバナンスの側面においてはこれまでにも増して強力な権限をもつようになっている。特にＡＩ４・０の段階[22]に入ってから、ＡＩＧＣは言語と価値の間の障壁を解体し、大規模言語モデルのマルチリンガル・マルチモーダルな作業メカニズムは自然に国際化、グローバル化と国家主権との相互作用を促進し、かえって国民国家のアイデンティティを刺激する。実際、「デジタル主権」という理念は、国家権力が地域化とブロック化の立場を再発見しつつあることを暗示している。ＤＰＦの怪獣、大規模言語モデルの怪獣、個人主権の怪獣、代理ボットなどのアルゴリズミック権力の怪獣たちからの挑戦と、現在進行中の「すべてのモデル対すべてのモデルの戦争」を前にして、中国政府はこれまでどのように対処してきたのか。今日に至るまで、中国政府は厳格な独占禁止措置によってＤＰＦ怪獣を飼いならし、統一したスパコンピューティングのエコシステムと「ベースモデル」（Base Model）によって数十の大規模モデルを支えることを対策として行ってきた。また、厳格な規制と主権ブロックチェーン（sovereign blockchain）を通じて、主権化した個人間のピアツーピア交流が暴走するリスクの防止に努めている。[23]

4　法的・技術的デュープロセスの組み合わせへ

国家主権に基づくアルゴリズミック・リヴァイアサンの魔力には限界がないように見える。これによって必然的に、政府、強力なＤＰＦ、ブロックチェーンに隠された主権化した個人、汎用性を持つ大規模言語モデル、そして政治ゲームに影響を及ぼす代理ボットなどとの間において、頻繁かつ継続的なインタラクションがいっそう激化するだろう。

このような複雑で流動的なダイナミズムのなかで、ＡＩシステムに組み込まれた公平な手続や、異なるＡＩシステム間のパワーシェアリングとチェックアンドバランスのメカニズムを通じて、巨大ＤＰＦや大規模言語モデルの濫用を防ぐために、また、独特なアルゴリズミック・リヴァイアサンやその私物化された亜種に対応するために、近代に生み出された統治の手続的正義の原則も再定義され、今後よりいっそう重要な役割を果たすようになるだろう[24]——法的適正手続と技術的適正手続を組み合わせる最良の方法を見つけることこそが、ＡＩ主導のデジタル国家が今後も引き続き近代化事業の推進を担っていくうえでの法的役割とも言える。

国連のグローバル・デジタルコンパクトは、ある意味、デジタル時代において主権とアルゴリズムが結び付いて誕生した全能のリヴァイアサンに対応するための新しい社会契約へと連なる、重要な提案であるといえよう。これは、デジタル立憲主義とデジタル法治主義の普遍的なビジョンを多かれ少なかれ示しているようにも思えるが、デジタル法治主義が実際にアルゴリズミック・リヴァイアサンをどのように抑制するのか、また、それが本当にデジタル空間に新たな正当性の基盤を築けるかどうかは、引き続き観察し、深く探求すべき課題である。

【注】

1　黄宇帅「美国网络治理追踪：《通信规范法》第２３０条的历史、现状与未来」『网络信息法学研究』２０２１年第１号２０３-２１８頁に詳しい。

2　万勇「著作权法强制性过滤机制的中国选择」『法商研究』２０２１年第6号１８４-１９６頁に詳しい。

3　*Eg., Viacom Int'l, Inc. v. YouTube, Inc.,* and *FAIr Housing Council of San Fernando Valley v. Roommates.com.*

4　報道「美最高法院开审大科技公司命运：是否取消27年互联网〝保护伞〟？」『澎湃新闻』２０２３年２月24日（https://www.thepaper.cn/newsDetAll_forward_22061908）による。

5　報道「最高法联手芝麻信用网络惩戒失信见成效」『最高人民法院网』２０１５年12月20日（https://www.court.gov.cn/

zixun/xiangqing/16351.html）による。

6 沈伟伟「技术避风港的实践及法理反思」『中外法学』２０２３年第４号1-17頁。

7 澎湃新闻「总理召开的这场座谈会，再向平台企业释放积极信号」２０２３年７月13日（https://www.thepaper.cn/newsDetail_forward_23827347）、「坚定信心练好"内功"，平台经济大有可为」『中国经济网』２０２３年７月14日（http://views.ce.cn/view/ent/202307/14/t20230714_38631259.shtml）参照。

8 ドン・タプスコット、アレックス・タプスコット『ブロックチェーン・レボリューション』（凱尔ほか訳、中信出版集団株式有限公司、２０１６年）第一章「信頼のプロトコル」に詳しい。

9 Ｗｅｂ３・０の基本特性と優位性に関しては、姚前「Web3.0：渐行渐近的新一代互联网」『中国金融杂志』２０２２年第６号14-17頁を参照。個人の主権化に関する予言的な論述は、Cf. James D. Davidson & William Rees-Mogg, *The Sovereign Individual: Mastering the Transition to the Information Age*, Touchstone Books, 1997.

10 季衛東『元宇宙的秩序——虚拟人、加密资产以及法治创新』（上海人民出版社、２０２３年）に詳しい。

11 中国科学技术信息研究所『中国人工智能大模型地图研究报告』２０２３年５月28日发布（https://k.sina.com.cn/article_6380588872_17c500f4801902pmz9.html）。しかし、新聞報道によれば、わずか5か月後、中国におけるＡＩ大規模モデルの数が２３８にも達し、そのうち20あまりは政府主管部門の許認可を得たそうである。

12 何喜军、张惠娜「营造人工智能大模型产业生态」『经济日报』２０２３年６月14日第5版。

13 ユヴァル・ノア・ハラリ（Yuval Noah Harari）は２０２３年4月29日、Frontiers フォーラムでのスピーチ「ＡＩと人類の未来」において、大規模言語モデルが人類文明オペレーティング・システムを破壊しかねないという観点を提出した。関連する内容は、報道「尤瓦尔・赫拉利：人工智能对我们的操控，可能比你想的更严重」『澎湃新闻』２０２３年６月１日（https://www.thepaper.cn/newsDetail_forward_23297386）による。

14 Cf. EPRS, *Digital sovereignty for Europe*, July 2, 2020 (https://www.europarl.europa.eu/RegData/etudes/BRIE/2020/651992/EPRS_BRI (2020) 651992_EN.pdf); Frances G. Burwell and Kenneth Propp, *Digital sovereignty in practice: The EU's push to shape the new global economy*, Europe Center of Atlantic Council, October 2022.

15 季衛東「强人工智能的治理与法律挑战」『凤凰周刊』总第８３３号（２０２３年）（http://www.ifengweekly.com/detil.php?id=19376）を参照。

16 清华大学『人工智能国际治理观察』第１２７号（２０２２年12月18日）（http://AIig.tsinghua.edu.cn/info/1442/1815.htm）

を参照。

17 季衛東「计算法学的疆域」『社会科学辑刊』2021年第3号113–126頁に詳しい。

18 ミシェル・フーコー『監視と処罰』（劉北成、楊遠嬰訳、三聯書店、1999年）第三章「一望監視方式」を参照。

19 同上、193頁。

20 Cf. David Lyon, *The Electronic Eye: The Rise of Surveillance Society*, University of Minnesota Press, 1994; David Lyon, *Surveillance Society: Monitoring Everyday Life*, Open University Press, 2001, and David Lyon, *The Culture of Surveillance: Watching as a Way of Life*, Polity Press Ltd., 2018.

21 季衛東「疫情监控：一个比较法社会学的分析」『中外法学』2020年第3号565–589頁を参照。

22 AI発展の4段階とは、（1）1950–1960年代、AI述語、チューリング・テスト、ニューラルネットワークモデル、LISPの出現、（2）1970–1990年代、Prolog、エキスパート・システムの開発、AI産業化、機械学習、認知ネットワークの復興、ジェネティクス、強化学習の出現、（3）2000–2022年、最新の成果としてディープラーニング、人間にクイズで勝った「ワトソン」、敵対的生成ネットワーク（Generative Adversarial Networks）、人間を超えたAI画像識別能力、アルファ碁がトップクラスのプロ囲碁棋士に勝つ、（4）2023年以降、生成AIの発展、大規模言語モデルの台頭、汎用型AIの明るい未来などである。

23 それと対照的に、米国の国会は2023年7月26日に「ブロックチェーン規制上の確実性に関する法律（The Blockchain Regulatory Certainty Act）」を可決した。デジタルアセットへの侵害を防ぐため、ブロックチェーンのリスクを予防するための監視・規制により明確な指示を出した。

24 季卫东《探讨数字时代法律程序的意义——聚焦风险防控行政的算法独裁与程序公正》、《中国政法大学学报》2023年第1期、第83–99頁。Cf. Danielle Keats Citron, *Technological Due Process*, 85 (6) Washington University Law Review 1249-1313 (2008)、刘东亮《技术性正当程序：人工智能时代程序法和算法的双重变奏》、《比较法研究》2020年第5期、第64–79頁。

第3章
デジタル空間の統治をめぐる攻防のフィールド

I　プラットフォームとの「パートナリング（Partnering）」
――グーグル／メタとカナダとの戦いから学ぶ

イヴ・ゴモン、カトリーヌ・レジ
／荒川稜子、河嶋春菜　監訳

山本教授は、「現代の主権国家とデジタルプラットフォーム―リヴァイアサン対ビヒモス」において、政府とデジタルプラットフォーム（以下、「DPF」）との関わり方について再考を促し、中世の「コンコルダート（concordats）」からヒントが得られると提案している。コンコルダートは、中世において国家が教会と結んだ協定で、その複雑な関係のルールを定めたものである。例えば、ヴォルムス協約（The Concordat of Worms）は、教会とローマ帝国の対立を友好的に防止し、解決するための協定であった。山本教授は、国家が中世の教会とどのように関わっていたかを研究することで、現代のDPFとの付き合い方について重要な教訓を与えてくれるという。しかし、単に中世の立憲主義に立ち戻ろうと言っているわけではない。山本教授が提案しているのは、コンコルダートからインスピレーションを得て、国家とDPFの間にある「パラメーター」を再定義することである。

カナダ人にとって、この提唱は心を打つものであった。カナダはちょうどGoogleやMeta（旧Facebook）と大きな戦いを繰り広げたばかりだったからである（結果は散々であった）。この戦いの結果、Metaはカナダ国内で同社プラットフォームでのニュース記事の共有や閲覧を停止してしまった。DPFがいわゆる「立ち去り戦略」によって、カナダの規制に抗議したのはこれで2度目であった。カナダは現在、DPFに影響を与える法案の策定に取り組んでいるため、このような状況はもはや維持できない。本稿では、カナダをケーススタディとして、国家とDPFのより実りある関係へ移行する方法について考察してみたい。

以下1では、ハイテク産業を規制しようとするカナダの取り組みに抗議するため、DPFが「立ち去り戦略」を用いた2つのケースを紹介する。2では、1で紹介する2つの例のうちの1つを用いて、国家間の交渉やDPF、国際的な同盟関係の透明性が、現代のコンコルダートの民主的正統性を高める上でどのように役立つかを論じる。3では、「パートナリング」（緊迫した状況下で協力を促進するために考案された紛争予防メカニズム）に関する文献からヒントを得て、現代のコンコルダートが参考にすべき2つの特徴を提案する。最後に、カナダ国内、ひいては海外において、国家とDPF間のより生産的なコラボレーションを促進するためのプロセスの青写真を紹介したい。

1　カナダとDPFの緊張関係

カナダでは近年、デジタル技術の規制が立法課題の中心となっており、個人情報の保護やオンライン上の言論を管理する法体系の改革に関して、多くの提案がなされている。DPFが生み出した新しい現実に対応するために、カナダ選挙法（*Canada Elections Act*）と放送法（*Broadcasting Act*）という2つの法律が大幅に改正された。さらに現在、国会では人工知能を規制する法案が検討されている。とりわけ、私たちにとって特に興味深いのは、オンラインニュースメディアの資金調達に関する新しい法律「オンラインニュース法」が2023年12月に施行されたことである。

カナダの立法権をもってしても、同法の発効に至るまでの過程は、DPFによって阻まれた。例えば、Metaは法案に抗議して自社のプラットフォーム上のニュース配信をブロックし、Googleも政府が法案に関連する規制を変更しなければ、Metaに続くと脅した。こうしたことから、カナダ政府は法制面での妥協を余儀なくされた。2019年にも、選挙近代化法の採択を受けて、Googleがカナダの政治広告市場から撤退していたので、カナダがDPFの「立ち去り戦略」に見舞われたのはこれが2度目だ。

以下では、この2つの対立（オンラインニュース法をめぐるMetaとの対立と選挙近代化法をめぐるGoogleとの対立）がどのように繰り広げられたかを説明し、国家とDPFとの間でより実りある協力関係を築くことの重要性を説明する。

（1） Metaとオンラインニュース法

カナダのニュース業界は苦境に立たされている。ニュース編集室は閉鎖され、記者は解雇され、報道機関は採算が取れない。DPFの台頭により、従来のニュースメディアのビジネスモデルが崩壊したことがその一因である。まず三行広告欄がデジタル化され、次に新たな広告モデル（いわゆるターゲティング広告）が提案された。これは広告主にとっては新聞に広告を掲載するよりも魅力的な方法であったため、たちまちニュースメディアの広告収入は激減した。

この危機に対応して、カナダ政府はジャーナリズム業界により多くの資金を投入することを目的とした交渉の枠組みをつくる法律を可決した。それが「オンラインニュース法」こと、「C-18法案（Bill C-18）」である。この法律の狙いは、Meta社とGoogle社に対し、報道機関が制作したコンテンツ［を使用する場合には、］交渉の上でその対価を支払うよう強制することであった。この法案は、オーストラリアの「ニュースメディア・デジタルプラットフォーム交渉義務化規則」（News Media and Digital Platforms Mandatory Bargaining Code）に大きく触発されたものであるが、オーストラリアのモデルを改善したものであると謳っている。カナダの法案がオーストラリアの規則と一線を画した主な点は、競争の土俵を公平にすることを目的とした「透明性規定」が含まれていることである。[1] これにより、十分な情報を得た上でDPFと交渉したい小規模なプレーヤーは、大規模メディアによって締結された取引に関する情報を入手できるようになる。

Metaはオーストラリアで行った戦略を参考にした。法案が提出された直後、同社はカナダ政府に対し、法案が成立した場合、同社のプラットフォームにニュースコンテンツを掲載しないと通告したのである。[2]すなわち、カナダ人がFacebookやInstagramでニュースコンテンツを共有、閲覧できなくすることを意味していた。その理由は、Metaが法案のあり方そのものに異議を唱えていたからである。Metaは報道機関に金銭的な借りがあるとは考えておらず、それどころか、Metaは利益をほとんど得られないにもかかわらず報道機関には「コンテンツの可視化」という価値を提供しているではないか、と。そのため、Meta社は、法案が採択された場合にはカナダ市場から撤退する意向を最後まで繰り返していた。そして、有言実行に至った。２０２３年８月、Meta社は警告を実行に移し、FacebookとInstagram上のニュースコンテンツの共有・閲覧を禁止した。[3]

これを受けて、カナダでは「Googleもニュースコンテンツを禁止するのではないか」という懸念が広がった。実際、２０２３年10月、Googleは、オンラインニュース法が２０２３年12月から施行された場合、カナダ人が同社のプラットフォーム上でニュースコンテンツを利用できないようにすると発表した。[4]しかし、運命の日の3週間前、カナダ政府は、法律を施行しない代わりにGoogle社が毎年1億カナダドルをニュース業界に投資することで合意したと発表した。この金額はインフレ率に連動し、報道機関の業界団体に与えられ、その団体のメンバー間で公平に分配されることになる。[5]ただし、この法律の長期的な影響、そしてMetaのカナダ市場撤退の影響はまだ明らかではない。

オンラインニュース法をめぐるGoogle、Metaと政府との衝突は、ＤＰＦと国家との間でより生産的な関係を構築することの有益性を物語る事例ではあるが、現段階では十分な情報に基づいて結論を導き出すことができないため、こうした協力関係がどのようなものであるべきかを示してくれる最良の例とは言い難い。

しかし、カナダ政府とＤＰＦとの間には、教訓を教えるのに適しているかもしれないもうひとつの対立がある。それは、選挙近代化法をめぐるGoogleとカナダ政府の対立であり、Googleはカナダの選挙期間中の政治広告の掲載を一切中止したことである。

（２）Googleと選挙近代化法

２０１６年のアメリカ大統領選挙とイギリスのブレグジット国民投票の後、カナダは自国の選挙の「完全性（integrity）」を懸念し始めた。当時は、ソーシャルメディア（ＳＮＳ）が外国からの選挙干渉を助長しており、ドナルド・トランプ氏の当選やイギリスでのＥＵ離脱派の勝利に重要な役割を果たしたという見方があった。その後、権威ある研究により、こうしたＳＮＳの役割は、当初考えられていたほど深刻ではなかったことが明らかになったもの[6]の、当時は危機感が煽られ、カナダの選挙の完全性はＤＰＦの規制にかかっているという切実な思いがあった。

そのため、２０１９年のカナダ選挙に向けた1年間で、カナダの国政レベルにおける選挙プロセスを規定する法律を近代化するために多大な努力が払われた。こうした努力の結果、カナダ選挙法を改正する選挙近代化法（C‐76法案）が採択された。この幅広く、テクニカルな改正は、ＤＰＦを規制することだけに留まらないインパクトをもっていたが、その目標の一つがカナダの民主的機関をサイバー脅威から守ることであったことを考慮し、DPFを直接対象とする2つの措置が導入された。[7]

一つ目として、外国企業に広告スペースを販売することを違法とする。この規制は外国の主体（具体的にはロシアを拠点とする主体）がカナダの選挙に干渉することを恐れたために設けられた。二つ目の対策は、DPFが特定の政治広告の登録簿（registry）を保存するよう義務付けるものである。この登録簿導入は、オンライン政治広告の透明性を高め、マイクロターゲット広告を監視しようという意図がある。ここで期待されるのは、透明性を高めることであり、広告主が問題のある選挙活動（米大統領選で黒人有権者の投票を阻止しようとする等）に関与することを抑制することである。

この新しい義務により、大手DPFは、自身のプラットフォームに掲載したすべての政治的・党派的広告のコピーと、広告の掲載を許可した人物の個人情報を保存する登録簿を作成する義務を負うことになった。この情報は、選挙終了後2年以上の期間、各プラットフォームに掲載しなければならない。この義務への違反は、最高で5万カナダドルの罰金と3カ月以下の拘禁刑の対象となる。そして後者の制裁については、DPFに違反を犯す意図がなかったという事実は影響しない。なぜなら、これは「無過失責任」であり、行為者に違法な行為をしているという自覚がなくても起訴される可能性があるからだ。

このことは、少なくとも一部のDPFに懸念を抱かせた。興味深いことに、Facebook（2021年に「Meta」に社名変更）はこの法律に異議を唱えなかった。同社はFacebookに掲載された政治広告を検索できるウェブベースのアーカイブである「アド・ライブラリ」を立ち上げ、政府に真正面から協力したのである。

しかし、GoogleとTwitter（２０２３年にXに合併）は違った。Twitterは中間的なアプローチをとった。同社は選挙前の選挙広告を禁止したが、選挙期間中は容認した。この戦略には２つの利点があった。まず、C-76法案に準拠した広告登録簿を開発する猶予をTwitter社に与えた。第二に、登録簿を保存する必要があったのは選挙期間中の36日間だけであったため、Twitterは、「プラットフォーム上の活動」を監視し、「あらゆる問題を探し、ユーザーが本当に良い、ポジティブな体験をできるようにすること」を任務とする「サイト・インテグリティ・チーム」を設置した。[8]

Google側は、自社の広告配信は仕組みが複雑であるため、新法に基づく法的責任に伴うリスクを負うことなく、すべての政治的広告を網羅する精度の高い広告登録簿を作成するには時間が不十分だと主張した。そのため、カナダの選挙広告市場からは完全に撤退した。

当時、テイラー・オーウェン（Taylor Owen）、エリザベス・デュボア（Elizabeth Dubois）、フェンウィック・マッケルヴィー（Fenwick McKelvey）は、先見の明を持ってこう記している。

「世界の国々がビッグテックを統治しようとしている今、カナダは『炭鉱のカナリア』のような存在になっている。もしGoogleが、政治広告登録簿のような大したことのない問題のために市場を去るとしたら、彼らが今後さらに大きな課題を解決してくれることを期待できるだろうか？　政府が人工知能を規制し、スマートシティを民主化し、競争政策を近代化し、プラットフォーム経済に課税し、新しいデータプライバシー法を導入したら、彼らはどう対処するのだろうか？」[9]

この論者達は正しかった。国内市場からの撤退（あるいは「撤退するぞ」という脅し）は、今やDPFの交渉手段となっている。[10] 先述のようにGoogleが2019年に政治広告販売事業から撤退した後、Facebookはオーストラリアの取引法に反対する手段として、オーストラリア版のプラットフォーム上でニュースコンテンツを一時的に禁止した。WhatsApp（Facebookの子会社）は、イギリスでオンライン安全法案が可決されれば同国から撤退すると脅した。OpenAIは、同法があまりに厳しすぎる場合、EUでの事業を停止する可能性があるとの考えを示した。同様にFacebookとGoogleも、カナダのオンラインニュース法の制立と施行に影響を与えるためにこの戦術を使った。

炭鉱のカナリアとして、選挙近代化法のケースは、国とDPF間の戦略的協力のあり方について貴重な教訓を与えてくれるであろう。この事例が特に興味深い研究対象である理由のひとつは、国会で事後公聴会が開かれたことであり、これによって、十分な情報に基づいて結論を導き出すことができる。そのため、本稿の残りはC‐76法案をめぐる対立に焦点を当てたい。具体的には、Googleが国会で証言した2つの公聴会[11]の記録を分析する。最初の公聴会は上院で行われた。この公聴会でGoogleは、法案が勅許を得る直前に修正案を提出することを証言した。法案成立後、情報公開・プライバシー・倫理常設委員会（Standing Committee on Access to Information, Privacy and Ethics）によって2回目の公聴会が開催され、ここでGoogleは、カナダの選挙広告市場から撤退する理由を説明した。

Googleの撤退をめぐる議論を文書化する目的は、国家とＤＰＦ間の協力を促進する方法に関する仮説を裏付ける具体例を提供することである。以下ではまず、Ｃ‐76法案を例に、透明性と国際的な提携に関する山本教授の提言の妥当性を示したい。そして、Googleの証言から、紛争予防メカニズムに関する研究によって導かれる原則が、ＤＰＦの文脈にどのように適用できるかを説明したい。

2　現代コンコルダートの民主的正当性の確保

山本教授は著作の中で、国家とＤＰＦとのより協力的な関係を提唱しているが、同時に注意点も付け加えている。国家とＤＰＦ間の戦略的協力の目的は、市民の権利と自由を守ることである。ＤＰＦが民主的な正統性を欠いていると、この目標を妨げる可能性がある。この問題を軽減するために、彼は現代のコンコルダートに２つの重要な要素を含めることを推奨している。

第一に、透明性の向上である。国家とＤＰＦ間の政治的に重要なコミットメントは、すべて公にアクセスできることが重要だと推奨している。第二に、国家間の国際的な同盟を推奨している。言い換えれば、国家は力を合わせ、特定の交渉において共にＤＰＦに立ち向かうべきである。以下では、Ｃ‐76法案をめぐるGoogleとカナダ政府の対立において、山本教授の提言がどのような違いをもたらし得たかを示し、その妥当性を説明する。

（1） 国家とDPF間の審議の透明性

先ほど述べたように、国家とDPF間の関係の現実をよりよく反映させるためにコンコルダートを推奨する山本教授の提言は、国家とDPF間の外交交渉のプロセスと結果を可能な限り可視化し、民主的な批判にさらすことである。透明性を確保すれば、市民、そしてメディアや市民団体が、国家とDPFとの間で締結された取引が正当であり、利用者／市民の自由と安全に資するものであるかどうかを確認できるというわけである。

現在、交渉はたいてい密室で行われている。審議の不透明さゆえに、当事者が自分たちに有利なように現実を歪曲し、規制構想の成功や市民の最善の利益を損なうこともある。選挙近代化法に関する以下の例は、国家とDPF間の審議の透明性を確保することによって、状況を改善につなげられることを示している。

Googleは公聴会における証言の中で、広告登録簿の規定が自社の技術的要件に適していることを確認する機会がなかったと不満を述べており[12]、この協議の欠如が、カナダの選挙広告市場からの撤退の決定的要因であったとほのめかしている[13]。この主張については異議は争われていないようである。Googleをカナダの広告配信市場に復帰させるためには、各オンラインプラットフォームの能力に合わせて法律を改正する必要があるという意見もあった[14]。

しかし現実には、GoogleはC-76法案について予めコメントする機会が何度もあった。FacebookやTwitterと違って、Googleが下院の法案審査委員会で証言しなかったという事実はあるが、上院では証言している。ハンサード（国会の議事録）とロビー登録を照らし合わせると、Googleは約1年間に14回も議員たちと選挙関連の会合を開いていたことが判明した。これらの会議の内容は極秘だが、ハンサードに残された抜粋は、何が話し合われたかを知る手がかりとなる。Googleの広報担当者によると、「大臣室と強固に関わりをもって、いくつかの懸念を表し、それらを解決するための修正案を作成する」機会を得ていたという。[15]

修正案の内容について、Googleからはっきりした証言は得ていない。しかし同社は、登録簿に特定の広告を含めないことを犯罪とする規定の撤廃について要求したことを認めているようである。[16] 政府がDPFに介入して、「カナダの政治システムの中に同社がもたらした問題を解決する」よう強制してくれるだろうと期待していたカナダ人にとって、この要求を受け入れることは賛同できなかっただろう。[17]

Googleが意図的に公聴会を避け、その代わりに政府にロビー活動をしかけるという戦略に出たのかどうかは、いまだ不明である。しかし、世間の目を避けたことによってこそ、正当性を主張する余地が生まれたことは確かだ。この洞察は、「現代のコンコルダートには、当事者同士の交渉を公に監視できる透明性メカニズムが含まれているべきだ」とする山本教授の仮説を裏付けている。さらに、透明性を確保することで、政府が実情を誤魔化すことなく、市民やユーザーの利益を損なうような政府とDPF間の秘密の交渉を防ぐことができる。

（2） DPFとの交渉のための国家間の国際同盟

中世のコンコルダートを更新し、DPFの現実に適応させるために、山本教授は国家が個別にではなく、集団として団結してDPFと交渉する国際的な同盟関係を構築することを唱えた。これが彼の第二の提言である。C-76法案の例は、国家、DPF、そして市民が国家間の団結からどのような恩恵を受けられるかを示す例である。

一部のカナダの議員にとって、選挙近代化法に対するGoogleの対応は、カナダが「Googleが真剣に考えるほど重要な国ではない」ことを示唆していた。[18] 彼らは、もしアメリカや中国の管轄内で同じような紛争が起きていたら、Googleがこれらの国の市場から撤退することはなかっただろうと考えた。[19] もちろんGoogleは、この推測を激しく否定している。[20] いずれにせよ、経験上、大国の方がDPFを効果的に規制できる立場にある。その最も顕著な例は、EUが、一般データ保護規則を世界標準として採用するよう各DPFに圧力をかけたことであろう。[21] このことを踏まえると、カナダや日本のような国は、志を同じくする国々と同盟を結び、一つの組織としてDPFと交渉することを検討すべきである。そうすることで、競争の土俵は公平になり、より対等な立場でDPFと交渉できるようになるだろう。

このような提携がDPFにも利益をもたらすことは言うまでもない。複数の国家がそれぞれ固有の法律や要件を打ち出すよりも、国際的な協力体制のもと統一的な要件を打ち出したほうが、DPF全体で単一のソリューションを共有できるだろう。これこそDPF側が求めていることである。例えばGoogleは、選挙近代化法が「国際的な慣行を反映していない」ことを理由に、同法には迅速に対応することはできないと主張した。[22] この主張はある理由から疑問が残るが、「パッチワークのような規制を遵守することは複雑であるから」という面では納得がいく。実際、複数の法律を同時に遵守することの複雑さは、Twitterでも問題視されている。同社は、広告登録簿に関して政府の「いかなる決定」にも従うと言ってはいるものの、「来年は世界中で38もの法律が制定される」ため、各国政府から同社の「広告透明性センター（Ads Transparency Center）」をそれぞれの市場向けに再設計するよう要請があった場合、それに対応するのは「極めて困難になる」と付け加えている。[23]

最後に、各国が団結して集団で交渉に臨めば、互いに学び合い、それぞれの規制を改善することができ、より良い法律の制定につながるだろう。これがTwitterの証言から浮かび上がったもうひとつのポイントである。Twitter社は国際的な経験から、連邦選挙管理局（Elections Canada）が米国の連邦選挙管理委員会（Federal Election Commission）のように広告主ごとに固有の識別番号を発行することを提案した。[24] この提案は法制化されなかったが、もし法制化されていれば、広告主の身元を確認するためのより信頼性の高い方法となったであろう。また、１つの番号で複数の登録機関に問い合わせることができるため、プラットフォーム間で広告主を追跡することも容易だったはずである。

このように、C-76法案をめぐる対立を分析すると、国家はＤＰＦと交渉すべきだという山本教授の提言にはいくつかの利点があるということが分かる。また、こうした交渉の内容はもっと透明性のあるものであるべきだということも示されている。そう考えると、現代のコンコルダートは、国際的な提携を促進し、透明性をさらに高めるような形で設計されるべきである。そこで次の節では、紛争予防メカニズムに関する文献（具体的にはパートナリングに関する文献）を精査し、現代のコンコルダート・モデルに追加すべき機能を提案したい。

3　パートナリング・プロセスを通じて、国家とDPFの協力を促進する

「パートナリング」とは、大規模なエンジニアリング・プロジェクト（特に軍事分野）において、政府と民間の共同請負業者との間で多数の訴訟が発生したことを受けて、1980年代に米国で生まれた様々な紛争防止メカニズムである。[25] これらのプロセスの興味深い点は、敵対的な協力者同士の関係を、当事者の利害が一致し、ポジティブな結果を最大化する関係に変えるための戦略を提供していることである。このプロセスによってパートナー間の不和の歴史を軌道修正することができると知れば、国家とDPFの関係を再考するためのインスピレーション源として、非常に適切であると思われる。

では、C–76法案をめぐるGoogleとカナダ政府の対立の緊張を和らげることができたかもしれないパートナリング・プロセスについて、2つの重要な要素を検証しよう。

（1）　共有目標の公式化のメカニズム

パートナリング・プロセスは、多くのアクターが関与する複雑な文脈で用いられることが多い。パートナリング・プロセスは複数の利害関係者が関わる複雑な状況を管理するために、すべてのパートナー

にとって利益のある共有目標を公式化するメカニズムを備えている。どの関係者も協力することで得られるものがあるため、すべてのパートナーが共通の目的を共有することで、有意義な協力が促される。しかし、未熟で漠然とした目標では事足りない。目標は明確に定義され、合意され、測定可能なものでなければならない。

このような目標を公式化するために、パートナリング・プロセスでは、主に2つのメカニズムが提案されている：

ワークショップ：　まず、パートナリングには、各組織のキーパーソンを集め、協力の目的について話し合うワークショップを開催する必要がある。パートナリングは、緊張が生じやすい状況で使用されるため、関係者たちは、互いの組織の目標を一致させる方法を話し合うだけでなく、緊張が生じている領域についても話し合うことが望まれる。また、ワークショップは共同作業の成否に対する責任の所在を明確にし、紛争が発生した場合の解決策（仲裁や調停）について合意する場でもある。ワークショップで合意したコミットメントは、ファシリテーター（後述の中立的な第三者）によって文書化され、パートナリング憲章にまとめられる。

パートナリング憲章：　パートナリング憲章は、共有目的を正式に定めるために用いられる二つ目のメカニズムである。パートナリングを結んだすべての組織によって批准された後、同憲章は協働を運営する基本原則となる。これは透明性と説明責任を促進するために、パートナリング・プロセスに関与するすべての人々に配布され、一般に公開されなければならない。

もしこの2つのメカニズムがC–76法案の文脈で採用されていれば、紛争は違った展開を見せていたかもしれない。実際には、Googleと政府は非常によく似た目的を追求していた。Googleの代表者は証言の中で、政治広告の透明性を高めるという考えを支持すると何度も繰り返し述べている（「哲学的な観点から」法案を支持すると）。[26]

意見の相違があったのは、「透明性を達成する手段」に関してであった。[27] Googleは自主規制を望んでいた。[28] 同社はすでに米国、EU、インドの選挙広告ライブラリを作成しており、仮にC–76法案がなくとも、カナダでも同様のシステムを立ち上げるつもりだったからである。[29] しかし、C–76法案に盛り込まれた義務に従えば、システムの大幅な再構築が必要になるため、そのアイディアは頓挫してしまう。[30] このように、新たな条項は必要なく、意図しない結果を招く可能性があるとして（しかも主要なDPFはすでに自主的に登録簿を立ち上げていた）、Googleは政府に新条項を法案から削除するよう要請したのだ。[31] Googleがこの法案に反対しているにもかかわらず、政府がこの義務を進める決定を下したことが、カナダの選挙広告市場から撤退する一因となったようである。特に無過失責任は、Googleにとって特に懸念すべき材料であった。

しかし、もし立法の段階でGoogleが政府と協力して共通の目標（選挙広告の透明性を促進する実行可能な法的義務等）を打ち出していれば、規定の範囲や発効までのスケジュールについて、より生産的な議論ができたかもしれない。そうすれば、Googleと政府はある程度の合意に達していたかもしれない。また、もしパートナリング憲章に、「膠着状態に陥った場合には仲裁プロセスを経ること」というコミットメントが盛り込まれていれば、Googleは「立ち去り戦略」を発動することもなかっただろうし、立ち去れたとしても風評被害なしではすまなかっただろう。結論として、このケースは、「パートナリング」と「共有された目的を公式化するそのメカニズム」が、国家とDPF間の協力を促進するのに役立つということを示している。

(2) テクノロジーに精通した第三者による議論の促進

ファシリテーターは、パートナリング・プロセスのもうひとつの重要な要素である。彼らの役割は、オーケストラの指揮者に似ている。協力的な環境を作り出し、パートナリング・プロセスのすべての段階がスムースに進むようにする責任がある。もし円滑に進まなかった場合は、迅速に軌道修正するための行動をとらねばならない。すなわち、ワークショップでの議論の指導、コミットメントの取りまとめ、パートナリング憲章の作成、調査、インタビュー、ミーティング、評価など、さまざまな手段を使ってプロジェクトの活動期間中、共同作業がどのように進んでいるかをモニタリングするのがその使命である。

ファシリテーターが役割を効果的に果たすためには、いくつかの基準を満たさなければならない。第一に、利益相反がないこと、つまり完全に独立した存在であり、DPFと政府のどちらにも属していないこと。第二に、敵対的な考え方ではなく、包含的な考え方を持たなければならないこと。言い換えれば、ファシリテーターは建設的に緊張関係を管理し、すべての人に最大限の利益をもたらす創造的な解決策を模索しなければならない[32]。第三に、該当領域における専門家であることが推奨される。国家とDPFの関係性から判断すれば、コンピュータ科学者に匹敵する人物であるべきだ。

C-76法案の場合、コンピュータ・サイエンスの訓練を受けたファシリテーターがいれば、違った結果になったかもしれない。Googleの代表者によると、同社がカナダ市場から撤退した主な理由の一つは、同社のエンジニアが政府によって義務付けられた期限内に法案の要件に準拠できないからである[33]。Googleの本業は洗練されたデータベースの開発であるから、この主張は懐疑的な目で見られた[34]。しかし、懐疑的であったにもかかわらず、国会議員たちは問題の真相を究明することができなかった。問題解決に役立つような質問ができる技術的な専門知識がなかったか[35]、あるいはGoogleの防御的な回答を引き出すような質問の仕方をしていたのだろう[36]。興味深いことに、攻撃的な質問に直面したときのグーグルの防御戦略は、自社のシステムがいかに複雑かを説明することであった[37]。おそらく、議員のデジタルリテラシーの欠如につけこみたかったのだろう。

ここで、両者にメリットのある解決策を見出すことに尽力し、複雑な技術的概念を理解／説明できる中立的な第三者がいたとしたら、誰もが有意義な話し合いに参加できたはずだ。ファシリテーターがうまく進めていれば、各DPFがタイムフレームに関するニーズを説明し、合理的なスケジュールを提案できるよう議論を誘導することもできただろうし、法案に対するグーグルの反対意見を政府がより理解できるよう手助けすることもできただろう。Googleが欺瞞的な方法で規制を逃れようとしていないことを確認するために、議員が期限に関するGoogleの主張の信憑性を評価する手助けをファシリテーターが行うこともできただろう。結論として、重要な技術的専門知識を持つ中立的な第三者は、国家とDPF間の関係改善に貢献するために必要な存在である。では、これまで議論してきたすべての要素をまとめ、現代的なコンコルダート・モデルの暫定モデルを提案しよう。

結論

本稿で行った分析は、国家とDPF間の緊張を緩和するためにすぐに実践できるソリューションとはいえないが、現代的なコンコルダートとはどのようなものかという暫定的なスケッチを提案するには十分であろう。私たちは、国家とDPFとの関係の現実に適応した、「独自 (*sui generis*)」のパートナリングの形をとるべきだと提案したい。

すでに説明したように、コンコルダート・モデルを以下の4つの要素を組み込んで再設計するべきである：

1　透明性を促進するメカニズム
2　国際的な提携を促進するメカニズム
3　目的を共有するための正式なメカニズム
4　技術的な専門知識が豊富な第三者による議論の促進

しかし、具体的には何をすべきなのか？　一つの可能性は、例えばカナダという国家と、その国家が規制を望むすべての大規模ＤＰＦとの間の協業を促進するためのパートナリング・プロセスを設定することだろう。[38]大まかに言えば、市民がＤＰＦの提供するサービスへのアクセスを失わないようにしながら、デジタル空間を管理するための有意義で実行可能な規制を採用することを目標とする。そして、技術進歩に直面しても適切な規制が維持されるよう、パートナリング・プロセスで得られた規制を遵守することも含まれる。これは、将来性のある法律を作るという課題に応えるための革新的な仕組みとなるだろう。

オンラインニュース法や選挙近代化法など、特定の法律に焦点を絞った狭いパートナリング・プロセスという選択肢も検討したが、より包括的な枠組みが望ましいという結論に達した。この結論は、主に2つの要素によって裏付けられている。第一に、パートナリング・プロセスにはコストがかかり、個々の法律のために複数のプロセスを設定することは、おそらく財政的に持続可能ではないだろう。第二に、信頼と経験は時間の経過とともに蓄積され、長期的なパートナリング・プロセスはよりうまく機能する傾向がある。そもそも、より広範な枠組みは、プラットフォームの賛同を促すだろう。オンラインニュース法の例を見てみよう。C-18法案に焦点を絞ったパートナリング・プロセスに参加するようMeta社を説得するのは難しかっただろう。というのも、同社は単にオンラインニュースのエコシステムの一部になることに興味がないからである。しかし、C-18に関する譲歩とプライバシー規制に関する政府の譲歩をトレードするパートナリング・プロセスにMetaを参加させることは、より簡単だったかもしれない。したがって、コンコルダートをプロジェクトに焦点を絞った狭い協力関係ではなく、より大きな関係として捉えることの方が、より望みがあるように思われる。

このようなプロセスがどのようなものなのか、現実的に素描してみよう。

パートナリング・プロセスは柔軟性があり、さまざまな形をとることができる。しかし、一般的には、「コミットメント」、「ワークショップ」（必要であれば複数回開催することも可能）、「憲章」、「モニタリング」という4つの重要なステップが含まれる。これらの4つのステップをどのように適応させれば、先に述べた国家とDPFの関係の現実を反映させることができるかを詳しく説明したい：

1　プレ・ワークショップ：　パートナリング組織の代表が、提携の重要な要素について話し合い、ファシリテーターを選び、そのプロセスに関する情報を組織内に広める。「トップによるコミットメント」は、パートナリング・プロセスの成功を決定する要因であるため、この段階で上位の人々が関与することが重要である。法務大臣、デジタル担当大臣、関係する副大臣が政府を代表して参加すべきである。一方DPF側の代表者も重要な役職に就いている人であるべきだろう。Meta社のグローバル担当CEOは、そのような役割を果たしうる人物の良い例だ。ファシリテーターについては、知識の普及を促進し、国家間の連携を促すために、OECDなどの国際機関によって訓練・調整されたファシリテーターグループから選ぶべきである。

2　ワークショップ：　ファシリテーターはワークショップ・セッションを企画し、達成すべき目標や予想される困難について話し合い、関係するチームの明確なコミュニケーション戦略を設計し、対立の予防と解決策を練る。先に述べたように、ワークショップの段階は、共有目標の公式化プロセスが始まる場所である。それぞれのパートナリング組織は、自分たちの主要な目的と関心を明確にし、他の組織のそれぞれに耳を傾けなければならない。その段階では、意思決定権を持つ人々と、コンピュータ科学者、政策アドバイザー、弁護士など、様々な専門家が共同作業の日々の進行に役割を果たす必要がある。規制の影響を受けそうなステークホルダー・グループにも参加を呼びかけるべきである。

3　憲章：　ワークショップの結果に基づき、ファシリテーターはパートナリング憲章を作成し、協働に関わるすべての関係者に送付して、最終承認と署名を求める必要がある。憲章は平易な言葉で記述し、一般に公開されるべきである。また、国家とDPF間の審議の透明性を高めるための報告メカニズムについても言及すべきである。例えば、ファシリテーターは、共有目標の達成に向けた進捗状況を文書化し、定期的に公表することを任務とする。

4　モニタリング：　最後に、ファシリテーターは、パートナリング・プロセスの活動期間を通じて、関係性の進捗状況、また、新たな障害や機会に対応するために調整を行うべきかどうかをモニタリングする。この業務には、前項で述べた公開アップデートの作成も含まれる。また、従業員が内部告発者になることなく、問題提起ができるように秘密裏に面談を行ったり、一般市民を対象にアンケートを実施し、規制に満足しているかどうか、パートナリング・プロセスの導入がデジタル技術の信頼性向上に寄与しているかどうかを確認したりすることも考えられる。

本稿の冒頭で、リヴァイアサンとビヒモスによる実りある協力を想像してみてはどうかという山本教授の提言が、筆者の心に特に響いたと述べた。というのも、オンラインニュース法をめぐる対立によって、国家とＤＰＦ間の緊張関係は、カナダ人にとってもはや継続可能なものではないことが明らかになったからである。いささか暗い見通しから話しはじめたが、楽観的な（しかし現実的な）言葉で本稿を締めくくりたい。ＤＰＦは今後も存在し続ける——実際ビヒモスは発展しさらに巨大化していくだろう。民主国家の代表者である政府は、それらに対処するための新たな政策オプションを模索するしかない。この章で説明してきたのは、前進する道が目の前にあるということである。パートナリング・プロセスは、国家とＤＰＦ間の緊張を緩和する特効薬ではない。しかし、適切な透明性メカニズムや国際的な提携を促進するための適切な戦略などが慎重に練られたものであれば、ＤＰＦの現実に適応した独自のパートナリング・プロセスは、カナダのようにＤＰＦと対立する国家との複雑な関係を統治するための力を秘めている。

【注】

1　Heritage Canada, 'Differences between C-18 and the Australian model'（13 February 2022）〈https://www.canada.ca/en/canadian-heritage/corporate/transparency/open-government/standing-committee/pablo-rodriguez-bill-c18/differences.html〉2024年1月9日閲覧。

2 Meta, 'Sharing Our Concerns With Canada's Online News Act'（21 October 2022）〈https://about.fb.com/news/2022/10/metas-concerns-with-canadas-online-news-act/〉２０２４年１月９日閲覧。

3 Meta, 'Changes to News Availability on Our Platforms in Canada'（1 June 2023）〈https://about.fb.com/news/2023/06/changes-to-news-availability-on-our-platforms-in-canada〉２０２４年１月９日閲覧。

4 Google, 'An update on Canada's Bill C-18 and our Search and News products'（29 June 2023）〈https://blog.google/intl/en-ca/company-news/outreach-initiatives/an-update-on-canadas-bill-c-18-and-our-search-and-news-products〉２０２４年１月８日閲覧。

5 *Online News Act Application and Exemption Regulations*, SOR/2023-276.

6 ２０１６年大統領選挙に関しては、以下を参照：Yochai Benkler, Robert Faris and Hal Roberts, *Network Propaganda: Manipulation, Disinformation, and Radicalization in American Politics*（Oxford University Press, 2018）「ロシア人、フェイクニュースの起業家、ケンブリッジ・アナリティカ、Facebook 自体、対称的な党派的エコーチェンバーなど、これらのアクターのいずれも、２０１６年の選挙中あるいはそれ以降に米国内で経験した認識論の危機の主な原因ではなかった」。ブレグジットに関しては、以下を参照：個人情報の利用と政治的影響力に関する情報弁務官事務局の調査について報告する、エリザベス・デナム英国情報弁務官からの書簡より、：「証拠を検証した我々の見解では、データは米国の登録有権者に関するものであるため、ブレグジットの際の国民投票で使用することはできなかった（クリーンアップ）」〈https://ico.org.uk/media/action-weve-taken/2618383/20201002_ico-o-ed-l-rtl-0181_to-julian-knight-mp.pdf〉２０２４年１月８日閲覧。

7 *Canada Election Act*, S.C. 2000, c. 9, s. 282.4（5）and 325.1.

8 Elizabeth Thompson, 'Twitter banning political ads in Canada until election campaign' CBC News,（Ottawa, 26 June 2019）〈https://www.cbc.ca/news/politics/twitter-online-advertising-election-1.5190465〉a ２０２４年１月８日閲覧。

9 Taylor Owen, Elizabeth Dubois and Fenwick McKelvey 'What have we learned from Google's political ad pullout?'（Policy Options, 10 April 2019）〈https://policyoptions.irpp.org/magazines/april-2019/learned-googles-political-ad-pullout/〉２０２４年１月８日閲覧。

10 BBC, 'Facebook blocks Australian users from viewing or sharing news' BBC News（London, 17 February 2021）〈https://www.bbc.com/news/world-australia-56099523〉２０２４年１月９日閲覧。Stephanie Stacey, 'What if WhatsApp really does leave the UK?' *TechMonitor*（London, 7 August 2023）〈https://techmonitor.ai/policy/privacy-and-data-protection/what-if-whatsapp-

really-does-leave-the-uk〉２０２４年１月９日閲覧。James Vincent, 'OpenAI says it could 'cease operating' in the EU if it can't comply with future regulation' *The Verge* (New York, 25 May 2023)〈https://www.theverge.com/2023/5/25/23737116/openai-ai-regulation-eu-ai-act-cease-operating〉２０２４年１月９日閲覧。

11　詳細は付録を参照のこと。

12　付録参照。

13　付録参照。

14　Michael Pal, 'Social Media and Democracy: Challenges for Election Law and Administration in Canada' (2020) *Election Law Journal* 200 at p. 210.

15　付録参照。

16　付録参照。

17　Ryerson Leadership Lab, 'Rebuilding the Public Square' (2019)〈https://static1.squarespace.com/static/5fec97c81c227637fcd788af/t/5fefffd29d513670e34daca7/1609564139555/Rebuilding+the+Public+Square+Report+2019〉p. 2. ２０２４年１月８日閲覧。

18　付録参照。

19　付録参照。

20　付録参照。

21　ＧＤＰＲによって、Facebook、google、Apple、Airbnb、Uber などのＤＰＦは、ＥＵのプライバシーポリシーをすべてのユーザーに適用することになった。例えば、ＧＤＰＲに対応するためにプライバシーポリシーを更新した際、Google はユーザーに次のような通知を送った。「欧州連合（ＥＵ）で新たなデータ保護規制が施行されたことに伴い、今回のアップデートを実施しました。この機会を利用して世界中の Google ユーザーのために改善を図ります」。以下を参照のこと。Anu Bradford, *The Brussels Effect: How the European Union Rules the World*, (Oxford University Press, 2019) pp. 143.

22　付録参照。

23　付録参照。

24　付録参照。

25　パートナリング・プロセスの包括的な説明については、以下を参照。Catherine Régis, 'Le partenariat préventif' in Pierre-

Claude LAFOND (ed), *Régler autrement les différends*, (Lexisnexis, 2nd ed, 2018) 215, p. 216 and Catherine Régis, 'L'avenir de la résolution des conflits dans le contexte de l'adoption de nouvelles technologies dans le domaine de la santé' [2016] *Revue de droit d'Ottawa* 473.

26 付録参照。

27 付録参照。

28 付録参照。

29 付録参照。

30 付録参照。

31 付録参照。

32 Jean-François Roberge, *La justice participative - Changer le milieu juridique par une culture intégrative de règlement des différends* (Yvon Blais, 2011).

33 付録参照。

34 付録参照。

35 付録参照。

36 付録参照。

37 付録参照。

38 オンラインニュース法（法案C-18）と選挙近代化法（C-76法案）には、規制の対象となる一定規模のDPFを判断する基準があった。

付録　グーグル社によるカナダ議会での発言記録

以下より抜粋：

- SENATE, Standing Senate Committee on Legal and Constitutional Affairs, Evidences, 42-1, No 54（29 November 2018）. <https://publications.gc.ca/collections/collection_2019/sen/yc24/YC24-421-54.pdf> accessed 8 January 2024.
- HOUSE OF COMMONS Standing Committee on Access to Information, Privacy and Ethics, Evidences, 42-1, No 148（9 May 2019）<https://publications.gc.ca/collections/collection_2019/parl/xc73-1/XC73-1-2-421-148-eng.pdf> いずれも２０２４年１月８日閲覧。

脚注番号	引用
n 12	**ジェイソン・キー（グーグル）：** 基本的に、私たちにはその機会が与えられなかった。というのも、修正案が提出されたのは、参考人リストが締め切られた後の逐条審議（clause-by clause consideration）であったため、私たちはその修正案に反論したりコメントしたりする機会がなかったし、代替的表現（alternative language）を提案する機会もなかった。（上院、p.54: 106）
n 14	**コリン・マッケイ（グーグル）：** あなたがおっしゃるように、現実には、さらに協議を重ね、キー氏が提出した修正案について議論し、私たちだけでなくカナダの企業やカナダのサイトの両方の観点から業界を幅広く検討していたら、この選挙期間の間、カナダに情報を提供する適切なツールについて別の話し合いができたと思う。（下院、p.17）
n 15	**ジェイソン・キー（グーグル）：** 私たちは、逐条審議が議院運営委員会（the Procedure and House Affairs Committee）で提案されていることを、実際に公に報告されたときに知った。その時点で、私たちは大臣室に接触し、まず、これらの条項の内容に関する詳細があまりなかったため、さらなる情報を収集し、その後、大臣室と緊密に連携して、私たちが抱いていた懸念のいくつかを特定し、それらの懸念を解決するための修正案を作成した。（下院、p.5）
n 16	**ジェイソン・キー（グーグル）：** 私たちが懸念しているのは、厳格責任であり、基本的には責任を負うということだ。あなたの唯一の防御策はデューデリジェンスだ。今日の話を総合すると、この文脈で何がデューデリジェンスにあたるかを評価するのは難しい。適切に広告や広告主を識別するために私たちが構築したシステムは、基準を十分に超えるものなのだろうか？　それはまったく不確かな判断であり、私たちの立場からすればかなりの懸念材料となる。 **デニース・バターズ（上院議員）：** まったくだ。それも大臣室に持ち込んだ問題ですか？　大臣の反応はどうでしたか？ **ミシェル・オースティン（ツイッター）：** 私たちは共にその問題を提起した。そこで止まっているのが心地いいと思っていた。 **ジェイソン・キー（グーグル）：** 私たちは彼らにこの問題を提起し、それが話し合いの範囲だった。（上院、p.54: 115）
n 18	**ナサニエル・アースキン・スミス（国会議員）：** 私のフラストレーションを言おう。あなたたちは何十億ドルも稼ぐ企業だ。それがワシントン州の小さな司法管轄区やカナダの小さな司法管轄区に向かって「あなたたちの民主主義は我々にとって重要ではない。

	参加するつもりはない」と言っている。もしビッグプレーヤーがルールを変更すると決めたら、あなたはきっとそのルールに従うだろう。我々はあなたたちには小さすぎる。あなたたちは大きすぎる。あなたたちは重要すぎる。我々はグーグルにとって真剣に考えるほど重要ではないのだ。（下院、p.4）
n 19	**デヴィッド・デ・バーグ・グレアム（国会議員）**：私には難しく思えるが、十分に解決可能なシステムのように思える。さっきネイト（＝ナサニエル）が言ったように、もしこれがアメリカだったら、もう修正されているはずだ。（下院、p.9）
n 19	**ピエール＝リュック・デュソー（国会議員）**：このような登録を行うために、あなたたちがアメリカやヨーロッパで多くの投資を行ってきたことを鑑みると……また、サーチエンジンを中国の法律に適合させようとするなど、特定の市場に何百万ドルも投資しているという事実を鑑みると、法律が非常に厳しいことには同意する、あなたもよくご存じでしょうが。ではなぜグーグルは、次の連邦選挙に備えてカナダの法律に適応できないのか、私には理解しがたい。（下院、p.6）
n 20	**コリン・マッケイ（グーグル）**：先ほどジェイソンが言ったように、フランスでは広告をブロックしなければならない。それが現実だ。私たちの現実は、カナダの民主主義へのコミットメントではない。ここでの現実は、選挙法の改正という技術的な課題に直面したことだ。我が社の内部評価の結果、選挙期間に間に合うように技術的な課題を実施することはできないとの判断に至った。（下院、p.4）
n 22	**ジェイソン・キー（グーグル）**：我々はC-76法案の目指す透明性向上については支持するが、残念ながら、議院運営委員会で導入されたオンラインプラットフォームに関する具体的な規定は、国際的な慣行や、オープンなウェブ上でオンライン広告が実際にどのように機能しているかをまったく反映していない。パブリッシャーもプラットフォームも、新規定が発効するまでの非常に短い期間で実施するのは極めて困難だろう。（上院、p.54: 101）
n 23	**ミシェル・オースティン（ツイッター）**：私たちは、この登録簿と法案に関してあなたが下したいかなる決定にも従うつもりである。しかし、来年は世界中で38もの法律が制定される。広告登録簿のようなものを構築する場合、デジタルの世界でのエンジニアリングは現実の世界でのエンジニアリングに似ており、計画し、順序を組立て、実行可能なシステムを構築しなければならない。特に選挙に関する私たちの経験と、選挙がいかに重要であるかを鑑みると、これはツイッターのユーザーにも、当社の「広告の透明性について」を訪れる人にも、素晴らしい情報を提供するだろう。（上院、p.54: 109）
n 24	**ミシェル・オースティン（ツイッター）**：情報の完全性の問題に関しては、米国と同様、C-76法案は政治キャンペーン広告を掲載したい広告主に対し、身元の自己申告（self-identify）を義務付けている。米国では、政治広告主の大半は連邦選挙委員会（FEC）によって身元が確認されている。FECは、政党、政治活動委員会、候補者などの組織に固有番号を発行している。FECはこの数字を公開データベースで公表している。FECが発行する固有の識別番号によって、有権者はツイッター以外の情報源から得た広告主の情報を認証することができる。FECの識別子は、政治広告主が本人であることを利用者に確信させる

	付加的なレイヤーを提供する。FEC識別子によって、有権者が広告主に関する情報や文脈を見つけやすくなり、広告主に関する情報の全体的な完全性を向上させる。（上院、p.54: 99）
n 26	**ジェイソン・キー（グーグル）**：これに伴い、政治広告の透明性向上を全面的に支持する。（下院、p.2）
n 26	**ジェイソン・キー（グーグル）**：上院の委員会や大臣室でも基本的に表明してきたように、私たちは政治広告の透明性を高めるという考えに全面的に賛同し、一致しています。実際にカナダに登録簿を持ち込むつもりだった。（下院、p.6）
n 26	**コリン・マッケイ（グーグル）**：私たちの決断は、それを遵守できるかどうかの技術的評価によって下したものであることを強調しておきたい。カナダ国内の規制の枠組みや、カナダの選挙プロセスに対する私たちのコミットメント、そして情報提供と透明性の維持の支援に対する異議はない。私たちは、この法案に記載されているようなツールを導入するプロセスを他の国でもとっており、これらのツールを改善し、バックエンドの技術インフラに取り組むことで、ユーザーだけでなく選挙に参加するすべての人々にとって、より有益でより有用なツールとしたいと考えている。そして私たちは非常に難しい議論にたどり着いた。というのも、限られた時間の中で、カナダの文脈の中で、そして私たちカナダ人にとって、選挙人として、選挙プロセスの参加者として、非常に重要な法律改正に直面したからだ。私たちは期限内にこの法律に準拠できるかどうかの決断を下さなければならなかった。そして、できなかった。そのため、私たちは政治的な広告を受け入れないことになってしまった。これは、このデジタル空間を規制するカナダの権限や管轄権に対する私たちの企業姿勢や個人的な姿勢を反映するものでは決してないし、選挙法改正に対する私たちの意見を示すものでもない。私たちにとっては非常に難しい決断であり、技術的な課題、および目の前にせまる時間的猶予の無さが決断を後押しした。（下院、p.6）
n 26	**ジェイソン・キー（グーグル）**：私はこれらの指摘に同意し、さらに2つの指摘をしたい。同様に、我々がこのプロセスに関与したのは、それが正しいことだからだ。政治広告の透明性をより身近なものにするために努力しなければならないことが明白であったからこそ、私たちはこのプロセスに参加した。単に報告書を作成するという意味だけでなく、一般市民や研究者、選挙規制当局も利用できるため、政治広告のニッチな部分まで調べることができるからだ。（上院、p.54: 110）
n 26	**デヴィッド・デ・バーグ・グレアム（国会議員）**：C-76の変更に反対ですか、それとも哲学的な観点から法案を支持しますか？ **ジェイソン・キー（グーグル）**：もちろん。（下院、p.8）
n 26	**ジェイソン・キー（グーグル）**：これは、主なオンラインプラットフォームで進行中の多くの取り組みと一致する基本的なガイドラインを定めたものである。私が直面している課題は、その根底の原則にあるのではない。C-76法案で具体的に明示されている相違点は、実質的に異なるものであり、ほんの数文字違うだけでも、私たちにとっては潜在的な課題となる。（上院、p.54: 110）
n 26	**ジェイソン・キー（グーグル）**：これらの新しい規定がもたらす大きな課題と、主要なオンライン広告プラットフォームがすでに自主的に同じような登録簿を公開していることを考慮すると、私たちは、意図しない結果をもたらし、政治広告の問題に対処す

	る柔軟性を低下させ、すでに計画されている登録簿の立ち上げを無にする可能性のある『規範的義務（prescriptive obligations）』ではなく、プラットフォームが登録簿に関して調整できる『協力的アプローチ』を推奨したい。（上院、p.54: 103）
n 29	**ジェイソン・キー（グーグル）：** これに伴い、政治広告の透明性向上を全面的に支持する。昨年は、アメリカの政治広告主に対する検証要件の強化、選挙広告の広告内開示、アメリカ中間選挙のための新しい透明性レポートと政治広告ライブラリを自主的に導入した。インドとEUの議会選挙でも同様のツールを導入している。カナダでも同様の措置を導入するつもりでいたが、残念ながらC‐76法案で導入された新しいオンラインプラットフォームの規定は、現在のオンライン広告システムや透明性報告書の役割を反映していない。新しい規定が発効するまでの非常に短い期間に、新しい要件に対応するために必要となる大規模な変更を実施することは、単に実現不可能だった。（下院、p.2）
n 30	**上院公聴会で配布された準備書面（Brief）：**「新しい規範的義務は、意図しない結果をもたらすだろう。［……］特定の条件や要件を課すことで、計画中の登録簿の立ち上げを危うくする。広告配信インフラの大幅なエンジニアリングが必要であり、これは短期間では達成できない。
n 31	**上院公聴会で配布された準備書面：**「提言。新たな義務を撤廃し、協調的な体制を優先させる。主要なプラットフォームはすでに選挙前に自主的に登録簿を開始しており、こうした新たな義務は必要なかった。新しい規範的義務は、意図しない結果をもたらすだろう」。
n 33	**コリン・マッケイ（グーグル）：** 技術的な課題、および目の前にせまる時間的猶予の無さが決断を後押しした。（下院、p.6）
n 34	**フランク・ベイリス（国会議員）：** 同僚のネイトが言っていたことを少し補足したい。C‐76法案の要件を満たせるかどうかという点について、我々はあなたがおっしゃったことを信じられません。フェイスブックは満たせると言っている。そのことをご存知ですか？（下院 p.11）
n 34	**フランク・ベイリス（国会議員）：** 法律を遵守した広告を大量に載せるための小さなデータベースのために……そのデータベースが、御社のハードウェアやソフトウェアの10分の1の10分の1の10分の1だとは想像できないが、御社のエンジニアはプログラミングができないというおつもりなのか……？ 彼らは何でもできる。それを捉えて、瞬時に特定することはできても、複雑すぎてデータベースに登録することはできない……と？ これこそグーグルが得意とするのはデータベース管理なのでは？ 私が間違っているのだろうか？（下院、p.16）
n 35	**リンダ・フラム（上院議員）：** 技術者でない私があなたの証言を要約すると、政治広告を監視し、登録簿に記載する責任と義務はすべてソーシャルメディア側にあり、オンライン上で起こっていることをともに監視してくれるパートナーが連邦選挙管理局にはいないということでしょうか。（上院、p.54: 103）
n 36	**フランク・ベイリス（国会議員）：** エンジニアリング・チームは最初からそう言っていたのか、それとも何らかの作業をしたのか？

	なぜ隠しているんだ？　もし何かしらの作業をしたのなら、「フランク、調べたところ、2年4カ月かかりそうだ」と言えばいいだけだ。なぜそんなに動揺しているのですか？　教えてほしい。なぜそれを隠すのですか？（下院、p.13）
n36	**ナサニエル・アースキン・スミス（国会議員）：**　昨年の第4四半期に80億ドルを稼いだのに、100万ドルは素晴らしいとあなたが言うのと同じくらい、信じられない答えだと言わざるを得ない。このことを真剣に受け止めなかったことは、我々の民主主義にとって有害であり、もっとうまくやるべきだったのでは。（下院、p.11）
n37	**ジェイソン・キー（グーグル）：**　私たちの広告システムの仕組み上、修正は表面的に見えるほど単純ではなかったからだ。繰り返しになるが、これらは非常に複雑なシステムであるため、1つの変更を実施するたびに、連鎖的に影響が広がる。このようなシステムを導入する能力について何カ月にもわたって徹底的に議論した結果、基本的には時間内にできないことが明らかになったのだ。（下院、p.12）。

COLUMN

ビヒモスを怪獣化させないために——デジタル課税の可能性

ローレンス・レッシグ／荒川稜子 訳

現在のデジタルプラットフォーム（以下、「ＤＰＦ」）のビジネスモデルは、ユーザーと社会という側面から4つのケースに分類することができる。

一つ目はユーザーと社会の両方に対して有益なビジネスモデルである。Amazonのようなビジネスモデルでは、過去の購入履歴や検索履歴に基づいたオススメを表示することで、ユーザーは自分の好みにあった新しい商品を知ることができる。読書やビジネスという行為自体に反対ではない限り、このモデルはユーザーにも社会経済にも有益だといえるだろう。

二つ目のビジネスモデルは、ユーザーには有益ではないが社会には有益なモデルである。技術の発展により、インターネットを利用して誰か——例えば子ども——を傷つけている人物を特定しやすくなった。もちろんそうしたユーザーにとって、このような技術の発展は好ましくないかもしれないが、社会に対しては有益である。

三つ目は、ユーザーと社会の両方に対して有益ではないビジネスモデルである。いき過ぎたゲームへの課金がこれに当てはまる。「Whale」（重課金者）と呼ばれる彼らは、ゲームに異常なまでに金銭を投じている。ＤＰＦがオンライン上でこうしたユーザーを特定し、追跡し、搾取し続けていることは、ユーザー本人はもとより、社会全体にとっても有益なことではないだろう。

そして最後に、ユーザーには有益だが社会に対しては有益ではないビジネスモデルである。「ブレイン・ハッキング」というコンセプトを紹介したい。元Google社員のトリスタン・ハリス（Tristan Harris）は、Center for Humane TechnologyというＮＧＯを設立し、シリコンバレーで盛んになっているこの新しい科学技術の危険性を警告している。彼らによれば、ブレイン・ハッキングを利用して、人々がデジタルテクノロジーに自然と多くの時間を費やすように仕向ける手段を生み出し、その結果、ＤＰＦはより多くのエンゲージメントと利益を生み出すことができる、というわけである。

ブレイン・ハッキングは、ユーザーへランダムに「報酬」を与えることで、ユーザーを中毒にし、永遠にスクロールするよう仕向ける。ユーザーがこの仕組みから逃れるのは簡単ではない。まさに我々の「ブレイン」はソーシャルメディア（以下、「SNS」）とアルゴリズムに「ハッキング」された状況に陥るのである。DPFは、結果として広告収入を得るためにより多くのユーザーのデータを集めることが可能になる。Facebookのニュースフィードを想像してほしい。このフィードは中毒と憂鬱な感情を引き起こすように設計されており、特定の層、特に10代の女性に大きな影響を及ぼしている。さらに、この仕組みは我々を孤独にし、そして脆弱にすることで、よりDPF上でのエンゲージメントを高めるように設計されているため、社会的な悪影響をも生み出してしまうだろう。

社会学者のジーナップ・トゥフェックチー（Zeynep Tufekci）が述べている通り「このような企業は人々のアテンションを金銭化しており、必ずしも健康や社会運動、公共領域での成功を金銭的な価値に変換しているわけではない」。特に、デモクラシーや政治の分野において、最も人々のアテンションを獲得できるのは政治的ヘイトである。社会が二極化することで、我々ユーザーはよりSNSにのめり込んでいく。2021年1月6日のアメリカで何が起きたかを思い出してみよう。多くのトランプ支持者がトランプ大統領とSNSに煽られて「選挙は盗まれた」と信じ込み、議会議事堂を占拠し暴動を起こした。もちろんこれは集団的な災難ではあったが、それと同時にSNSを運営する企業にとっては最も利益を得ることができる方法であった。

SNSが我々に集団として行動するように促したことが、結果として社会全体に悪影響を及ぼしている。つまり、本当に恐ろしいのはDPFの監視追跡機能そのものではなく、その使用方法である。冒頭に示した4つのビジネスモデルから分かるように、監視によって商業的、経済的、社会的にポジティブな効果を生み出すこともできる。では、監視によってネガティブな社会的影響を生み出さないことを保証するためにはどうすれば良いだろうか。

そのために我々は「根本的な原因」に向き合う必要があるだろう。作家ヘンリー・デイヴィッド・ソロー（Henry David Thoreau）の有名な一節に「痛んだ枝を1000回切ることは、根を一度切ることと同じである」という言葉がある。我々はこの問題に対して、まさしく根本から解決する必要があるのだ。「ブレイン・ハッキング」を活用するビジネスモデルの動機が、時として社会的価値に対して有害であることを検証しなければならない。

社会心理学者であるショシャナ・ズボフ（Shoshana Zuboff）を含む監視資本主義に対して批判的な人々と異なり、私自身は監視資本主義に対して絶対的な反対をしているわけではない。資本主義社会において、個人に対して危害を加えるかたちでデータが展開されない限り、監視は問題ないのではないかと考えている。もしデータの利用方法が規制できていれば、データの収集手段である監視は問題ないのである。

当然のことながら、ニュースや政治などの特定の話題や、デジタル上で脆弱な立場の人を相手にする場合、エンゲージメントによって利益を得るビジネスモデルは問題となるだろう。我々が根本から解決しなければならないのは、このようなビジネスモデルについてである。

ヨーロッパはこうした課題に対して対策を行うことを選んだ。一般データ保護規則（GDPR）やデジタルサービス法（DSA）、デジタル市場法（DMA）がその例である。DPFが社会で実際に引き起こしている問題に対してEUが真摯に取り組んでいる点は注目に値する。未だ法規制を制定していないアメリカと対照的である。

一方で、EUの規制は、法律家の視点からすれば素晴らしいものであっても、規制の方法が効果的かどうかについては疑問が残る。確かに個々人へのエンパワーメントと選択を与える制度は魅力的である。エンパワーメントを得た我々消費者が、消費者としての選択を下す。それによってDPFによるデータの利用を制御しようするEUの仕組みは法律家の観点から言えば素晴らしいと言える。しかし、誰が1時間以上かかるMicrosoftの利用規約を全て読み完全に理解するだろうか。Spotifyは36分、ポケモンGOも35分程度かかる。これを全て読んで理解した上で利用しているユーザーはどれだけいるだろうか。

先ほど述べた通り、私はDPFによるユーザーの監視そのものを問題視しているのではない。ただし、監視すべきではない分野を明確にするべきだと考えている。DSAでは未成年者や監視によって影響を受けやすい層への監視を禁止しているが、それ以上に、政治やニュースの監視、そして監視の結果エンゲージメントを高め利益を得るビジネスモデルを展開することこそ、規制すべきだろう。

では、どのようにして特定の分野の監視とエンゲージメントを基礎にしたビジネスモデルを規制するべきだろうか。石炭ビジネスへの規制方法を思い出してほしい。石炭を利用して発電するビジネスモデルはまさに規制すべきものの一つである。この発電方法は環境に影響をもたらすため、炭素や石炭の導入に対して課税することでこうしたビジネスモデルを規制している。課税制度が導入されたことで、電力会社に対して石炭から代替資源への移行を促すことができる。

この方法はDPFへの規制にも応用可能であろう。つまり、DPFによる特定のデータの活用に対して課税するのである。賢い課税方法が確立できれば、Facebookのようにドナルド・トランプは当選していたと勘違いする人々を生み出すことで利益を得るようなビジネスモデルはなくなるだろう。課税による規制システムを確立する方が、毎回それぞれの投稿にファクトチェックを促すよりも、よっぽど有効ではないだろうか。これこそが特定の分野からアテンションエコノミーを排除するための根本的な解決策だといえるだろう。

※　本コラムは、2022年6月24日に開催された2040独立自尊プロジェクト・CCRC共催シンポジウム「ウクライナ戦争から考えるソーシャルネットワークと民主主義」及びKGRI Great Thinker Seriese 'How Can and Should the Platforms be Governed? Assessment of EU Digital Services/Markets Acts' の内容を基に執筆したものである。

※※　とくに、ローレンス・レッシグ、國領二郎「How Can and Should the Platforms be Governed? Assessment of EU Digital Services/Markets Acts」*KGRI Working Paper* (2023) (https://www.kgri.keio.ac.jp/docs/GTS-WP2022.pdf) およびレッシグ氏による講演映像（https://youtu.be/Pla3AjZ-hol、字幕あり）を参照。

Ⅱ 公衆衛生をめぐる国家とプラットフォームの攻防

河嶋春菜

1 新型コロナウイルス感染症と「もう一つの闘い」

２０１９年末から全世界で猛威をふるった新型コロナウイルス感染症（以下、「コロナ」）パンデミックは、国家にとって「ウイルスとの戦争」[1]だったともいわれる。感染症の脅威を古い記憶としていた現代の国家は、デジタルツールという新しい「武器」を備え、これを有効に活用して感染症に挑もうとした。そのため国家は、コロナ・パンデミックに際して、ウイルスだけではなく、有力なデジタルツールを提供するデジタルプラットフォーム事業者（ＤＰＦ）とも対峙しなければならなかった。

感染症対策は、いわゆる水際対策として検疫を行い、病原体が国内に侵入することを防止すること、

デジタルツールの名称	採用されたDPFサービスの例	利用状況
新型コロナウイルス接触確認アプリ（COCOA）	Google／AppleのAPI	累計DL　41,287,054回 （2022年11月16日時点）
HER-SYS	Microsoftクラウド	（行政による利用）
新型コロナワクチン接種証明書アプリ	アマゾン ウェブ サービス	累計DL　約1,566万回 （2024年2月20日時点）
ワクチン接種記録システム（VRS）	アマゾン ウェブ サービス	（行政による利用）

表　日本で導入されたデジタルツールの例

感染経路対策として患者の隔離などを行い、感染経路を遮断すること、そして、予防接種を行い、潜在的な患者（宿主）の免疫を強化することによって行われる。このうち感染経路対策は、日本では、医師による届出に基づき、保健所が一人ひとりの患者の行動履歴を調査して感染経路やクラスターを特定する疫学的な分析と情報の公表や、患者等を病院や療養施設に搬送するという、個別的な対応によって行うことが想定されている。しかしこの方法は、保健所の人員やノウハウを必要とするが、コロナ・パンデミックでは、いずれも不足していた。さらに、従来の感染経路対策は患者や濃厚接触者の行動や履歴を行政が収集し、注意喚起のために患者の情報を公表するという、プライバシーに対する制約が大きいという難点もある。

そこで期待されたのが感染症対策のデジタル化である。たとえば、「COCOA」は、保健所が介入することなく、濃厚接触が疑われる人に検査を促すスマートフォン（以下、「スマホ」）アプリケーション（以下、「アプリ」）であった。予防接種関係では、従来は紙のみで発行されていた「接種済証」が電子化されたほか、ワクチン接種記録システム（VRS）によって、市町村が接種データを相互に照合することができるようになり、住民票のある市町村の外であっても、職域接種や大規模接種会場での接種を受けることができた。以上のようなデジタル化されたコロナ対策には、少なからず、ＤＰＦのシステムが使われた（表参照）。ＤＰＦは「コロナ対策のデジタル化」の立役者であったといっても過言ではない。

本書のテーマによれば、国家・リヴァイアサンはＤＰＦがデジタル化で台頭することについて、「明らかに何かを怖れて」[2]、怒っている。では、フランスがコロナ対策に際して「デジタル主権」を主張してメガＤＰＦのシステムを拒否したことも[3]、ＤＰＦへの「怖れ」を表していたのだろうか。コロナ対策のデジタル化に際して、フランスはＤＰＦの何を怖れたのか。そして、デジタル主権を主張しなかった日本のような国は、本当にＤＰＦを怖れるべきではなかったのだろうか。国家は公衆衛生のためにＤＰＦとどのような関係を構築しうるか。コロナ・パンデミックの際に多くの国が導入した接触確認・追跡アプリ（以下、「接触アプリ」）を一例として取り上げて、国家の態度のバリエーションを掘り下げて、公衆衛生のために国家とＤＰＦが構築すべき関係性を考えてみたい[4]。

2　接触アプリをめぐるリヴァイアサンたちの選択

（1）　日本と多くのEU加盟国の場合

接触アプリは、２０２０年3月にシンガポールで実用化されたことを皮切りに、各国が「一国一アプリ」の方針の下で開発をすすめたスマホアプリである。コロナは、いわゆる「密」の状況でクラスターが発生することが分かってきていたため、スマホどうしの接近情報をつかって各ユーザーに陽性者に接触したことを通知することによって、通知を受けたユーザーが自ら健康観察を行ったり受診をしたりするなどの行動変容を起こすことや、行政がアプリやユーザーから寄せられる情報を使って濃厚接触者やクラスターの早期発見などにつなげることなどが期待された。日本では２０２０年６月に「ＣＯＣＯＡ」という名称でリリースされた前述のアプリがこれに当たる。ヨーロッパ諸国（ＥＵ、ＥＥＡ、スイスおよびイギリス）でも、２０２０年3月から10月までの間に、22か国で25の接触アプリがリリースされた。[5]

日本は、ＣＯＣＯＡで使用する接触判定システムとして、Google と Apple の提供する Exposure Notification framework（以下、「ＧＡＥＮ」）を採用した。ヨーロッパでも、後で説明する「中央方式」を採用したフランスとハンガリーを除くほとんどの国が同じくＧＡＥＮを利用して接触アプリを開発した。[6]

ＧＡＥＮは、ブルートゥース機能をつかってアプリをインストールしたスマホと他のスマホの接近情報を記録する。陽性判定を受けたスマホユーザーが保健所などの衛生当局から発行される陽性ＩＤをアプリに入力すると、国の管理する通知サーバーがこの情報を把握して全スマホに陽性者ＩＤを送信。各スマホ内において要請者ＩＤとスマホに保存された接触情報が照合された結果、陽性者との接触が検知されれば、接触した事実がアプリに表示される。このようにＧＡＥＮでは、接触履歴それ自体は各端末でのみ記録され、行政の管理する中央サーバーに保存されない、いわゆる「分散方式」がとられていた。

（2）フランスの場合

日本や多くのヨーロッパ諸国とは異なり、フランスは意図的にＧＡＥＮを採用しなかった。Google と

Appleから技術提供をうけることを避け、Orange FranceやDasaultなど、フランスやEU域内の企業に開発を委託し、独自のシステムを設計・開発してフランス版接触アプリである「STOPCOVID」(2020年10月以降は「TousAntiCovid」)をリリースしたのである。フランス版接触アプリもブルートゥースを利用し、陽性診断を受けたユーザーが任意で陽性者IDをアプリに入力することにより、濃厚接触の可能性のある他のユーザーのアプリに通知が送られるしくみである。GAENと異なるのは、患者ユーザーの接触履歴それ自体が中央サーバーに送信され、中央サーバー上でほかのユーザーのアプリから接触情報が照会される点である。このようにフランス版アプリは、行政当局がユーザーの行動歴を取得するシステムであった。政府はアプリをリリースする前に、政令(デクレ)を制定して個人データ保護との両立を図るための措置を定めた。[7]

3 選択の理由

(1) 日本――ビヒモスと協調すべき理由

COCOAの開発に携わった有識者チームのメンバーが行った考察によれば、[8] アプリシステムは、個人情報保護法の定める要件を満たすことはもちろんのこと、同法が求める水準を超えて、ユーザーのプライバシーを侵害しないことが目指されていた。冒頭で示したように、本来の接触追跡《コンタクトトレーシング》とは、行政(保健所)が濃厚接触者やクラスターの割出しのために各患者の行動履歴――つまり、詳細・機微かつ経時的な大量の個人情報——を把握するものである。一方、COCOAの機能は、患者との接触を確認し、その事実を通知する（だけの）アプリであり、国がユーザーどうしの接触歴を取得するものではなかった。そのようなCOCOAの仕様は、個人情報保護法上の要請を超えて個人データ保護を図るプライバシー保護を「最大限に尊重する」しくみであったといわれる。[9]

同じくEU諸国にとっても、GAENには大きな利点があったようだ。[10] 第一に、GAENが厳格な個人データ保護を求めるGDPR（EU一般個人データ保護法）に違反しないシステムであった点である。EUにおいても、GoogleとAppleが提案したプライバシーフレンドリーなシステムには、法的な観点から利点があったといえる。第二に、EUにおけるスマホOSシェアのほとんどをGoogleとAppleが占めるため、GAENはアプリの迅速な開発と多くのユーザーを見込めるという、公衆衛生施策としての効果・効率性に利点があった。第三に、GAENはグローバルに共通のシステムであり、同じくGAENを採用する他のEU諸国でもアプリが正常に作動するため、EU域内の自由な移動と相性が良いという経済的な利点があった。多くのEU諸国がGAENを採用した選択の背景には、GoogleとAppleがユーザーのプライバシーを国から守るシステムを提案したことと、多国籍の巨大DPFとして経済的に高いシェアをもっていたことがあろう。

(2) フランス——ビヒモスに抵抗すべき理由

フランスが多くの利点のあるGAENをあえて拒否し、DPFビヒモスの二大巨頭であるAppleと

Googleに抵抗したのはなぜか。その理由は、フランス政府の公的発表のなかに現れている。
官民のDX化に関する政策について政府に意見を行う公的諮問機関「国家デジタル評議会（CNNum：Conseil national du numérique）」は、接触アプリに関する答申において、「危機の最中にあってもデジタル主権が主要な課題である」と述べ、次のようにGAENの採用に慎重になるべき理由を説明した。

「接触を決定づける要素は、学識経験者の委員会において、国家レベルで確定すべきことであるが、2つの大企業〔訳註：GoogleとApple〕の提案するシステムは、国家が接触の性格づけを調整する可能性を制限している。両社の技術的ソリューションは、政府が有する支配力――当該ソリューションが採用するアルゴリズムの決定は、公共政策の一部を成すため――と、アプリのアーキテクチャの選択――中央方式か分散方式か――を左右する。モバイル・オペレーティング・システムのサプライヤーは、国家の主権的選択を尊重しなければならず、特定のアーキテクチャやアルゴリズムを押し付けたり優遇したりしてはならない」[11]（傍点引用者）。

何が濃厚接触に当たるのかを定義してシステムに反映させることは、デジタル技術の設計にとどまらず、感染症対策に関する国家の決定権の中核にかかわる「主権的選択」である。しかしGAENでは、15分間の接近を接触と認定することや分散方式をとることなど、濃厚接触を定義し、それを追跡する方法などがGoogleとAppleによって予め決められていたうえ、両社はシステムのカスタマイズやOS上での動作について政府に交渉の余地をほとんど与えなかった。アプリをめぐってフランスがＤＰＦと協調することができなかったのは、ＤＰＦビヒモスの側が国家リヴァイアサンに対し、「交渉拒否」という挑戦的な態度をとったからだったのである。

実際、Google と Apple の態度は強硬的であった。両社によってＧＡＥＮのカスタマイズを拒否されたフランスは独自に接触アプリを開発せざるを得なかったが、ＤＰＦ側の挑戦はそれで終わらず、Apple はアプリが iPhone のバックグラウンドで作動するように Bluetooth の動作制限を解除してほしいというフランス政府の要請をも拒否したのである。バックグラウンドでの接触確認機能はアプリの肝といってもよく、Apple によってこの機能を制限されたフランスのアプリは、接触確認機能としての有効性が低いとして、絶えず批判された。しかし、それでも国家の主権的選択を保持するためには、ＤＰＦのシステムを採用するわけにはいかないというのが、フランスの選択であった。

では、フランスにとって主権的選択とは、いったい何を指していたのだろうか。ＣＮＮｕｍの答申を受けたフランス政府は、自らも主権に言及してＧＡＥＮを採用しないと宣明した。

「フランス人の健康保護は、国家が排他的に管轄する任務であり、多国籍私企業が担うものではない。国家活動の効果を向上させるためにコンタクト・トレーシングの方法（algorithme）を確定し、あらゆる疫学的データを入手して利用する権限は、国家以外の主体に委ねてはならない。これは、衛生主権と技術主権の問題である」[12]

フランス政府にとって、接触アプリシステムの選択は、衛生主権と技術主権という2つの主権にかかわる重大な選択であったという。フランス政府は、国家こそが健康保護に対する排他的な管轄権をもっており、このことは、公衆衛生対策に情報通信技術を使う場合でも揺らいではならないと考えたが、GoogleとAppleは、国家に対してさえ、技術力を盾にネットワーク空間のゲートキーパーとして振舞うことを控えず、自社製品を優遇して公衆衛生政策を実力で制限したのである。すなわち、DPFが国家に接触確認システムを受け入れさせようとしたことによって（あるいは、技術面の交渉を拒否したことによって）、国家は、自ら情報通信技術をもたないという課題に加え、公衆衛生という重要な場面においてさえ、技術をもつ事業者に対する統制をはたらかせることができないという課題に直面したのである。このようにフランス政府の問題意識を読み解いてみると、アプリシステムの選択が単なる技術的問題ではなく、より重大なデジタル主権に発展したのは、それが公衆衛生という重要な統治領域に関わる選択だったからだといえる。「公衆衛生×デジタル」が交錯する国家的課題に直面したからこそ、フランス政府は独自のシステムを開発するという多難な選択をせざるをえなかったのではないだろうか。

4　公衆衛生は主権か

（1）主権とはなにか

フランスの憲法学者は、GoogleやAppleを含むアメリカのＤＰＦにＥＵ市民のデータを自由に利用させることで、「我々の主要な資産と決定権の重要な部分」を明け渡し、「我々の主権を放棄すること」[13]になると警鐘を鳴らした。国家が外国ＤＰＦのサービスを使用して、外国ＤＰＦにＥＵ市民の個人データの収集を許すことは、プライバシーの問題が生じるだけではなく、ＤＰＦが「我々の決定権の重要な部分」である主権を侵害することになる、というのである。

主権（Sovereignty）とは、16世紀後半にフランスのジャン・ボダン（Jean Bodin）が提唱した概念であり、「至高的で絶対的で永続的な」権力をもたない主体は国家とはいえないといった、その権力のことである[14]。このことから、国家主権は、国家権力が他国から解放され、国際法に服するほかは自律して内政を行うことを意味する。しかし、デジタル主権は他の国家ではなく、多国籍企業であるＤＰＦの干渉によって国家が内政を自律的に決定することができなくなることを危惧して提唱されている。つまり、ＤＰＦという本来国際法上の主体ではないアクターを、事実上、国家と同様に国家主権を脅かす存在として認めるところにデジタル主権の新しさがある。別の見方をすれば、ＤＰＦに対して主張する「主権」は、古典的な主権概念には合致しないので、「デジタル主権」という概念自体の根拠や正確性が疑わしくなる。一方で、接触アプリシステムに関する決定権の所在が主権問題になった要因を「公衆衛生×デジタル」のかけあわせのなかに見出すならば、主権の主張の相手がデジタル事業者であったということだけでデジタル主権の主張を切り捨てるのではなく、いったん、公衆衛生という主権の内容に目を向けてみることも必要であろう。

(2) 公衆衛生をめぐる主権上の懸念

ボダンは、国家主権を構成する国家の決定権として、立法権、司法権、国防権などを挙げたが網羅的に提示したわけではなかったし、その後に主権を論じたトマス・ホッブズやルソーにあっても、公衆衛生は明示的には主権に含まれていなかった。そのため、公衆衛生が国家主権の一部をなす権力だといえるのかという疑問が生じる。「主権とはなにか」という途方もない問いに答える用意はないが、次の事実から、公衆衛生はそのときの為政者の日和見的決定によって他の主体に決定権を譲り渡してはならない重要な統治権の一部を成すといえる。

公衆衛生は国家統治における基礎的な決定を広範に含む営みである。公衆衛生は、検疫という国境管理、検診や出生届、死亡理由などを通じた国民の生(生命・生活)に関する情報の継続的な把握、予防接種や消毒という国民の身体への介入によって行われる。フーコー(Michel Foucault)[15]が指摘したように、公衆衛生は、衛生や健康という切り口から領土と国民を管理するシステムであり「権力」である。歴史を振り返れば、近代国家が主権、国民、領土の3つの要素を兼ね備えた主体として成立して以来、公衆衛生は国家の自律を象徴する営みであり、国民管理システムを成してきた。[16]これに対し帝国主義においては、公衆衛生は、占領者が世界に広めるべき文明であり、占領地で公衆衛生政策を実施することは領土の開発や人々の身体やライフスタイルに介入する大義名分になった。[17] さらに、主権国家が占領者に一時的に主権を譲り渡す場合にも、公衆衛生の統治は、占領者が最初に手をつける分野でもあった。一例として、敗戦後の日本で、GHQの早々の指示によって住民に行われた強制的な予防接種やマラリア駆除のためのDDTの散布[18]は、一見して住民の健康を向上させるために行われたようにみえるが、実は、「占領地の住民の健康よりも、兵力維持のためにまず自国の軍隊の保護が優先され（た）」[19]結果であり、被占領地住民の健康ではなく、駐留する自国の軍人の健康、すなわち占領者の利益のために衛生管理が行われたと考えられている。このように、国家が衛生統治権を喪失することは、外国を前に国家が統治権の全体を失い、統治のあり方そのものを変更させられるような事態つながっているのであり、主権そのものの喪失を強く予見するものといってよい。

こうした背景にかんがみれば、フランスがDPFによって公衆衛生のためのデジタルリソースを掌握されることに大きな危機感を抱いた理由も理解できるだろう。衛生が帝国主義の道具であり、あるいは占領者自身の利益のために行使されてきた歴史は、[20] DPFによる公衆衛生への参入の目的を問い直させる。すなわち、DPFは保健医療行政のDX化に貢献する一方で、もしDX化という「文明」を大義名分としてユーザーの健康データを管理しようとするならば、DPFの台頭は「デジタル帝国主義《コロニアリズム》」として危惧すべきものとなる。フランスのCNNumが前述の答申で、「アプリの開発から経済的利益追求という疑念を払拭すべきだ」と述べたのも、[21]「デジタル帝国主義《コロニアリズム》」に警戒し、DPFが国民の健康利益を守ること以外の目的のために、アプリシステムの設計を独占することを危惧したためだとみることができる。技術的・経済的に怪獣化したDPFが国家の衛生統治を阻み政治的にも怪獣――衛生ビヒモス――と化して衛生主権を侵害することを怖れ、フランスは「デジタル主権」を主張したと考えられる。

5　衛生リヴァイアサンの行動原則――DPFへのアウトソーシングの許容可能性

（1）　衛生リヴァイアサンの正当性

ボダンの時代から下がった近年では、国家が主権者によって制定された憲法に従って統治を行うことにこそ、主権論の意味を見いだす議論がある。[22] 実際、フランスが衛生ビヒモスに抵抗して公衆衛生の統治権を死守しようとしたことには、憲法に裏付けられた理由があった。フランスで現行法としての効力をもつ第四共和政憲法前文11項には、国民の健康を保護すべき国の責務が定められ、ここから国民には「健康保護を受ける権利」が保障されていると解されている。同様の規定は日本国憲法にもみられ、25条1項が「健康で文化的な最低限度の生活を営む権利」（生存権）を保障し、同条2項は「国は、すべての生活部面について、社会福祉、社会保障及び公衆衛生の向上及び増進に努めなければならない」と定めている。生存権（1項）の保障を確保するために、国に公衆衛生の向上増進義務（2項）が課されているという構造である。フランスと日本に共通しているように、現代福祉国家の憲法では、人々の健康保護が、国家が統治権を行使する際の優先的な目標であるとともに、衛生リヴァイアサンによる国民の健康管理を正当化する根拠である。憲法は、慈善団体や企業ではなく国家こそが各人の健康のために最も公正に衛生統治権を行使できると定めている、といってもよい。

しかし、憲法は国家が公衆衛生を向上させる手段について規定していない。具体的な公衆衛生の実現手段は、法律でつくられる制度に委ねられているから、公衆衛生をどの程度、自らハンドリングし、あるいはアウトソーシングするかについては、国によって異なる志向がみられ、ここにフランスと日本の制度に大きな違いがある。

(2) フランスの場合——「保護者としての衛生リヴァイアサン」

日本とフランスの感染症法制を比べた時に、最も特徴的な違いは、国家が個人や集団の健康の保護のために個人に法的な義務を課すことをどの程度認めるかという点にある。フランスでは、上述の第四共和政憲法が「国は、すべての者、とりわけ子ども、母親及び高齢労働者に健康の保護、物質的安全、休養及び余暇を保障する」と規定しているため、健康に関して弱い立場にある人々を特に厚く保護する責務が国に課されている。たとえば小児ワクチン接種義務が設けられているのも、宗教や思想上の理由によって子にワクチンを受けさせない親から子どもを守り、感染症からその健康を守るためだと説明することができる。[23] つまり、善き保護者が子にワクチンをうたせるように、国家がすべての国民の衛生上の保護者として予防接種義務という制度を設けている。フランスは国民の健康に気を使うおせっかいな[24]衛生リヴァイアサンであり、国民を健康に向かわせるためであれば、命令し義務を課すこともいとわない、いわば「国家＝保護者モデル」の公衆衛生を志向しているといえる。

「国家＝保護者モデル」のもとでは、国家は衛生統治権のハンドリングを失わない程度でのみ、ＤＰＦへのアウトソーシングが許されることになろう。したがって、国家に対して挑戦的な Google と Apple に接触アプリシステムの設定を任せることは、ＧＡＥＮの質――プライバシー保護や感染症対策としての効率性・有効性――の善し悪しとは関係なく、国家がＤＰＦに公衆衛生のハンドリングを明け渡し、健康の保護者としての役割を放棄することに等しい。

(3) 日本の場合――「柔和な衛生リヴァイアサン」

これに対し、日本では、戦後のハンセン病患者に対する強制的・非人道的な隔離や、甚大な健康被害が生じた予防接種後の副反応による健康被害など、感染症対策が個人の人権と生命を犠牲にして行われてきた歴史を反省して、１９９０年代に「個人の自主性の尊重」が、感染症対策の基本的な原則として打ち立てられた。つまり、社会防衛のために個人が犠牲になるのではなく、個々人の健康の増進の結果として社会全体の健康指数の向上をめざすとともに、個々人がどのように自らの健康を増進させるかの判断は、極力本人に委ねるという原則である。[25] この原則は、本人の同意のもとで行われる予防接種（勧奨接種）であっても、[26] あるいはハンセン病患者の入所政策による差別が国家自身によって直接行われるのではなく社会のなかで惹起される場合であっても、[27] 国家による憲法違反があったとする判決に裏付けられているように、厳格で徹底した原則である。日本では平時かパンデミック時かにかかわらず、ワクチンの接種義務が定められていないのも、自主性の原則にのっとったものだといえる。このように、本人の自主的な行動変容に期待し、国家の公衆衛生への直接介入は最小限とすることを原則とするので、日本は公衆衛生を細部までハンドリングしない「柔和な衛生リヴァイアサン」であり、公衆衛生のアウトソーシングにも親和的だといえる。とりわけＧＡＥＮは、ユーザーの自主的な行動変容をサポートし、国による個人の健康管理への介入は最小限にとどめたシステムであり、日本のような「柔和な衛生リヴァイアサン」との相性が良い。

6　衛生ビヒモスへの危惧と期待

(1)　衛生ビヒモスへの危惧

日本のような柔和な衛生リヴァイアサンは、ＤＰＦに公衆衛生をアウトソーシングすることによって衛生統治権を奪われてしまう可能性を怖れる必要はないのだろうか。日本は接触アプリをめぐる経験から2つの教訓を学ぶ必要があろう。

一つは、すでに示したように、デジタル帝国主義を疑うべきだという教訓である。ＤＰＦは、公衆衛生の専門家でも地域の事情を把握する政治家でもない。どのような距離と期間の接触が感染のリスクを高める濃厚接触といえるかを判断する主体として、ＤＰＦが適切だとはいえまい。また、憲法上の制約を受けないＤＰＦが、国民の健康を経済的利益追求の道具にしていないか、差別などの人権侵害を引き起こさないシステムを提供しているかなど、国家が目を光らせるべき点は少なくない。フランス政府は、協力的な国内テック企業の助けを得て独自のアプリをリリースしたが、それでも国会から承認の決議（憲法50−1条）を得たり、国会が定期的に国政調査（憲法51−2条にもとづく国会調査委員会制度）を駆使して人権団体や医学専門家の意見を聴きながらアプリ運用後の人権侵害やアプリの有効性の有無をチェックしたりと、民主的・専門的な監視の目を光らせていた。[28] 国家がもつ民主的制度や専門的調査制度という監視システムをDPFが代替することはできない。

もう一つは、国家の衛生統治能力をじわじわと弱小化してしまう危険を回避すべきだという教訓である。フランスは、2021年夏以降、地域の感染情報の提供やワクチン接種証明書の機能をアプリに追加した。法令上の手当てや民主的・専門的な監視を併せつつ自ら接触アプリを開発したからこそ、アプリに次々に新しい機能を追加してより有効な公衆衛生システムへの発展を目指すことができた。DPFに阻止されることなく、公衆衛生のデジタルツールを工夫し状況に応じてカスタマイズをすることができることは、フランスが「デジタル主権」を模索するなかで重視したポイントであったが、裏返してみれば、国家は公衆衛生の制度設計を挑戦的なDPFにアウトソーシングすることによって、公衆衛生の管理手法や関連するデジタル技術を発展させたり修正したりする可能性が制限されることになる。COCOAについても、Appleが「保健衛生当局がアプリを提供すること」をGAENの提供の条件としていたために厚生労働省が開発・運用を担うことになったが、情報通信を担う行政機関としては適任であったとはいえず、リリース後にアプリに多くの不具合が生じたり、HER−SYSなどの他の公衆衛生ツールとの連携が部分的にとどまったりする原因になった。実際、会計検査院が厚生労働省に不具合に関する是正改善要求を出したことなどを受け、デジタル庁は、厚生労働省をトップとする体制について「アプリを開発・運用するために望ましいあり方から見れば対応が不十分だった」[29]と総括している。日本政府は、GAENを利用することと引き換えに、DPFが提示したシステム利用の条件を呑み、デジタル衛生ツールの開発・運用を発展させるための適切なガバナンス体制の構築や技術発展の可能性を制限されたといえる。このようにDPFへの公衆衛生のアウトソーシングは、国家が公衆衛生を向上増進させるための知見を蓄積し、そのためのデジタルシステムの設計を再検討し、適用する機会を失わせ、ひいては衛生リヴァイアサンとしての能力を失っていくことになりかねない。

しかし、こうした懸念にもかかわらず、DPFへのアウトソーシングを避けられるかどうかは、国家の技術力と経済力に依存している。たとえ国家が独自に、あるいは協力的なDPFの力を借りて公衆衛生のデジタルツールを開発することができたとしても、Apple が Bluetooth のバックグラウンド有効化を求めるフランス政府の要請を拒否したように、基盤的なデジタルインフラを制するDPFが国家のデジタルツールを骨抜きにしてしまう可能性もある。現在のデジタル地政学的状況では、いくら憲法が「国家=保護者モデル」を示していても、国家はDPFから衛生統治権を制限される可能性をまぬかれることはできない。衛生ビヒモスへの危惧を払拭するためには、リヴァイアサンが自ら技術力を高めるか、ビヒモスから友好的な協力を得る方策を探るしかない。

（2） 衛生ビヒモスへの期待

ＤＰＦへのアウトソーシングにリスクが伴う一方で、ＤＰＦに期待することもある。一つは、グローバルにプラットフォームを普及させているＤＰＦが無償で衛生システムを提供することによって、デジタルリソースが不足する国の人々も最新の健康維持システムを享受することができることである。実際、GoogleとAppleはＧＡＥＮをオープンソース化して、使用条件を受け入れた国家が無償で利用できるようにした。おかげで、従来ワクチンについてグローバルレベルで生じていた衛生リソースの供給不均衡を心配する必要はなかった。

もう一つの期待は、ＤＰＦが国家による人権侵害を監視することである。日本の感染症法制が個人の自主性や人権保障を原則としたのは、個人の生命や自由の犠牲のうえに感染症政策が進められた過去を繰り返さないためであったことを考えれば、公衆衛生政策において人権を侵害しないように国家を監視する必要性は高い。GoogleとAppleはＧＡＥＮで政府による個人データへのアクセスを不可能にしておくことによって、国家がユーザーのプライバシーを侵害することができないシステムを提供した。つまり、ＣＯＣＯＡがプライバシーフレンドリーであったのはＤＰＦによる国家への抑制がはたらいたからであり[30]、このように、デジタル衛生ツールを通じて人権を侵害しないように国家を抑止する役割をＤＰＦに期待することができる。

7　公衆衛生を守るための国家とDPFの新たな関係

コロナ接触アプリをめぐる日本とフランスの経験を踏まえれば、国家リヴァイアサンとDPFビヒモスは互いに監視しあう関係を約束することによって、国民の健康保護と人権保障を両立する公衆衛生を実現し、人々が公衆衛生を享受できる体制を構築することができる。一方で、DPFが衛生ビヒモスとして国家の衛生統治権を奪い取ることを許せば、国民の健康保護という憲法的抑止を受けないDPFによる自己利益の追求を防ぐことができないが、他方で、国家が自力でデジタルツールを開発・管理することは非効率的かつ非現実的だからDPFを完全に退けることはできないし、むしろDPFにはシステム面で国家による人権侵害のリスクを抑えるはたらきを期待できる。したがって、両者には協約のもとで、互いに自律しつつ一定の緊張関係を築くことが理想的だといえる。国家とDPFとの協力の例として、EUはGAENを採用したヨーロッパ諸国に対し、不具合などを共有してアプリをアジャイル運用する情報共有のしくみ（European Federation Gateway Service）をつくったが、適時のシステム改善にはGoogle／Appleとの連携が必須であったと考えられる。現在、WHOは次なるパンデミックに向けて、ワクチンなどの衛生リソースをグローバルに融通しあう規定を含む「パンデミック条約」の締結にむけた協議をはじめている。デジタルリソースについては、DPFを協議の場に招き、次なるパンデミックの際にDPFがユーザーの位置情報、検索情報、購入情報など、疫学的に有用になりうる統計データを国家に提供すること、疫学情報管理や接触アプリなどのシステム開発について協力することのほか、国家がデータやシステムを悪用しないことをＤＰＦによる協力の条件とすることなどを公に約束しておくこともできるだろう。公衆衛生に関するリヴァイアサンとビヒモスの協約関係は、このような協力と緊張のなかで構築されていくべきである。

【注】

1 フランス大統領であったエマニュエル・マクロンによる２０２０年３月16日の演説（https://www.elysee.fr/emmanuel-macron/2020/03/16/adresse-aux-francais-covid19）。

2 山本龍彦「トマス・ホッブズとデジタル・ビヒモス――情報空間の混沌と『自然状態』」同（編集代表）ポリーヌ・トゥルク＝河嶋春菜（編）『プラットフォームと国家』（慶應義塾大学出版会、２０２４年）（本書１章Ⅰ）。

3 ポリーヌ・トゥルク 著（河嶋春菜 訳）「抵抗するリヴァイアサンとデジタル主権」前掲注（２）書（本書１章Ⅱ）。

4 以下の記述は、すでに拙稿で示したアイデアを発展させたものであるため、記述が似通っている部分がある。河嶋春菜「『デジタル主権』」法学館憲法研究所 Law Journal 第30・31号（合併号）１８７－１９８頁。

5 ブルガリア、ギリシャ、ルクセンブルク、ルーマニア、スロヴァキアおよびスウェーデンでは、政府主導で接触アプリが開発されることはなかった。なお、イギリスではイングランド＝ウェールズ版、北アイルランド版、スコットランド版がそれぞれリリースされた（European Commission, *Digital Contact Tracing Study*, 2022, p. 21）。

6 前掲注（５）European Commission, p. 120s. アイスランドは次に説明する分散方式をとりつつ、独自のアプリを採用した。

7 Décret n°2020-650 du 29 mai 2020 relatif au traitement de données dénommé « StopCovid ». ただし、ＧＡＥＮを採用したヨーロッパ諸国も、接触アプリの導入または機能追加に際して法令上の対応を行っている（前掲注（５）European Commission, P.29s.）。

8 山本龍彦「新型コロナウイルス感染症対策とプライバシー：日本版接触確認アプリから考える」憲法問題32号（２０２１年）１０５－１１６頁。

9 曾我部真裕「日本における基本権保障――個人情報およびプライバシーの保護を例として」磯部哲＝河嶋春菜＝G・ルセ＝Ph・ペドロ（編著）『公衆衛生と人権――フランスと日本の経験を踏まえた法的検討』（尚学社、2024年）58頁。

10 前掲注（5）European Commission.

11 *STOPCOVID : Avis du Conseil national du numérique*, 23 avril 2020, pp. 19-20.

12 Gouvernement, Dossier de presse, *Stop Covid*, 21 mai 2020, p. 13.

13 Michel VIVANT, « Souveraineté numérique », *Recueil Dalloz* 2023, p. 1513.

14 Jean BODIN, *De la République*, I, viii, p. 122（ジャン・ボダン『国家論 第1篇8章』122頁）.

15 ミシェル・フーコー（小倉孝誠 訳）「社会医学の誕生」『フーコー・コレクション6 生政治・統治』（筑摩書房、2006年）174頁以下、同「安全・領土・人口」『コレージュ・ド・フランス講義』（筑摩書房、2007年）など。

16 秋田茂＝脇村孝平（責任編集）『人口と健康の世界史』（ミネルヴァ書房、2020年）が参考になる。

17 例としては、日本占領下の台湾において、台湾総督民生局長官であった後藤新平が最初に上下水道の整備やマラリア対策、医師の養成などの公衆衛生政策を推進し、土地と人の管理を正当化する根拠として衛生の向上を示したことが挙げられる。参照、見市正俊ほか編著『疾病・開発・帝国医療――アジアにおける病気と医療の歴史学』（東京大学出版会、2001年）。

18 手塚洋輔『予防接種行政の構造とディレンマ』（藤原書店、2010年）63-71頁。C・F・サムス（著）、竹前栄治（編集）『DDT革命：占領期の医療・福祉政策を回想する』（岩波書店、1986年）。

19 連合国最高司令官総司令部（編纂）、杉山章子（解説）『GHQ日本占領史 第22巻：公衆衛生』（日本図書センター、1996年）26頁。

20 見市雅俊ほか（編著）「疾病・開発・帝国医療――アジアにおける病気と医療の歴史学」（東京大学出版会、2001年）。

21 CNNum、前掲注（11）13頁。

22 春山習「主権と統治（1）（2・完）」早稲田法学94-1・2（2018年）61-101頁、89-129頁参照。

23 フランスのワクチン法制について、拙稿「フランス――コロナ前からコロナ後へ」比較法研究84号（2023年）40-55頁。

24 国民にワクチン接種義務を課すことは規制によって人々を服従させる古典的な近代国家の統治テクニックであるが、「健康を自分で守ることのできない弱い同胞のためにワクチンを受けなければならない」として義務を正当化するならば福祉国家的営みにもみえる。後者のように、本人や隣人の健康のためにといって人々を包摂するというおせっかいによって、国民に一定の行動を促して服従させるというテクニックによって成り立つ統治構造は、M・フーコーによって「司牧権力」と呼ばれた。フランスは、古典的なリヴァイアサンのテクニックと福祉国家のテクニックの二刀流をとるが、後述するように、日本は福祉国家のテクニックのみでなんとか衛生の統治を行おうとしているようにみえる。

25 磯部哲「新型コロナウイルス感染症対策と法」学術の動向27巻3号（2022年）35頁。拙稿「日本における予防接種政策——自主性の刷新へ？」前掲注（9）書、114－116頁。

26 最判平成3年4月19日民集第45巻4号367頁。

27 熊本地裁平成13年5月11日判時1748号30頁。

28 フランスにおけるコロナ接触アプリの民主的・専門的統制については、以下も参照：曽我部真裕「フランスにおけるコロナ接触追跡アプリ及びそれに対するCNILの監督」長谷川憲ほか編著『プロヴァンスからの憲法学——日仏交流の歩み』（啓文堂、2023年）226頁。

29 接触確認アプリCOCOAの運営に関する連携チーム「新型コロナウイルス接触確認アプリ（COCOA）の取組に関する総括報告書 増補版」（2023年3月）12頁。

30 COCOAのプライバシーインパクトの小ささについて、実際には「グローバル企業による枠づけや政治的意思の欠如などによってそのような選択に追い込まれたという側面はなかっただろうか」という指摘がある（曽我部前掲注（9）・69頁）。

Ⅲ　「データの武器化」と安全保障におけるDPFの台頭

布施　哲

アマゾンにグーグル、X（旧ツイッター）、ユーチューブにフェイスブック……。
日々、デジタル・プラットフォーマー（以下、DPF）[1]が提供するサービスを利用しない日はない。私たちの日常にすっかり定着しているDPFのサービスだが、それには私たち自身に関するデータが収集され続けていることはご存知だろうか。

たとえばグーグル検索では、あなたの関心事項、買いたいもの、行こうと思っている場所、いつどこで、それを調べたのか、などの情報がDPF側に蓄積されることになる。あなたがグーグルアカウントでログインしていれば、登録した属性情報、たとえば性別や年齢、位置情報も含まれることになる。毎日、あなたに関するデータが膨大かつ継続的に収集されている。ひょっとしてあなたのことを一番よく理解しているのは、あなたの配偶者ではなくグーグルかもしれない。

そうしたデータの利活用は安全保障の領域にも広がっており、データを使って戦争もビジネスも行なわれる時代が到来している。

データの戦略的重要性が高まるにつれ、データを大規模かつ継続的に収集、蓄積、活用するDPFの存在感は高まっており、軍事と諜報では国家の方がDPFに依存する構図すら出てきている。

本稿ではこうしたデータの重要性の高まりと、安全保障領域における米DPFの台頭を取り上げ、日本政府が今後、安全保障の領域で国内外の巨大DPFとどのような協力体制を構築できるか、考えていきたい。

（1）マイクロターゲティングというデータ活用

マイクロターゲティングという手法を聞いたことがあるだろうか。

誰とつながっているか、過去にどんなものを買ったか、どんなサイトを訪れ、どのくらい留まったか、どんな属性なのか、といったユーザーのデータを使って、個人レベルに適合した広告を提示して購買を促すものでデジタルのビジネスにおいて多用されている[2]。

マイクロターゲティングを利用したインターネット広告では、こうしたデータからユーザーの興味や関心を分析して、それにマッチした広告を配信している。一般的には特定のサイトに留まった時間の長さ、クリック履歴、IPアドレスなどの位置情報、購買履歴、端末やブラウザを識別する情報、検索したキーワードなどが事業者によって取得、活用されることが多い。

対象の個人が好むものに適合した広告やメッセージ、ナラティブを表示したり送ったりすることで、対象者の考えや行動（投票行動、購買行動、選好）に影響を及ぼし、自己（企業、政府、候補者など）に望ましい方向に誘導することを目的としている。

米国ではこの手法が選挙戦略に応用されている。「郊外に住む大卒の教育程度の女性で、子供がいて習い事はサッカー」といったプロファイリングをして、そんな人が関心がある政策テーマは何か、もっといえば、何を聞きたがっているのか、を分析して、有権者が知りたがっている争点やメッセージ内容を伝達することで支持行動、投票行動につなげようとする。ちなみに先のような女性たちは米国の選挙専門家の間で通称「サッカーママ」と呼ばれていて、大統領選の趨勢を決める重要な浮動票とみなされている。彼女らは「キッチンテーブルイシュー」と呼ばれる、景気、教育、街の治安といった身近な争点に関心が高いとされ、そうした分析をもとに不法移民による治安の悪化を訴えて、移民に寛容な民主党候補を攻撃するといったキャンペーンがおこなわれる。

これを可能にしているのはデータだ。ユーザーがどのような属性で何を考え、何を望んでいるのか、その人の頭の中を覗き込むような分析精度を可能にする膨大なデータを取得、蓄積、分析（データの利活用）して初めて可能になる。ビジネスの世界ではこのサイクルを正確かつスピーディに行なえる企業が市場での優位性を左右する。

その成功例が今、若い女性を中心に絶大な支持を集めて世界中を席巻している中国発のファッション

ＥＣサイトのＳＨＥＩＮ（シーイン）だ。世界中で４３００万以上のユーザーを抱えるＳＨＥＩＮの強みはスピード感と豊富な商品のラインナップだとされる。ＺＡＲＡなどの「ファスト・ファッション」を超える速さである最短３日で開発から製品化までを可能にするなど、消費者が求めている最新トレンドをいち早く摑んで商品化し、それを市場に投入する「リアルタイム・ファッション」企業だ。[3] 商品を展開するサイクルとスピードは同業他社を圧倒しており、商品数のリリースも毎月１万アイテムに達する。

製造工程の短縮化、デザインの内製化、マイクロ・インフルエンサーやTikTokを活用した巧みな宣伝、販促、節約志向のあるＺ世代に支持される低価格など、ＳＨＥＩＮには多くの強みがあるが、その成功の基盤にあるのがデータの活用だ。

ユーザーがどんな商品を検索しているのか、カートに入れたのか、カートに入れられたが購買にまで結びつかなかった商品は何か、ＳＮＳ上でバズっている商品やデザインは何か、それらユーザーの嗜好や購買行動をＡＩでリアルタイムで分析している。[4] それらのデータを基に最新のファッション・トレンドを取り入れた商品が投入される。商品の販売後もユーザの検索や購買行動をモニターし、人気のトレンドを把握している。人気度が高ければ生産数も随時、上げるといった対応をするためだ。

こうしたデータを利活用して消費者の行動変容や思考（嗜好）の変容を促すマイクロターゲティングは軍事、諜報活動にも応用されており、データ活用は安全保障の領域でも進んでいる。

（2） 武器化されるデータ

データ利活用はビジネスの世界では消費者の嗜好や選好を知るためだが、諜報の世界では相手の弱みを知るための武器として使われる。ターゲットの弱みを知るには関連情報は多ければ多い方がいいし、情報の幅も広ければ広い方がいいということになる。

諜報（インテリジェンス）の領域におけるデータの重要性を物語る事例が、2015年に発覚した米連邦人事局（OPM）ハッキング事件だ。米国連邦政府職員の個人データ2100万件以上がサイバー攻撃によって流出した事件には中国の関与が疑われている。[5]

流出データにはセキュリティクリアランス取得のための審査の際に記入が必要な情報も含まれており、現役、元職の情報機関員と、その配偶者の情報が中国側に漏れたとみられている。その中には110万人分の指紋データも含まれていた。

これらのデータを元に海外で秘密工作に従事しているCIA職員や関係者の身元が暴露されるリスクがあったため、秘密工作員を緊急帰国させたり、身分露呈の恐れから秘密工作の現場で活動できなくなるケースが相次いだとされている。[6]

機密情報取り扱い資格であるセキュリティクリアランスに応募する際には、飲酒歴、経済状況、資産内容、外国人の友人の有無、外国渡航歴、犯歴、麻薬使用歴、婚姻関係などを133ページに及ぶSF－86と呼ばれる応募用紙に事細かに記入する必要があり、[7] それらのデータは外国情報機関から見れば宝の山だ。借金や不倫、交友関係、外国とのつながりなど、ターゲットの弱みになり得る情報そのもののであり、スパイのリクルート活動を飛躍的に効率化させてくれるからだ。[8] ＯＰＭ事件で漏れたデータ被害の影響評価をした米情報機関幹部は「（被害の評価）作業は膨大な時間を要した。手に入れたデータから中国情報機関が把握できていることの規模は、吐き気を催すほどだった」と米メディアに答えている。[9]

中国が入手したとされる膨大なデータの利活用を可能にしてくれたのがＡＩだ。２０１５年当時、２０００万人規模のビッグデータを解析して、誰をスパイにリクルートする上で最適な脆弱性を持つか、ターゲットを示してくれる高度で洗練されたアルゴリズムはまだ十分な実用段階にはなく、膨大なデータもいわば宝の持ち腐れだったが、ＡＩの登場がそれを可能にした。

元ＦＢＩでサイバーセキュリティ会社 SinaCyber のＣＥＯであるアダム・コージー（Adam Kozy）氏は米議会での証言で「中国の情報機関はＯＰＭで入手したデータやそのほかの手段で窃取したデータを統合して、スパイ活動やサイバー攻撃のターゲット選定に活用している」と述べている。[10]

それを可能としているのはＡＩによる解析の実用化に加えて中国の情報機関と中国の巨大ＤＰＦの官民協力関係だという見方が米国内では根強い。中国の国家情報法は中国企業や個人に対して情報活動への協力を義務付けており、中国のＤＰＦや通信企業、サイバーセキュリティ会社に協力を命じて、それらの企業が持つ計算基盤やデータセンターを中国情報機関は利用できるとされている。[11]「中国テック企業は膨大なデータを解析し、利活用を可能にする作業で中心的役割を果たしている」（ウィリアム・エバニア元米国家情報長官）とされ、ＯＰＭ事件で窃取されたデータも、そうした「官民協力」の枠組みで解析されて諜報活動に活用されていると指摘する。[12]

諜報活動におけるデータの有用性を物語る、もう一つの事例が世界最大のＬＧＢＴソーシャルアプリの一つであるグラインダー（Grindr）の買収事案だ。グラインダーはいわばＬＧＢＴのマッチングアプリで、３００万人のデイリーアクティブユーザーを抱え、ユーザーのメッセージ内容や位置情報から、ユーザーが公開を選択している場合はＨＩＶの感染ステータスまで幅広い個人情報を集積している。

グラインダーは２０１６年から２０１８年にかけて中国のゲーム会社に買収されたが、安全保障の観点から外国による対米投資を審査する「対米外国投資委員会（ＣＦＩＵＳ）」は２０１９年３月に中国企業に対してグラインダーを売却するように、つまり買収を白紙に戻して手放すよう命じた。米政府が既に完了した買収案件を白紙に戻す、という異例の対応に出たのはなぜか。

グラインダーのユーザーには米政府関係者や米軍関係者が含まれており、性的志向やＨＩＶ感染ステータスといったセンシティブな個人情報が情報協力者をリクルートする際の脅迫に使われることが懸念されたとみられている。[13]

ＯＰＭ事件とグラインダー買収事案が示しているのは、収集、蓄積された膨大な個人情報というビッグデータが敵対国によって武器化されて、自国の安全保障に対する有害活動に使われる「データの武器化」だ。

マイクロターゲティングの手法は、ビジネスでは個人単位にパーソナライズされた広告、マーケティング手段になるが、安全保障の世界では武器として認識されているのである。

（3）安全保障領域において台頭する米DPF——深まる米政府との協力関係

データを大量に収集、蓄積し、自国の優位性確保のための手段として使われる「データの武器化」が進めば、そうしたデータの分析方法や活用ノウハウに長けるDPFが必要とされ、その存在感が高まることは自然な流れだろう。今、米国では安全保障領域において米政府と米DPFの協力関係が深化している。

GAFAMと呼ばれる米国の巨大DPFと米政府、とりわけ米軍との協力関係の深さと規模は日本人の想像を超えるもので、私たちが毎日の暮らしの中で感じるイメージとは異なる顔を米DPFは持っていることを痛感させられる。もはや米軍はDPFとの連携なしには将来の紛争を戦えないと言っても過言ではない。

米軍とDPFを結びつけているのはAIとデータだ。米軍は将来の戦い方に向けた改革として国防DXを進めている。

JWCC（Joint Warfighting Cloud Capability）と呼ばれる国防クラウド基盤と、JADC2（Joint All-Domain Command and Control：統合領域横断戦術指揮統制システム）と呼ばれる作戦を支える指揮統制ネットワークが米軍が進める将来戦に向けたDXの2本柱だ。

2本柱のうちの一つのJADC2の特徴は、戦車、航空機、無人機、水上艦艇、衛星、サイバー空間の公開情報など陸海空に加えて宇宙サイバーの領域で得られた大量のデータをクラウドに集積。AIが状況の分析から、取り得るオプションの提示までを人間の認知能力を超える速さで行なうことで、敵より正確に早く状況を把握して先に攻撃に移る「意思決定の優越」で勝利することが目指されている。[14]

米軍がＤＸによって実現しようとしている「意思決定の優越」のカギを握るのがＡＩであり、ＡＩはＪＡＤＣ２構想の中核的な技術となるが、そのＡＩ開発にはグーグルが参加している。[15]

すでにお気づきの読者の方もいらっしゃるかもしれないが、データを大量に集めて最新の状況を把握して、それをＡＩで解析して取り得るアクションを導出して手を打つ。このサイクルを最大限、早く回すことで競争相手より優位に立つ、というデータ活用は前述の中国発のファッションＥＣサイトの巨人、ＳＨＥＩＮとも共通する。領域がまったく異なる米中の２つの組織がデータ活用方法でほぼ同じ結論にたどり着いた事実は非常に興味深い。

一方の国防クラウドであるＪＷＣＣはデータを利活用して作戦を行なう指揮統制ネットワークであるＪＡＤＣ２を支えるデータ基盤になる。[16]米国防総省はすでにアマゾンのＡＷＳ、マイクロソフト、グーグル、オラクルの４社と90億ドルの契約を結んでいる。[17]

クラウドはデータの収集、集積の基盤であり、データ・ドリヴンな戦い方を目指すＪＡＤＣ２は大量のデータを扱うため、そのプラットフォームとなるクラウド基盤は米軍ＤＸの中核といっていい。その中核的な基盤の整備でグーグル、マイクロソフト、アマゾンとＧＡＦＡＭが揃い踏みとなっている。

米軍の未来の戦い方のカギを握るＤＸを支えるのはＡＩとクラウドだが、そのどちらにも米ＤＰＦ（ＧＡＦＡＭ）が関与しており、特にクラウド基盤に至ってはクラウド事業で圧倒的な技術力と市場支配力を誇るＤＰＦの参画なしには成立しない構図になっている。

安全保障領域における米政府と米ＤＰＦ（ＧＡＦＡＭ）の協力関係は米軍との協力だけに留まらない。協力機関はＦＢＩや警察などの法執行機関からＣＩＡなどの情報機関までにまたがり、協力のテーマもネット上の国内過激派団体の動向監視、テロ対策、選挙介入対策、偽情報対策、サイバー攻撃対策までと実に幅広い[18]。

その存在感の大きさゆえにＤＰＦが果たす役割は国家のそれに匹敵しつつある。テロ対策では政府の制裁リストと同様に、テロへの関与が疑われる団体や個人のブラックリストを持っている。外国からの選挙介入の防止では政府の捜査機関、情報機関と情報交換を通じて民主主義のプロセスの防護を担っている。自社のサイバー空間を監視するＤＰＦは外国による影響工作、偽情報の拡散といった情報活動を検知して対処しており、フェイスブック（当時）は米軍が海外での影響工作に使っていた大量の架空アカウントを閉鎖し、これを米国防総省に通告したことさえあった[19]。

今日、サイバー上における存在はリアル空間における物理的存在と同等の価値や意味を持つ。ネットでの存在が許されなければ、企業も政治家も存在しないことと同義だといっても過言ではない。

その意味ではアカウントの閉鎖というＤＰＦが持つ権限はいわばネットにおける生殺与奪権ともいえ、政府による国家承認にも匹敵すると言っても過言ではない。トランプ前大統領の公式アカウントの強制閉鎖で当時のツイッターはその権力を見せつけた。ツイッターを使った支持者とのダイレクトかつ任意のタイミングで、大手メディアのフィルタリングを受けることなくメッセージを届ける手法が政治的影響力の源泉であったトランプ氏にとっては大きな痛手となったことは間違いない。

2021年8月のバイデン政権による米軍のアフガンからの撤退においても、フェイスブック（当時）、グーグル、ツイッター（当時）による決定は国家のそれに等しいインパクトがあることを示した。米国政府は米軍撤退後にアフガンを掌握しつつあったタリバンを正式にアフガン政府として認めるかどうかの判断に迫られていたが、米DPF3社の公共政策担当の役員たちも、タリバンがアフガン政府の公式アカウントを引き継ぐことを認めるか、つまりタリバンが米DPFのサービスを使ってアフガン国民とコミュニケーションし、統治することを認めるかどうかを協議していた。[20] アフガン大統領をはじめアフガン政府の公式アカウントをタリバンが引き継ぐことを認めることは、タリバン政権を正式に承認することに等しい政治的効果があった。

結局、テロに関与する団体の利用を禁じる規約を根拠に、タリバンの利用を認めない決定がされたが、このエピソードはいかにDPFが安全保障の領域で国家と肩を並べるくらいの影響力を持ちつつあるかを物語っている。

米政府とDPFの官民協力の進展は人的交流も活発にしている。旧フェイスブック、グーグル、ツイッター（現X）はいずれも安全保障や地政学リスクに関する部署を強化しており、それへの人材供給の受け皿になっているのが米情報機関や米軍の関係者だ。特にフェイスブックは2016年以降、「信頼と安全」関連の人員を3倍にし、4万人体制に強化している（ちなみに米外交官の数は1万5600人）。[21]

グーグルも国家によるサイバー攻撃に対抗するための部署、Threat Analysis Group（TAG）を設立しており、元豪情報機関の幹部が率いている。多数の元政府関係者が所属しているTAGは民間企業によるものでは最大規模の防諜活動を担っているとされ、「小さな情報機関」とも呼ばれている。[22] 少しデータは古くなるが２００７年から２０１６年の間に米連邦政府職員経験者２５１人をグーグルは受け入れている。[23] 米軍が進めるＤＸやクラウド活用といったデータ・ドリブンが前提になれば、それらの技術やノウハウを持つＤＰＦが必要とされることになり、むしろ米政府の方がＤＰＦに依存していると見ることもできる（クラウドがその典型）。

ＡＩやクラウドなど高度な先端技術になればなるほど、発注者側の政府は開発者、提供者であるＤＰＦに対する技術的な検証能力をもたなくなるし、特定の高度な技術であればあるほど、参入障壁が高かったり、他の事業者による代替可能性が低く、既存の事業者（つまりＤＰＦ）に依存せざるを得なくなる、いわゆるベンダーロックインに追い込まれていく。[24]

特に軍事作戦の立案や情報収集だけに留まらず、ＪＡＤＣ２のような、実際の現場における軍事作戦の遂行そのものに関わる部分でＤＰＦや特定事業者の技術に依存することになれば、武力行使という国家主権の究極的な行使の部分にすらＤＰＦが関与していくことになりかねない。

（４）日本はいかにDPFと向き合うべきか

一方、日本ではどのような政府・ＤＰＦの安全保障での官民協力があり得るのか、その課題は何かを最後に考えてみたい。

日本で活動する主なＤＰＦは米国勢のＧＡＦＡＭ、内資系だった旧 Yahoo! JAPAN（現ＬＩＮＥヤフー）

があるが、日本における政府とＤＰＦによる安全保障協力は少なくとも米国に見られるような本格的なものはこれまでになかった。[25]

他方で自衛隊が今後、ＤＸやデータドリブンな作戦運用を追求していくことになれば、データの利活用に長けるＤＰＦとの協業や連携の動きが出てくる可能性はある。たとえば自衛隊はクラウド基盤の第三世代への移行計画を進めている。２０２３年10月時点で複数のベンダーの1社として米国のクラウド事業者の導入が検討されており、今後、自衛隊でもＤＸが進めば、米国と同様に米ＤＰＦとの連携が深まっていく可能性がある。

より近い将来、日本政府がＤＰＦとの連携に迫られるとすれば、それは偽情報対策、影響工作対策[26]かもしれない。日本政府は国家安全保障戦略において外国勢力による偽情報に再三、触れて警戒感を露わにしている。[27]日本政府は内閣情報調査室を司令塔に、総理官邸国際広報室、防衛省、外務省、総務省、警察庁などが偽情報の担当部署を立ち上げるなど、体制の整備が進められている。[28]

偽情報は影響工作の手段の一つであり、公然と行なわれることもあれば、隠密裡に行なわれることもある。自国メディアや自国省庁の公式発表、海外メディアのほかにＤＰＦが持つＳＮＳやニュースサイトのコメント欄が偽情報の拡散（影響工作）の主戦場になることが懸念されている。

影響工作を重視しているのが中国だ。中国はイデオロギーにおける闘争において「話語権」という考え方、つまりナラティブ＝言説を作り出し、それを海外の国に受け入れさせる権力を重視している。[29]

中国が核心的利益と位置付ける台湾問題（台湾有事）においては、正しい情報、偽情報も織り交ぜて、国際世論を中国が望む方向に誘導を試みたり、日米の政府の意思決定、世論の混乱を狙ってくることが懸念されている。[30]

仮に台湾情勢が緊迫化する中で、日本の政策決定や世論をターゲットにした影響工作が行なわれれば、偽情報やナラティブの伝達経路となるＳＮＳやネット掲示板などを運営するＤＰＦとの協力構築は不可欠となる。台湾有事を見すえた影響工作への対抗が日本政府にとっては国内外ＤＰＦとの官民協力のあり方が問われる試金石になるだろう。

偽情報は検知技術に注目がいきがちだが、より重要なのは検知したあとの対応だ。偽情報の効果を打ち消すには、即座に対抗するナラティブを展開したり、正確な事実の発表や報道、周知が必須となる。この対応が遅れると、偽情報がネット上で多くの目に触れて、それに影響されてしまう人が少なからず出てしまいかねない。それでは後からいくら削除や非表示措置をとっても手遅れであり、実行側の目的は達成されてしまう。

迅速な対応には偽情報を検知する政府と、ＳＮＳや掲示板など情報が流通するプラットフォームを持つＤＰＦが連携して問題投稿や偽情報の削除、非表示の措置をとることが不可欠となる。インターネット空間における情報拡散のスピードの速さを考慮に入れれば、政府による検知、ＤＰＦへの連絡、ＤＰＦの対応措置の是非の決定、対応措置の実行のプロセスは一定程度、自動化することが望ましいだろう。事前に政府とＤＰＦにおいて対応フローの構築、対応措置の実施基準、法的課題の検討などの事前コミュニケーションが必要となるが、こうした偽情報対策における課題や政府とＤＰＦの役割分担、協力体制のあり方に関する本格的な議論はこれからだ。

DPFの協力をどこまで得られるか

この偽情報対策におけるDPFとの連携で特に気になるのは、台湾有事などの日本の安全と国益が左右される緊急事態において特に海外DPFがどこまで機敏に協力してくれるか、という点だ。一般論として政府からの要請、規制、介入を歓迎しないのは国内外問わず、どの民間事業者にも多かれ少なかれある感覚だろう。

グローバルで事業を展開する海外DPFにとって数ある市場の一つに過ぎない日本だけにリソースを多く配分したり、丁寧なテーラーメイドな対応をとるインセンティヴが働かないであろうことは容易に想像がつく。

海外の巨大DPFを相手に、タイムリーかつ効果的な協力を引き出すには、日本政府は相当な「猛獣使い」ぶりを発揮しなければならないだろう。

EU欧州連合はこの点、ハッキリしている。欧州勢に目立ったグローバル展開の巨大DPFを持たないEUは自国DPFの保護という観点にこだわる必要がなく、規制や法的拘束力というムチをテコに米国の巨大DPFを動かそう、という割り切った姿勢で臨んでいる。

たとえばイスラエルとハマスの衝突をめぐり偽情報がネット上で拡散しているとして、メタやXに対して24時間以内に対策を取るように求め、Xについては調査に乗り出している。[31] EUがこうした動きに出られる背景にはデジタルサービス法（DSA）の存在がある。同法は有害コンテンツや偽情報を取り締まるようDPFに義務付けていて、対応が不十分だとみなせば、最大でグローバル売り上げの6％もの罰金を課すことができる。問題が改善されなければ最悪の場合、欧州市場からの撤退すら求められる強烈な規制があるからこそ、DPFに対する要請も実効性を伴うし、DPF側も本気になる。

自由な競争やインターネットの利用、活発なイノベーションのためには、政府による規制、介入は必要最低限であることが望ましい一方、緊急時や有事などの日本の安全、国益を決定的に左右する局面における偽情報対策を巨大DPFの自発的、自主的な取り組みに期待するだけでは、実効性に課題が残ると言わざるを得ない。

今後、日本においてDPFとの官民協力体制を設計するうえで、DPFの自主的取り組みを待つだけでなく、協力を引き出す一定の法的拘束力を前提にするEU型をどの程度、取り入れるのか、重要な論点となるだろう。

また、DPFが持つSNSや検索といったサービスが持つ安全保障リスクもDPFに対する規制の有無や強度を考える際の重要なファクターだ。特に国内外のDPFが提供している検索エンジン（それに実装される生成AIも）は便利なツールである反面、悪意あるアクターが悪用した場合、絶好の影響工作の手段になり得る。

安全保障の領域では、対象国の政治指導者、国民に特定のナラティブを流すことで、対象国の意思決定や世論を混乱させたり、任意の方向に誘導することを目指す認知戦という概念が注目されている。本稿で取り上げる偽情報の拡散や影響工作もこの認知戦の手段のひとつだ。

もし悪意あるアクターが検索エンジンを制御できた場合、検索ワードを把握することによって検索ユーザーが何を考え、何を求めているのか、を知ることができる。検索ユーザーの位置情報も組み合わせれば、日本の特定の場所で何が調べられているか、その解像度は上がる。永田町にある衆議院議員会館や総理官邸周辺で「自衛隊　防衛出動　条件」という検索ワードが増えていれば、自衛隊の何らかの出動が検討されていることが推測できる、といった具合だ。

また選挙分析にも応用できる。たとえば北海道エリアで「維新の会」というキーワードが選挙期間中に増加していれば、関西や首都圏に支持基盤が中心の維新の会への関心が広く地方にまで拡大していること、つまり維新の勢いが全国区になりつつあるトレンドを知ることができる。特定の場所にある特定の日本企業の関心や戦略を検索内容から推測できれば、その情報を自国企業に伝える産業スパイ型の運用も理論的には可能だ。検索ワードを知ることができるということは極論すれば日本人の思考を覗き見ることができることだと言ってもいい。

検索エンジンが外国由来であることや、あるいは外国企業（特に米国以外の国の企業）が日本における検索エンジンを握ることの安全保障上のリスクは真剣に議論されるべき課題であろう。

日本人が何を知りたがっているのか、何をしたがっているのかが検索を通じて理解できれば、日本人を誘導できるトピックやナラティブは何か、タッチポイントを探ることができるからだ。つまり影響を及ぼして誘導する工作活動（影響工作）のための準備にもなるし、日本で何が起きているかを知るインテリジェンス分析になる。

それだけではない。検索エンジンは相手の考えや行動をどう変えさせるか、という仕掛けにもなり得る。検索エンジンは検索クエリと呼ばれる検索ワードに基づき、インターネットをクロールしてユーザーが求めている情報を集めてきて検索結果を表示する。ユーザーの興味関心を先回りする形で予測してパーソナライズされた提示される情報によってユーザーは世界を認識しているといっても過言ではない[32]。もし検索エンジンを制御する側が検索結果の表示アルゴリズムを操作できれば、検索結果のアウトプットを操作することができ、検索結果の表示内容が操作できれば、実際にターゲットの認識や行動を変容させられるかもしれない。

たとえば、「北方領土」と検索しても「日本固有の領土」ではなく「ロシアの領土」と表示することでユーザーに対して繰り返し刷り込めれば、長期的には北方領土に関する認識に影響を受ける人も出てくるかもしれない。

前述の台湾有事でいえば、SNSやネット掲示板、ショート動画に加えて検索結果の表示においても「米国は台湾と日本を見捨てる」といった趣旨の偽情報やナラティブを流布させて日本の世論に厭戦気分を惹起させることが懸念される。

私たちは毎日、何気なく使っている検索エンジンの表示結果によって、何をどのように認識するか、何を買うのか、どこに行って、行かないか、無意識のうちに思考や行動への影響を受けている。

その検索エンジンの運営が懸念国や非同盟国、あるいは国内企業であっても悪意あるアクターの影響を受けていた場合、わたしたちは無意識のうちに影響工作や世論操作の影響下に置かれることになりかねない。有事における武力攻撃に劣らず、注意しなければならない脅威であり、こうしたリスクの軽減策を政府・DPFの協力体制にどう織り込むのかは極めて重要な論点になる。

まとめ

現代の戦略物資ともいえるデータを日々大量に蓄積し運用する巨大DPFの存在感はもはやビジネスの領域にとどまらず、安全保障の領域でも拡大している。米国では軍や情報機関と巨大DPFの人的交流、取引の活発化により官民協力の制度化が進んでおり、一部の領域では政府の側がDPFに依存する構図すら見られる。

いわば政府とDPFが戦略的パートナーシップを結び、共同で国家安全保障上の課題解決に取り組んでいる「協約モデル」の官民協力が米国では出現している。

こうした傾向は安全保障領域におけるDXやデータ利活用が進展すればするほど、ますます強まっていく可能性がある。

今後、台湾有事の危険性が意識される中で偽情報対策の政府・DPFの官民協力のモメンタムは（DPF側の意向はともかく）政府、社会において高まっていくだろう。

政府は今後、ＤＰＦの情報や分析、協力を必要とするが、[33] ＥＵ型であれば法的拘束力を背景に協力、連携を義務付けることになるが、「協約型」を志向する場合は政府が「お願い」する立場になる。ＤＰＦにとっては偽情報対策は必ずしも利益に直結せず、どちらかというと「社会的責務」の範疇であり協力するインセンティブが強く働くとは言い難い。「お願い」ベースでどこまでＤＰＦから協力を引き出せるのか、大きな課題となろう。

また、自衛隊のＤＸとデータ利活用についても推進されるにつれ、日本も米国と同様、巨大ＤＰＦとの連携を否応無しに深めていくトレンドに入るだろう。

ただ「協約型」は基本的には政府とＤＰＦが対等な関係で連携を深めることが前提であるため、政府側のＤＰＦへの依存によってＤＰＦの側が安全保障領域において過度な交渉力を持つこと、つまり政府の側が交渉力を弱めることにならないようなバランスが必要になるだろう。

クラウド基盤やデータの利活用は比較的、技術障壁が高いためＤＰＦ側の発言力、交渉力が強くなることも予想される。日本政府にはＤＰＦ側の説明や提案を的確に評価できる技術的知見が求められる。迅速かつタイムリーな対応が必須となる偽情報対策でも必ずしもＤＰＦが優先的に日本政府の要望に応じて常に対応してくれる保証もない。

こうした構図において対等な関係で「協約型」パートナーシップを締結し機能させるには、政府の側が一定の技術的知見を備えることはもちろん、必要によっては一定程度の法的拘束力も背景にＤＰＦに対して牽制効果を発揮させられることが必要となるだろう。

【注】

1 本稿ではDPFとはグーグル、X（旧ツイッター）、メタ（旧フェイスブック）、マイクロソフト、LINEヤフーなど、検索、SNS、メッセージアプリ、クラウドの各事業を運営することで大量のユーザーデータを日々、収集、保存、分析、活用している日米の大手デジタルプラットフォーマーを念頭に議論を進める。

2 Michael Smiley, "What is microtargeting and what is it doing in our politics?" October 4, 2018. https://blog.mozilla.org/en/products/firefox/microtargeting-dipayan-ghosh/

3 Daxue Consulting, SHEIN's Market Strategy: How the Chinese Fashion Brand is Conquering the West, July 6, 2022, https://daxueconsulting.com/shein-market-strategy/

4 Sgentbox「急成長中のファッションブランドSHEINとは?」2023年8月8日（https://scentbox.jp/shein-ai/）。SHEIN社のプライバシーポリシーは収集されるデータの一部として「お客様の好みのスタイル」、「IPアドレスに基づく位置データ」、「サービスの利用状況（閲覧、ショッピングカートへの追加、商品の確保、注文、返品）に関するデータ」を挙げている。SHEINプライバシーポリシー「当社による個人情報の収集および使用」（発効日2022年2月17日）（https://jp.shein.com/Privacy-Security-Policy-a-282.html）。

5 Kristin Finklea, Michelle Christensen and Eric Fischer, Cyber Intrusion into U.S. Office of Personnel Management,（Congressional Research Service, July 17, 2015）.

6 Ellen Nakashima and Adam Goldman, "CIA Pulled Officers from Beijing After Breach of Federal Personnel Records," *Washington Post*, September 15, 2015.

7 US Office of Personnel Management, Standard Form 86-Questionnaire for National Security. https://www.opm.gov/forms/pdf_fill/sf86.pdf

8 War on the Rocks, "The 9 Scariest Things That China Could Do With The OPM Security Clearance Data," July 2, 2015.

9 Zach Dorfman, "Tech Giants are Giving China a Vital Edge in Espionage," *Foreign Policy*, December 23, 2020.

10 Adam Kozy, Testimony before the U.S-China Economic and Security Review Commission Hearing on "China's Cyber Capabilities: Warfare, Espionage, and Implications for the United States". https://www.uscc.gov/sites/default/files/2022-02/Adam_Kozy_Testimony.pdf

11 2022 Annual Report to Congress of the U.S.-China Economic and Security Review Commission, November 2022, p.419, pp.449-

450, p.456.

12 Dorfman, *Foreign Policy*.

13 Yuan Yang and James Fontanella-Khan, "Grindr Sold by Chinese Owner after US National Security Concerns," *Financial Times*, March 8, 2020.

14 布施哲『米軍が進めるＤＸと未来の戦い方』月刊Voice（２０２２年６月号、ＰＨＰ研究所）。

15 Jackson Barnett, "Northern Command Calls Upon Palantir, Apple and Others to Bring New Tech to Coronavirus Fight," *FEDSCOOP*, May 13, 2020. (https://fedscoop.com/northern-command-apps-palntir-apple-covid19/)

16 Mark Pomerleau, "Forthcoming JWCC Enterprise Cloud Will Be Key to Enabling JADC2, DOD CIO Sherman Says," *DefenseScoop*, November 9, 2022. (https://defensescoop.com/2022/11/09/forthcoming-jwcc-enterprise-cloud-will-be-key-to-enabling-jadc2-dod-cio-sherman-says/)

17 U.S. Department of Defense, Immediate Release, Department of Defense Announces Joint Warfighting Cloud Capability Procurement, Dec 7, 2022.

18 Elena Chachko, "National Security by Platform," *Lawfare*, Dec 8, 2021.

19 Ellen Nakashima, "Pentagon Opens Sweeping Review of Clandestine Psychological Operations," *Washington Post*, Sep 22, 2022.

20 Cristiano Lima, "The Technology 202: Facebook, Twitter, YouTube face High-Stakes Question of Whether to Recognize Taliban," *Washington Post*, Aug 17, 2021.

21 Joshua Fruhlinger, "Facebook Ramps Up Hiring for Privacy, Security and Trust Related Jobs," *B2 The Business oof Business*, May 2, 2019. https://perma.cc/4h7X-PMUD

22 Robert McMillan, "Inside Google's Team Fighting to Keep Your Data Safe from Hackers," *Wall Street Journal*, Jan 23, 2019.

23 Tech Transparency Project, Google's US Revolving Door, April 26, 2016.

24 Majority Staff Report and Recommendations, Investigation of Competition in Digital Markets, Subcommittee on Antitrust, Commercial, and Administrative Law of the Committee on the Judiciary of the House of Representatives, October 2020, p.98.

25 たとえば旧Yahoo! JAPANは警察などの法執行機関とは犯罪捜査を目的としたユーザー情報の開示請求への対応をしており、犯罪捜査でのDPFと当局との一定の協力関係はある。https://about.yahoo.co.jp/pr/release/2021/07/28b/

26 影響工作や偽情報、情報戦、認知戦は相互に関連しいているが、まだ統一した定義が定着しているとは言い難い。本稿では影響工作を政府の指導者や世論の認識、意思決定に影響を及ぼし、政権や意思決定を混乱させたり、望ましい方向に誘導する活動と定義する。平時、有事の区別なく行われ、軍事作戦の一環として軍事的手段として組み合わされることもあれば、選挙への介入など非軍事的手段として軍事作戦とは区別されて実施されることも想定される。影響工作の多くはサイバー攻撃とセットで実施されることが多い。戦略レベルの活動であり、戦場、戦域において敵の指揮官や兵士の意思決定や認識に影響を及ぼして作戦行動を混乱させる戦術レベルの活動は本稿では除外して定義している。偽情報の拡散は影響工作の手段の一つであり、本来であれば影響工作が偽情報拡散の上位概念に位置付けられるべきだが、本稿では読者の理解のために影響工作と偽情報の拡散を並列に捉えて議論する。

27 内閣官房、「国家安全保障戦略」、2022年12月16日、7、24、30頁。

28 「偽情報への対策強化　内閣官房で体制整備」日本経済新聞、2023年4月14日。

29 江藤名保子「普遍的価値をめぐる中国の葛藤」『アジ研ワールド・トレンド』266号、2017年12月、26-33頁。

30 防衛研究所のレポートは台湾当局の認識として中国が台湾侵攻において「戦わずして勝つ」ためにフェイクニュースの拡散などの影響工作が他の軍事作戦に組み合わせて展開されるシナリオが紹介されている。山口信治・八塚正晃、門間理良『中国安全保障レポート2023』防衛研究所、43-53頁。米国務省は中国による偽情報やプロパガンダなどのグローバルな情報操作について「グローバルな情報空間の完全性に対する挑戦」だとしたうえで、台湾問題で「中国政府に都合がいいシナリオを広め」「経済や安全保障の決定が中国に有利になるように影響を与える可能性がある」と指摘している。U.S. Department of State, Global Engagement Center Special Report: How the People's Republic of China Seeks to Reshape the Global Information Environment, September 28, 2023.

31 米XはEU側への回答でテロ組織などのアカウント閉鎖、投稿の削除などの対応にあたっていると回答している。一方、米メタはヘブライ語などの専門家を含むチームが24時間体制で監視し、攻撃から3日間で79万件以上の投稿を削除あるいは注意喚起のラベルをつけたとしている。https://www.nikkei.com/article/DGXZQOGN128DW0S3A011C2000000/

32 The Committee on the Judiciary of the House of Representatives, pp.61-66.

33 山本龍彦「プラットフォームと戦略的関係を結べ」月刊Voice（2020年6月号、PHP研究所）。

イヴ・ゴモン（Eve GAUMOND）
モントリオール大学大学院法学研究科博士後期課程。専攻：法と科学技術。担当：第3章Ⅰ。

カトリーヌ・レジ（Catherine RÉGIS）
モントリオール大学法学部教授、カナダ先端研究機構（CIFAR）AIプログラムメンバー。
専攻：責任あるAI、医事法政策。担当：第3章Ⅰ。

ローレンス・レッシグ（Laurence LESSIG）
ハーバード大学ロースクール教授。専攻：憲法学。担当：第3章コラム。

布施哲（ふせ さとる）
国際社会経済研究所特別研究主幹、信州大学特任教授、海上自衛隊幹部学校客員研究員。
専攻：経済安全保障、防衛、宇宙安全保障、米中関係、偽情報対策。担当：第3章Ⅲ。

執筆者紹介

編集代表

山本龍彦（やまもと たつひこ）

慶應義塾大学大学院法務研究科教授、同グローバルリサーチインスティテュート（KGRI）副所長、同 X Dignity センター共同代表。専攻：憲法学。担当：本講座の刊行にあたって、提言、第 1 章Ⅰ。

編者

ポリーヌ・トュルク（Pauline TÜRK）

フランス・コートダジュール大学法学部教授、同公法研究所（CERDACFF）所長。担当：提言、第 1 章Ⅲ。

河嶋春菜（かわしま はるな）

東北福祉大学総合福祉学部准教授、慶應義塾大学グローバルリサーチインスティテュート（KGRI）客員所員。専攻：憲法学・医事法学。担当：提言、第 3 章Ⅱ、第 1 章Ⅱ・Ⅲ訳者、第 3 章Ⅰ監訳者。

執筆者（掲載順）

ティティラット・ティップサムリットクン（Thitirat THIPSAMRITKUL）

タイ・タマサート大学法学部専任講師、同日本法センター所長。専攻：国際人権法。担当：第 1 章Ⅱ。

ポール・ティマース（Paul TIMMERS）

オックスフォード大学研究員、ルーヴァン大学客員教授。専攻：地政学とテクノロジー。担当：第 2 章Ⅰ。

荒川稜子（あらかわ りょうこ）

慶應義塾大学グローバルリサーチインスティテュート客員所員。専攻：EU 法、国際人権法。担当：第 2 章コラム、第 1 章Ⅱ訳者、第 2 章Ⅰ・Ⅱ訳者、第 3 章Ⅰ監訳者、第 3 章コラム訳者。

ドンシェン・ザン（Dongsheng ZANG）

ワシントン大学法学部准教授。専攻：比較法、国際法。担当：第 2 章Ⅱ。

季衛東（Weidong JI）

上海交通大学人文社会科学上席教授、中国法と社会研究院院長。専攻：法社会学、AI ガバナンスと法。担当：第 2 章Ⅲ。

怪獣化するプラットフォーム権力と法　第Ⅰ巻
プラットフォームと国家
——How to settle the battle of Monsters

2025年1月20日　初版第1刷発行

編集代表——山本龍彦
編　者——ポリーヌ・トュルク、河嶋春菜
発行者——大野友寛
発行所——慶應義塾大学出版会株式会社
〒108-8346　東京都港区三田2-19-30
ＴＥＬ〔編集部〕03-3451-0931
〔営業部〕03-3451-3584〈ご注文〉
〔　〃　〕03-3451-6926
ＦＡＸ〔営業部〕03-3451-3122
振替 00190-8-155497
https://www.keio-up.co.jp/
装　丁——鈴木衛
印刷・製本——萩原印刷株式会社
カバー印刷——株式会社太平印刷社

Printed in Japan ISBN978-4-7664-2978-7

慶應義塾大学出版会

シリーズ＝怪獣化するプラットフォーム権力と法　Ⅱ巻

プラットフォームと権力

How to tame the Monsters

石塚壮太郎 Sotaro Ishizuka **編**

プラットフォーム権力の統制理論、その具体的な手法について憲法や競争法などの視点から検討されるシリーズ 第Ⅱ巻

四六判／上製／312頁／ISBN 978-4-7664-2979-4
定価 2,970円（本体2,700円）／2024年9月刊行

〈目　次〉